章太炎传

金宏达 著

上海人民出版社

目 录

引 言

20世纪初，正处于历史交替期的中国，涌现了一批巨人，章太炎是其中之一，他有两个非常煊赫的称号："民国先驱"和"学界泰斗"。这两项，一个人能做到其中一项已经非同小可，他竟同时兼有两项！

作为"民国先驱"，章太炎对推倒清王朝、缔建中华民国是立了大功的，他自年轻时起即不遗余力鼓吹反清革命，为此他涉入震惊中外的《苏报》案，坐了整整三年西牢。出狱后又远赴日本，加入同盟会，担任《民报》社长，与改良派进行斗争，影响播于海内外。辛亥革命一声枪响，各地志士风起云涌，清王朝如枯枝朽林般坍塌，与有章太炎在其中起着重要作用的思想启蒙和发动，关系极大，这一点，皆为历史家们一致首肯。

而这位革命家的革命生涯，也绝未止于清皇帝逊位。袁世凯窃国称帝，他又与袁世凯苦斗，"时危挺剑入长安"，并被幽禁京城三年多(三年西牢，又三年幽禁，人生能有几多三年！)袁世凯死后，袁党继续主政之时，他与孙中山先生并肩战斗，受命担任护法军政府的秘书长，奔走于云贵山原丛林，力图集结北伐的力量。后期虽有所消沉，而面临日寇侵入，国难当头，他又一次奋袂而起。终其一生，虽然有曲折，有瑕疵，他却是大节不夺，气概凛然，这一点和前前后后许多人比，实属难能可贵。毕竟那个时代变数太多，人们不知在何处就会失足，被汹涌而来的激流裹挟而下，不知所终。

至于他在其革命生涯中所表现出的精神风范，更是已有鲁迅先生精湛概括，至今传颂不绝：“考其生平，以大勋章作扇坠，临总统府之门，大诟袁世凯的包藏祸心者，并世无第二人；七被追捕，三入牢狱，而革命之志，终不屈挠者，并世亦无第二人：这才是先哲的精神，后生的楷范”[1]。这种精神，是他的同时代人，也是后人一笔良可受用的财富。

在另一面，他又是一位大学问家、大国学家。大到什么程度？大到真正可以称为泰斗的程度，这不是时下一些自称或他称的所谓“大师”可以望其项背的：他的学问囊括了中国政治史、文化史、学术史、思想史、哲学史、经学史、史学史、文学史、经济史、教育史、佛学史等等，他的根基在经学、小学（文字学、音韵学），如果仅仅止于此，那么他也是一位大师，是前清一直极盛的这门传统学问的最后一位大师，正如梁启超所称：“在此清学蜕分与衰落期中，有一人焉能为正统派大张其军者，曰余杭章炳麟。”[2]作为他的传承者，他的众多弟子以及弟子的弟子们后来继续在国学界占据重要地位，是延续至今的我国训诂学界的主力。又何况他还极力扩张知识疆域，熔铸新学，形成一个包罗万象的庞大知识体系，在传统与现代之交推出，因而被人称作是“新中国之卢骚”，是“近代民族文化的开拓者”。尤为可贵的是，他做学问不是“为学问而学问”，却是要和为民族、为社会的宏旨深愿结合起来，要用这些学问“激励种性”，“增进爱国的热肠”，所以他既是一位“有学问的革命家”，又是一位“讲革命的学问家”。

---

[1] 《且介亭杂文末编·关于太炎先生二三事》，《鲁迅全集》第五卷。
[2] 梁启超：《清代学术概论》，人民出版社 2008 年版，第 57 页。

应该说章太炎不是一开始就准备当革命家的，在他的青少年时代，他的志向毋宁说是当一个学问家，更具体地说是当一个经学家。只是后来国家和民族面临的紧张危急的情势，涛飞浪涌的维新和革命风潮，将他召唤到了革命的道路上，而且愈行愈健，愈行愈远。这使得他与许多职业革命家不同，他在从事革命活动之前就已完成了成为一个大学者的准备，尤为重要的是，学术研究成为他的一种持久的兴趣和习惯，此后一直伴随着他，一有余暇和条件，学术活动(读书、写作和讲学)便又接续起来，特别是当他向自己的学术活动注入与革命相关的价值和意义后，他更有一种强大使命感和旺盛的热情，这一点也使他与有些曾经有过学术经历的职业革命家不同，他比他们幸运：一直将学术生涯坚持到最后，而且卓有成就。

在章太炎参与创造历史的那个时代，他的名气很大，很难说是因为他的学问名气大，还是因为他的革命经历与资格名气大，这两方面肯定都货真价实，没有哪一方面靠另一方面炒作的意思。人们敬重他，或者因为他的学问上的造诣和成就，或者因为他的革命的勋绩和节操，各取其重，但更多的人，更多的时候，还是因为他同时都是那样杰出！

除了在历史教科书中，在历史演义作品中章太炎也常被提起，作者们不忘当时一些人给他的一个称号："章疯子"。关于这一点，我们会在以下的叙述中作详细的描述和解释，首先要说明的是，如果这个称呼中含有某种轻蔑和攻讦意味的话，那完全是一些人非好意地强加于他的，正如鲁迅所生动描述的，当太炎先生的话不利于他们的时候，他们便指它是"疯子"，所说的自然是"疯话"；而若说的话有利于他们，则他们又会说他"居然不疯"。章太炎一生好做诋诃和直言，又不免激烈、严苛，甚至尖刻，为此得罪了不少人，他的话也并不全对，有时甚至大谬，他有弱点、缺点，甚至某些弱点和缺点还相当明显和严重，但是，他的一些弱点、缺点，与他的优点乃至美德是联结在一起的，如果他不好做诋诃和直言，他的那些弱点和缺点将看不见，而同时他作为一位对社会和时代怀有强烈使命感的先驱人物的优点与美德也将不见。我们还可以进一步说，他的好做诋诃和直言，奔放、激越的言谈方式，以及时而趋于极端的行为表现，显露出的一种“疯劲”，还带着他所处的时代特色，是当时一类“革命志士”的个性表征，他们脱离传统轨道，对于禁锢和束缚他们的封建主义思想与专制统治，意在表现出绝大的叛逆和对抗，这种“疯”，是应时代要求而生成的。这种“疯”，当然也构成了章太炎其人的某种个性特色和人格魅力。

对于章太炎的某些弱点和缺点，应该说孙中山先生是深有了解，且深有领教的，章太炎对孙先生一直怀有很深的难以解除的成见，说过许多不该说的话，做过一些不该做的事，他们之间的关系一度非常对立。但是，他们往往会在大的方向一致时，又站到一起来，相互扶持，特别是孙先生居于领导地位时，他没有因为章太炎反对过他而加以排斥，南京临时政府成立，他延请章太炎当“枢密顾问”，袁世凯死后，广东军政府成立，他又任章太炎做“秘书长”，始终对他相当尊重，对于后人，这是一种很好的身教，昭示着对章太炎应有的正确评价。

章太炎年轻时很崇拜明末的大学问家、著名的民族志士顾炎武，于是将自己的名字也改为“太炎”，以示崇仰追随之意深。中年以后，他的心中又有一个偶像，那就是明初开国功臣、明太祖朱元璋的军师、浙东青田人刘基刘伯温。他被袁世凯幽禁时考虑身后事多，极不愿死后葬于杭州，一心要“与刘公冢墓相连”，托人寻访到刘基的墓地，并与他的后人商妥，要将自己埋在离他很近的地方，“以申生死慕义之志”[1]，他不但只是仰慕他，而且觉得自己

[1] 《诚意伯集序》，转引自《章太炎生平与学术自述》，江苏人民出版社 1999 年版，第 164 页。

的“事业志行”，与他颇为相似。刘基向有明代的“国师”之称，由此我们可以看出章太炎对自己的期许和评价。

章太炎无疑有过他的“国师”梦，在一定意义上，也可以说扮演过一位“国师”的角色。中国传统人文知识分子都曾希冀在“治国平天下”的事业中一显身手，其中杰出者，更是怀有“为君王师”的抱负。章太炎不曾透露过他有这种抱负，他完全是被国家和民族危亡的情势推上后来的地位的，但他后期的志向和自我期许，必然也融化了这种潜在的意识。他力求为国家和民族的未来发展献计献策，乃至作出完整的设计和构思，他要协助主政者处理和解决纷乱如麻的各种棘手的现实问题，为此而殚思竭虑。他其实只做过“顾问”和“秘书长”一类的职位，这些职位也许还没有一个更显赫的高度，但是以他在当时所做的事情的性质和作用而论，以他的学识、资历和声望而论，他可以算是一位“国师”而当之无愧，环顾民国初期的中国政坛，似乎还没有谁比他更适合这个称号和地位。

新中国成立后，政府给予章太炎以身后极高的礼遇，将他安葬在杭州西湖之滨，并专门建立了章太炎纪念馆，在这样一个美好的空间中，永远确立了他的历史地位的存在，这是对历史的高度尊重。事实上，任何时候，我们阅读章太炎的生平，都会为其所具有的历史的丰富内容与精神价值所吸引，正像一位西方作家所说过的，许多伟大的人物酷肖他的时代，甚于酷肖他的父亲，历来被认为具有极大复杂性的章太炎，就非常酷肖他所处的时代，在我们以下转入叙述他的生平时，中国近、现代历史的一幅幅画卷也随之迤逦展开……

第一章

苦读经学的岁月

一

现在我就来给你们叙述这位伟人的生平。作为一部历史作品，当然最好有一定的形象性，要尽可能鲜明生动地展示人物的活动、语言和心理，不过我们注意到，有关章太炎的几部年谱资料，他在 20 多岁以前的生活情况介绍，都过于简略，甚至在许多年份，完全付之阙如，有限的一点资料，基本上是章太炎自己所提供的，其中主要陈述了自己的家世，以及排满复汉思想如何在自己的阅读和前辈的教诲中萌生，或许是文字过于崇尚朴质简古，不愿多做铺陈，致使我们无从接触当时生活更多感性细节。鲁迅先生是章太炎的学生，比他要小十多岁，他们有大体相似的时代背景和生活环境，而且地域也很接近，也许我们只能借助鲁迅先生对早年生活的回忆，诸如读书的书屋和儿童的兴趣天地，来做一些悬想，但是我想这还是留给读者诸君来做吧，至于本书，只能凭借有限的资料尽力敷叙，绝不敢忤逆真实性的天条。

另外还要说明的一点，是称呼。章太炎最初的名字是学乘，字梅叔，梅与枚同音，所以又写做枚叔，后来他改名炳麟，取义于“炳炳麟麟”，有向往光明之意。投入反清革命后又改名为章绛，字太炎，表明追随清初反清思想家顾炎武的决心。通行的是署章太炎或章炳麟。为叙述的方便，我们这里就一径称章太炎。

一部传记就是主人公一生的故事，从他一落地，他的人生故事就开始了，所以我们看到，许多传记的开始都会是这样的：某年、某月、某时、某分，某地、某某家，“呱呱”一声，出生了一个宁馨儿，这就是某某某，后来的一位伟人或奇人，全家都为之感到激动欢欣云云。我们不知道章太炎出生时，家里有何种气氛，以及有何异常的反应，在他之前，家里已经有了好几位仁兄，对他的到来，如果不是有何特别灵异祥瑞的表现，大约总不会引起较为持久的波动的。所以我们宁可避免这种不约而同的写法，把一开始的场景，移至1883年章太炎16岁时。

16岁的章太炎，在这一年发生了什么事呢？

这是他要到县城去参加童子试的前夕，那一天他突然发作了癫痫。

癫痫又叫羊角风，在人群中并不少见，我们在一份材料中读到，美国人约有1%到2%患有癫痫。在有些家庭中患病的百分比，要比这个数字更高。通常这种病发作时，病人会突然摔倒在地，昏厥过去，不省人事，身体僵直或抽搐，往往持续几分钟左右。也有一种是更轻微的发作，只有几秒钟，而且只是童年时期才有，成人后即不再有。章太炎这次发作的癫痫，可能比较严重，着实让大家为之感到紧张了一阵。余杭县仓前镇面对运河的章家老宅，顿时笼罩在一种忧虑沉重的气氛里。

父亲章濬[1]也从外面被人叫来了，他颇通医道，知道这种病

[1] 濬，音“jùn”。

不甚关紧，只待他恢复过来，再给他开一方治晕厥的草药，吃下就可以了。但是，他眉头紧锁，心事重重，夫人朱氏看出来了，便道："孩子都这样了，我看就不要去应试了吧，万一在考场再发作……"

章濬说："我也是在这样想，但这件事关系太大，他还要不要这个前程，我还真不好一下拿定主意，让我好好想一想。"

到县城应童子试就是考秀才，考上秀才而后考举人，考进士，即是一条做官的道路，即所谓仕途，这是那个时代，无数人梦寐以求的一条锦绣前程。县试不完全等于今日的高考，但其对一个年轻人来说，其重要性绝不亚于高考，不应县试，就相当于不再参加高考，从此无缘于做官的台阶，这个决定确实非同小可。当然，这一次县试不参加，下一次也还可以去，但对于患有这种毛病的孩子来说，只要去参加这样一场又一场的考试，晕厥发作的可能性总是存在的。因而家中的这个最小的男孩，或许必须放弃走这条路。

章家在余杭也是一个读书的世家。章太炎的曾祖父章钧，曾经是余杭县学的"增广生"。这个"增广生"，虽然有些类似是"计划外"的，而实际上也有定额，都是经过考试录取的，后来他荣任县学训导，执教于本省海盐县。太炎的母亲来自海盐县，想来与其曾祖父曾经在海盐工作过不无关系。曾祖父不仅自己好学，而且也热心兴学、助学，他曾拿出一大笔钱，在余杭县东门北首白塔寺前，创办了一所"苕南书院"，又兴办过义塾，对族中子弟进行义务教育。

章太炎的祖父章鉴获得过国子监生的资格，这大概相当于今天的北大学生资格了，但是按当时的制度，这只是一种身份，却并不一定要去负笈就读。章鉴好学博览，收集了许多珍贵稀见的典籍图书，"蓄宋、元、明旧椠本（刻本）至五千卷"[1]，这是一个很大

---

[1]《先成祖训导君先祖国子君先考知县君事略》，《太炎文录续编》卷四。

的数目，加上有清一代的各种出版物，真可以说拥有一座小型书城。

到章太炎的父亲章濬，也不可能不是一个读书种子，他读书的成绩应该说有胜乃祖乃父，考试的成绩颇佳，一举取得了廪生的资格，这差不多可以说是拿工资读书，类似于今天的博士或博士后了。当然，章太炎的这些先辈，都没有什么太显赫的功名，但是，他们都不能不认同当时社会的主流价值观，向往和追求过功名，即使是他的父亲章濬受过挫折，因为受到心怀嫉恨的小人造谣中伤，曾一气之下退出考场，个中曲折究竟如何，我们已不得而知，而从他仍然创造条件让儿子们去参加科考来看，他坚持要把这条路视为年轻人获得远大前程的首选。

章太炎兄妹有五人，长兄去世很早，第二个哥哥章籛要比章太炎大十六岁，直到光绪十四年(1888)考上了举人，三哥章箴也要到光绪二十八年(1902)，考中举人，也就是说他们都是在章太炎放弃县试之后考上的，这足以说明，这个家庭并没有拒绝当时的科举考试，章太炎放弃考试，完全是因为他的身体原因。当然促使父亲章濬最后做出这个决定，也还会有其他一些因素，我们也不妨从当时的时代背景上做一些考虑。

这即是社会上"洋务运动"的勃然兴起，动摇了封建时代读书人追求功名事业成就的单一路向，虽然还看不出章濬有让章太炎弃科考而就洋务之类的意愿，但是读书人不就科考也还可以选择其他以立身扬名，已成现实。章家虽经"洪杨之乱"，大伤元气，他们逃难回到家乡时，家里只剩了一顷左右的地；但经过近二十年的生养积聚，已然又成为那一带屈指可数的资财殷实的地主家庭。这个最年幼的多病的男孩，如果确实不宜于去科考试场上"闯关"，以获取"做官"的前程，那么在相当一段时间里衣食无虞，并进而谋求别种发展应该是没有问题的。章濬是一家之主，这个决定的形成，也还一定与族中的其他关系密切的人交换过意见，大家都认为这个决定并无什么违悖事理之处。

少年章太炎被告知这个决定，他的反应当然是非常高兴。从现今的眼光来看，按八股来考试取士，也还是一种游戏规则，但毫无疑问是一种极为僵硬、枯燥乏味的游戏规则。做八股文必须从“四书五经”选题发挥，在入手议论时，要刻意编织出四段八股对偶的文字，除非是生性反常的孩子，恐怕不会有谁会喜欢这种强迫性的学习和考试。更何况考试一场又一场，光“童子试”就会有 5 场之多。“童子试”，顾名思义是稚气未脱的童子们参加的考试，而实际上，座中祖父辈的白发苍苍的考生不乏人在，目睹这种场景会带给人一种相当凄然的人生感触。以毕生精力在科考试场上拼搏的这些人，他们的青春和生命价值就是这样被销蚀殆尽的，这种科考的意义，怕只能以“将人变成鬼”来形容。或者正如康有为所说的：“徒令其不识不知，无才无用，盲聋老死，是比白起之坑长平赵卒四十万，尚十倍之。”[1]秦将白起活埋掉赵国兵卒 40 万，是何等惨绝人寰，这种科举杀人，比之还要过 10 倍也不止！然而，对于少年好胜的考生来说，冀图以考试的优异成绩证明自己的高智商并获得赞誉和荣显，应是一种未可低估的驱动力，但是这种考试的胜出者，既不个个都是卓越的人才，而名落孙山的失意者，也并不都是低能儿。

人的一生常常是为一个决定所完全改变的，不管怎么说，如果不是这个决定，章太炎继续沿着攻习举业的道路走下去，他也许会和他的各位兄长一样，终于获得举人、进士和进士以上的功名，运气好的话，成为风雨飘摇的清廷的一个末代官僚，但是，近代中国将失去一个革命的呐喊者和文化的巨匠。

---

[1] 康有为：《请废八股试帖楷法试士改用策论析》。

多少年以后，章太炎自己在回忆这一段往事时，固然记述了自己是被动地被“决定”者，同时，也强调了他极为个人化的兴趣指向：“年十四、五，循俗为场屋之文，非所好也，喜为高论，为《史》、《汉》易及，揣摩入八比，终不似。”[1]“场屋之文”、“八比”即是科举考试之文，他明言是不喜欢的，但他还是要随大流去做。有意思的是，少年章太炎并不像比他晚十来岁的鲁迅那样，喜好一些被人们称为“小传统”的东西，如《山海经》和民间传说之类，即使是偏离科举文体，也还是不脱大传统的语境，这大概还是和章太炎所处的时代环境和社会、家庭环境有关。父亲发现他有这种倾向后，曾经谆谆告诫他：“尔文思倜傥，学古非难也，以入制义[2]，则非童子所应为。”[3]八股要求从“四书”获得议论的题材和思想，否则便会有离经叛道之嫌，少年章太炎喜欢《史记》和《汉书》，竟想将从这两部著作中获取的灵感和命题装入八股的载体之中，这是不被允许的。章濬的信念似乎是，你要不练八股就不练，可不能破坏规矩，胡来乱练。

至此，我们应该将章太炎早期所受的教育状况做一补叙。他的阴历生日是戊辰年的十一月三十日，从阳历说是 1869 年 1 月 12 日。1873 年他 5 岁那年开始接受启蒙教育。几年之后，即在 1876 年章太炎 8 岁时，他的外祖父朱有虔先生离开海盐县家乡，来到余杭仓前章家为他做专任教师，所授的课程主要是读经。这一教就是 4 年，“时虽童稚，而授音必审，粗为讲解”。课程教得极为认真，而章太炎也就由此“稍知经训”。[4]接下来是外祖父回海盐老家去了，改由其父章濬亲自执教，所教的则主要是律诗和科举文字，到我们前面所说他去应“童子试”的时候为止，他整整接受了这种

[1] 诸祖耿：《记本师章公自述治学之功夫及志向》，《制言》第 25 期。
[2] 亦科考八股之文的一种说法。
[3][4] 章太炎：《自定年谱》。

教育长达10年之久。从我们现有接触到的材料看，这种教育中，几乎完全看不出有任何新的时代信息和社会内容。

客观上说，这一段时间虽然洋务运动已经颇成气候，但是封建传统文化的势力和影响依然十分顽强深固，大多数读书人埋头举业或研读经书而不知其他（这种情况需到甲午战争后，方有较大的改变），余杭章家可以说是这种背景的一个缩影。仓前镇离浙江首府杭州不过几十里路，当时看来还是相当闭塞，章太炎后来谈到自己早年的生活时，很少提到有关洋务的事情。事实上，这个时候，所谓洋务已不局限于与外国办理外交事务，而是模仿和学习西方的技术，兴办实业，甚至也开始译书、办学堂、议论变法了。和外国人已经愈来愈多深入内地与中国人杂处同步，西学也愈来愈多介入到人们的生活中，一些人已经从中西强弱的对比和清政府腐败无能的现实中，产生了对清统治合法性的怀疑，然而，章太炎只是在多处谈到，这个时期，他还是从自己的阅读经验，以及与老师的交谈中，萌生了反清"排满"的民族主义思想。例如，他谈到自己有一次和外祖父的谈话："余十二、三岁时，外祖朱左卿授余读经，偶读蒋氏《东华录》曾静案，外祖谓'夷夏之防，同于君臣之义'。余问：'前人有谈此语否？'外祖曰：'王船山、顾亭林已言之，尤以王氏之言为甚，谓历代亡国，无足轻重，惟南宋之亡，则衣冠文物，亦与之俱亡。'余曰：'明亡于清，反不如亡于李闯。'外祖曰：'今不必作此论耳。'余之革命思想伏根于此。依外祖之言观之，可见种族革命思想原在汉人心中，惟隐而不显耳。"[1]可见，即使是这种族革命思想，也是源于"夷夏之防"的古老传统和语言，是他自小阅读大量史籍所获得的。

---

[1] 朱希祖：《本师章太炎先生口授少年事迹笔记》，《制言》第二十五期《太炎先生纪念专号》。

少年章太炎不再去科场赶考，但并不意味他摆脱了封建传统教育的樊笼，还有另一条路在前面等待着他，那就是“研精学术，忝为人师”，而学术，在当时主要就是指经学。所谓“经”，就是那些古代传下来的堪作为人们道德伦理规范，用以“修身、齐家、治国、平天下”的文字。具体地说，从孔子起到宋代，由六经增加到九经、十二经，直至十三经，计含《诗》、《书》、《仪礼》、《周礼》、《礼记》、《左传》、《公羊传》、《穀梁传》、《论语》、《孝经》、《尔雅》、《孟子》，而诠释这些经典的学问。可想而知，这些学问也是相当枯索乏味的。章太炎在放弃了八股文的练习之后，曾有过一段小小的“解放”，即所谓“泛览典文，左右采获”，特别是“任意浏览史、汉”，但是为时不久，他就经长兄章籛指点认识到，“不明训诂，不能治史、汉”，必须从文字学和音韵学入手，逐字逐句地解读，才有可能准确无误地把握和宣讲古代圣贤们的原文真意。

十多年后，章太炎在一篇文章中回忆道：

> 年十七，浏览周、秦、汉氏之书，于深山乔木间，冥志覃思，然后学有途径，一以荀子、太史公、刘子政为权度。持此三子以观古今中外之册籍，有旁皇周浃者曰知之矣。涉是曰近之矣。吐言相戾，陈义不相应，则以为未知楚夏，不在六艺之科。会天下多故，四裔之侵，慨然念生民之凋瘵，而思以古之道术振之。盖自三子以后，得四人焉。曰盖次公、诸葛孔明、羊叔子、黄太冲。之四人者，事业不同，名声异号，然大要知君民之分际，与亲仁善邻之所以长久，而不肯以残夷割剥、陵轹元元者，则数逾千祀，风期一也。[1]

[1] 章太炎：《上李鸿章书》，《章太炎政论选集》，中华书局1977年版，第53页。

我们由此得知他这一时期大量阅读古典经籍，非常推崇和心仪的人物，依次是：荀子、司马迁、刘向、盖宽饶、诸葛亮、羊祜、黄宗羲。这个名单上，荀子是春秋战国时代的思想家，他最著名的思想命题是“人定胜天”和“人性恶”，主张礼治和法治相结合，韩非和李斯都是他的学生。司马迁则不用说，受腐刑后发奋写完的《史记》，“究天人之际，穷古今之变”，“是非颇缪于圣人，论大道则先黄老而后六经”[1]，其思想文采令人称颂不绝。刘向是西汉时期的经学家，又是一位校阅群书的目录学家，流传下来的主要著作有《说苑》。这3人的言论，章太炎是作为衡量其他书籍言论的标准的。以下4人中，盖宽饶和羊祜是我们一般比较陌生的。盖宽饶是西汉名臣，“为人刚直高节，志在奉公”，因为上书说了皇帝不爱听的话，被指为大逆不道，自刎而死。诸葛亮，一般人都很熟悉，他是一位贤相，也是一位杰出的军事家和谋略家。羊祜是西晋大臣，他一生的主要事业是要为晋朝消灭吴国，曾经坐镇襄阳，开屯田，储军粮，做一举灭吴的准备。黄宗羲是明清之际的有名的思想家，他的父亲被人陷害致死，年轻时他有过激烈的复仇行动，清军南下，他又领导过抗清。这个名单多少有些奇怪，在众多的历代圣贤名臣名相中，选定这些人作为自己的偶像，而遗落了那些更高地位和层次的被历来崇祀的人物，就有一点“走偏锋”的意思，这些人或是思想家、学问家，或是名臣、名将，似乎很难归类，在章太炎的心目中，或许就是欣赏和认同他们经世的“道术”，以及他们“知君民之分际，与亲仁善邻之所以长久”[2]，而且绝不仗势欺压老百姓。

在仓前镇运河边上的章家老宅中，人们看到章家的三公子，寡言少语，终日埋头读书，或低声吟诵，又听说他患有痫疾，心想他一

---

[1] 班固：《司马迁传》。

[2] 《上李鸿章书》，《章太炎政论选集》第53页。

定脾气乖戾、不通人情，最多就是一个“书蠹”，却不知道他的精神上还另有一片天地。乡下诚然守旧闭塞，然而年轻人的血却是殷红炽热的，即使是啃读已经发黄的经卷，章太炎也还是极力想有朝一日报效民族和祖国。

二

风光绮丽的西子湖畔有一座孤山，孤山以有林和靖的“放鹤亭”名闻天下，“疏影横斜水清浅，暗香浮动月黄昏”，引动多少高人逸士的逸兴遐思！而在此山的另一侧，郁郁葱葱的林木，又掩映着一座有名的书院，这就是“诂经精舍”。

“诂经精舍”是章太炎人生道路上的一个重要的驿站。

书院不完全同于学校，它几乎相当于现今人文学科的博士后流动站。“诂经精舍”是一个叫阮元的官僚兼大学者在做浙江巡抚的任上创办的，目的是重点培养一批精研经学的人才，这些人须具备相当好的经学基础，而后在老师的指导下读书和写作。自修读书是最主要的学习方式，个人著述也受到鼓励，学院会不定期出版文集，刊载学员的笔记和论文。但似乎并不需要准备毕业论文和答辩，书院并不授予国家承认的学历和分配工作，因而它纯粹就是鼓励有志读书的人去读书钻研的社会机构。这种机构也许值得今天主办教育的人参考，而最不宜仿效的乃是一种社会环境，如果社会惟学历是举，那么就不会有多少人肯于到这种不授学历的地方真正埋头去读书，而只要学历、学衔、学位等等成为读书人角逐的目标，真正意义上的读书就会降为次要的地位，甚至成为敲门砖式的、耍把戏式的、乃至于拆烂污式的东西。章太炎于 1890 年入“诂经精舍”到 1897 年，不考虑学历、职称待遇等等，一读就是 8 年，这种学习经历，现在是很难被人仿效的了。

这种地方也许奉行的还是“严进宽出”。在章太炎意欲就读“诂经精舍”的时候，这里的掌门人是名重一时的大学者俞樾先生。

俞先生是进士出身，中年以后不做官了，一意治学和讲学，先后任教于不少书院，而以在“诂经精舍”的时间最长，有 38 年之久。“诂经精舍”引人注目的学术地位和成果是与他分不开的，所以，今日西湖边“诂经精舍”遗址上的建筑物，被命名为“俞楼”和“俞曲园纪念馆”。他在学术上的主攻方向是经学，这一方面的著述十分渊博浩繁，最有名的如《诸子平议》、《群经平议》和《古书疑义举例》等，汇编在一起传世的《春在堂全书》，竟有洋洋五百卷之多！先生在当时名气很大，学生不但从国内四面八方来，还有从日本和海外其他地方来的，一时颇有国际影响。

章太炎的父亲章濬在“诂经精舍”有过一段任职的经历，算得上是俞先生的同事，他曾对章太炎这样谈到俞先生：“曲园设教诂经精舍，吾时充监院，相处数岁，今闻其茹蔬念佛，贤士晚节，往往至此。”[1]章太炎无疑对这位先生崇仰之至，能够受业于这样一位道德文章都好的大学者，将是自己莫大的幸运。据章太炎自己说：“二十岁，在余杭，谈论每过侪（音柴）辈。忖路径近曲园先生，乃入诂经精舍，陈说者冉，先生率未许。”章太炎的经学基础打得很好，其言谈要远远高出于同辈学子，治学的路径也与俞先生很接近，入学之初，他向先生陈述过几次他的学术见解，但都未获赞许，总而言之，俞先生是个相当严格乃至有些古板的老师，对这位故人之子，如果不是其学习能力和成绩得到优异的证明，他也绝不会随便点头。

随后，章太炎记述了当时的一段“纯学术讨论”：“后先生问：‘《礼记·明堂位》有虞氏官五十、夏后氏官百、殷二百、周三百、郑

[1] 章氏笔述，《制言》第四十三期，1937 年 6 月 6 日出版。

注周三百六十官，此云三百者，记时《冬官》亡也。《冬官》亡于汉初，周末尚存，何郑注谓《冬官》亡乎？'余谓：'《王制》三卿五大夫，据孔疏，诸侯不立冢宰、宗伯、司寇之官，有小司徒、小司寇、小司空、小司马、小卿而无小宗伯，故大夫之数为五而非六，依《周礼》，当减三百之数，与《冬官》存否无涉也。'先生称善。又问：'《孝经》有先王有至德要道，先王谁耶？郑注谓先王为禹，何以孝道始禹耶？'余谓：'《经》云先王有至德要道以顺天下者，明政治上之孝道异寻常人也。夏后世袭，方有政治上之孝道，故孝道始禹。且《孝经》之制，本于夏后；五刑之属三千，语符《吕刑》。三千之刑，周乘夏旧，知先王确为禹也。'先生亦以为然。"

旁听这样一番讨论，现今的读者会如堕五里雾中，这里也没有必要细加解析，判断是非，但我们毕竟可以从这里约略想见这种学问，和做着这种学问的人的风貌。从乾隆、嘉靖以来，清代一大批学者就在做着这样的学问，无征不信，实事求是，是他们的最高理念，他们要从文字学、音韵学、历史学、典章制度、天算、地理、水利乃至金石等等各个方向对儒家典籍中的真伪疑难进行考证，正像真理是很朴素的一样，这种学问也很朴实和朴素，所以它还有个颇有亲和力的称呼："朴学"。做这种学问的人高度强调"精审明辨"，这是一种非常科学求实的态度，就这种学问本身而言，训练很严格，功夫很扎实，当然，过分时也会钻牛角尖，迂滞僵硬。

应该说，俞先生对于章太炎这个学生还是相当欣赏的，章太炎不仅在入学之前基础很好，入学之后也仍然十分用功，他发奋读书，真正是"晨夕无间"。他把自己的书斋命名为"膏兰室"，他的第一部成规模的著作也取名为"膏兰室札记"，这意味着他希望自己能借助古代典籍和老师的学识滋养，成为"芝兰"一样优异的人才。

将书院建立在西子湖畔这样一个"暖风吹得游人醉"的温柔富贵之乡，本意原只是依傍山明水秀，更宜读书，却不想这绮丽无比的风光对学子会是多大的诱惑，对他们的年轻的心性会是多大的考验和试炼。然而，章太炎容或会和三两同学去湖畔散步，去葛岭登山，却绝没有征歌逐舞，纸迷金醉。他的家境虽不富甲一方，却也颇有田产，做一些"高消费"也不是完全不可以，他却甘于过清寒寂寞的书斋生活，整整八年的时光，他心无旁骛，极其专注地研究经学。我们相信任何一种学问，哪怕是在门外人看起来极其枯索乏味的学问，一旦深入其中并进入较高境界之后，一定会尝到一种不足为外人道的乐趣，但是，我们从外面人的眼光看起来，章太炎那八年在"诂经精舍"的苦读，真是非有绝大的毅力和韧性不足以支持的。

在这一方面，前辈经师的榜样起了很大的作用。在"诂经精舍"他曾经常向一位高学治老先生求教。高老先生早已年过古稀，却仍苦学不辍，"犹曰读书，朝必写百名，昼虽倦，不卧也"。老先生除了在治学上给章太炎以教诲外，还特别叮嘱他注重道德上的培养，他对章太炎说，从乾嘉两朝惠栋、戴震这些经学大师以后，堪称朴学之士的人也不少了，但若在道义行为上没有卓绝可称道的人，就还不够格，处现在这种衰落残败的世道，要有志于研究典籍还必须保持很好的操行，能作为一种人们学习的楷模，这就是那种才德都很充实而行事正直的君子了，你要切切记在心上！[1]

高老先生虽然对当时的一些经师看不上，但是从汉代以来直至清代的经师显然已经形成了一种传统，那就是非常坚忍和刻苦，在生活上低要求，在研究上高要求，对于经学几乎怀有一种宗教徒式的虔诚和献身精神。以"诂经精舍"的导师俞先生为例，他"雅兴不好声色，既丧母妻，终身不肴食，衣不过大布，进机不过茗茶。"生活上真是简朴之极。诚然，这些人会示人一种不苟言笑、非常严肃

[1] "先生语炳麟：'惠、戴以降，朴学之士，炳炳有行列矣；然行义无卓绝可称者，终莫能逮。夫处陵夷之世，刻志典籍，而操行不衰，常为法式，斯所谓易直弸（音鹏）中君子也，小子志之。'炳麟拜受教。"节选自《高先生传》，《太炎文录初编》卷二。

古板的面孔，为了经学研究，几乎丧失了其他的生活情趣和享受，然而，他们相信，非如此养就一种精神，不足以攻克经学道路上一个又一个“尖端”。仰慕章太炎的人不能不重视这一点：他在此打下的不仅是作为学术大师的知识基础，更值得注意的是，他接受了一种人格精神和作风的锤炼。没有这种人格精神和作风，他成不了学术大师，也更成不了一位革命先驱。后来他无论是在殖民者的监狱中，抑或是在袁世凯的幽禁中；无论是奔波在东北的冰天雪地，还是跋涉于云贵的荒山野岭，都坚苦忍形，不避艰辛，实在不是偶然致之的。

好了，趁着章太炎正在“诂经精舍”伏案苦读，精研经训的时候，让我们把目光移开，看一看那时神州大地上正在发生和盘旋着一些什么。

1890 年到 1897 年间，一个大事件就是 1894 年中国和日本交战，中国战败。有几个在当时或在未来历史活动中发挥作用的人物，分别以自己的方式行动着：

李鸿章，这位老态龙钟，背负着“卖国外交”骂名的清朝重臣，又要来到谈判桌前，和气焰万丈的战胜国日本签订一个新的屈辱的卖国条约，这就是历史上有名的“马关条约”。本来朝廷是委派另外两人去的，日本方面却不予接待，李大人不知道是哭好还是笑好，侵略者的这种“看重”，只能使他在“耻辱柱”上绑得更紧。经他之手签订的“马关条约”规定：承认日本对朝鲜的殖民统治，割让台湾、澎湖和辽东半岛，在中国内地加开沙市、重庆、杭州、苏州四个通商口岸，允许日本船只在中国内河自由航行，赔偿日本军费二万万两白银，按中国四万万人口计，平均每人摊派半两，也就是说，一个婴儿刚刚落地，就欠下了日本国半两白银。殊不知此时清朝政府根本还不起赔款，只能拿关税、盐税做抵，国家命脉一朝尽入他人掌中。而列强又纷纷要求“利益均沾”，瓜分之势已然形成。尔后不久,李鸿章黯然调离直隶总督的高位。

康有为,比章太炎整大 10 岁。这位维新派的领袖人物,早在 1888 年就赴京城上书给光绪皇帝请求变法,提出“变成法,通下情,慎左右”三件事,但这次上书并未获成功,而后他就回到老家广东去讲学,与他并称“康梁”的梁启超,即是这时候投到他的门下。

康有为显然是一位具有非凡魅力的大学者,梁启超这样描述他与康有为相遇的情形:“其年秋,始交陈通甫,通甫时亦肄业学海堂,以高才生闻。既而通甫相语曰:‘吾闻南海康先生上书请变法,不达,新从京师归,吾往谒焉。其学乃为吾与子所未梦及,吾与子今得师矣。’于是乃因通甫修弟子礼,事南海先生。时余以少年科第,且于时流所推重之训诂词章学,颇有所知,辄沾沾自喜。先生乃以大海潮音,作狮子吼,取其所挟持之数百年无用旧学更端驳诘,悉举而摧陷廓清之。自辰入见,及戌始退,冷水浇背,当头一棒,一旦尽失其故垒,惘惘然不知所从事。且惊且喜,且怨且艾,且疑且惧,与通甫联床,竟夕不能寐。明日再谒,请为学方针。先生乃教以陆、王心学,而并及史学西学之梗概。自是决然舍去旧学,自退出学海堂,而间日请业南海之门,生平知有学自兹始。”[1]我们今人或许会对康有为的一套老掉牙的言谈不屑一顾,只有退回到梁启超们所置身的社会思想环境中,你才能体会他们这种如闻“大海潮音”的极度兴奋心情。

广州的长兴学舍和万木草堂,云集了许多如梁启超、陈通甫一般的门生和崇拜者,康有为在那里,“与诸子日夕讲业,大发求仁之义,而讲中外之故,救中国之法”[2]。门生们听康有为的讲课如沐春风,康老师讲课内容的最大特点是突出经世致用,内容虽然大

---

[1] 康有为:《康南海自编年谱》。
[2] 梁启超:《三十自述》《饮冰室合集·文集》第十一。

抵还是在中国文史范围，如宋元明儒学案、二十四史、《文献通考》等，甚至也还讲佛学，关键是注入了一种时代的脉息，一种变革的冲动。“数千年来学术源流，历史政治沿革得失，取万国以比例推断之”。推断的结果是要找出救国之道。这是他们在别处没有听到的。康有为除了讲学也从事著述，“旦昼讲学，夕则编书”，先后写了《新学伪经考》和《孔子改制考》，为他日后的变法维新打造武器。甲午战争失败后，他联合各省在京应试举人搞了一次大规模的“学生运动”，这就是历史上有名的“公车上书”，随即又在北京、上海等地建立“强学会”，虽遭当局封禁，势头却颇为强劲。

孙中山，只比章太炎大两、三岁。甲午战争前后，他的经历大略是这样的：在章太炎就读于“诂经精舍”的时候，他在香港读医科。不过除医科之外，他还“研究国际法，军事学，海军建设，各种财政学、国政、各种派别的政治学”。[1]选择这样一种学习范围肯定是别有怀抱，对于青年孙中山来说，那是怎样一个“挥斥方遒”的时期啊：

> 数年之间，每于学课余暇，皆致力于革命之鼓吹，常往来于香港、澳门之间，大放厥辞，无所忌讳。时闻而附和者，在香港只陈少白、尤少纨、杨鹤龄三人，而上海归客则陆皓东而已。若其他之交游，闻吾言者，不以为大逆不道而避之，则以为中风病狂相视也。予与陈、尤、杨三人常住香港，昕夕往还，所谈者莫不为革命之言论，所怀者莫不为革命之思想，所研究者莫不为革命之问题。四人相依甚密，非谈革命则无以为欢，数年如一日。故港澳间之戚友交游，皆呼予等为“四大寇”。此为予革命言论之时代也。[2]

[1] 陈希祺主编：《孙中山年谱长编》。
[2] 孙中山：《建国方略》，《孙中山全集》第六卷，第229页。

终于，由“医人”而“医国”，成为年轻的孙中山的重大选择：“我因此于大学毕业之后，即决定抛弃医人生涯，而从事医国事业。”[1]1894年，他来到檀香山组建革命会党“兴中会”，开始了自己职业革命家的生涯。孙中山和康有为不同，他的目标是推翻清政权，所借助的手段则是武装斗争，他和他的同志们有共同的行动纲领，他们筹募经费，购买枪械，策划起义。然而，预约在广州的起义不幸失败了，在朝廷的追捕下，他不得不流亡海外。朝廷决心不放过这个危险人物，一直穷追到底，在英国伦敦，他竟一度落入魔爪，面临解送回国杀头的危险。后来在友人的帮助下终于获得了释放，他又来到邻邦日本继续从事反清的革命斗争。

最后，我们还要来看一看袁世凯。这个未来的大总统和短命的“洪宪”皇帝，在当时的中国政治舞台上，实在还算不上什么重要角色，按照当时的官制，他不过是一个地区级的官员。他不是读书人出身，是所谓“学书不成才学剑”的一类，在当时国际矛盾焦点地区朝鲜工作了12年，颇有一点“政绩”，被上级看好并获得较快擢升。这个人应该说是中国政治和社会文化结下的一个怪胎，他最大的智慧是善于以厚黑之道介入权力运作。即无所谓理想和节操，在官场上就能见风使舵，无间不入，以非常充沛的精力攀登权力高峰。甲午战败后，37岁的他，已外放浙江温州道，走了走路子，特别是又换了一个靠山，就在北京这边留下了，和现今的人们眼光相似——京城毕竟会有更大的发展空间，不久，他就得到一个新的也相当重要的职位，要他到直隶总督麾下去组建和督练一支新军。这不只是在袁世凯个人历史上，在中国近、现代史上，也是非同小可的一件事，他的“小站练兵”，练出了一批北洋军阀，并由他们衍生出雄厚横强的北方封建军事势力，而后竭力阻挡民主共

---

[1] 孙中山：《在香港大学的演说》。

和的进程，把近现代中国搅得昏天黑地。袁世凯本人也裹挟这股势力，一度攘夺权柄，断送革命成果。此时正在“诂经精舍”苦读经籍的章太炎，稍后会和他相遇，并大吃他的苦头。

法国大文豪巴尔扎克说过，一个时代的历史就是几千个优秀人物同时演出的一场戏剧。出场人物各自浮游到历史潮流的上层，他们代表不同的趋向，又各自发生或多或少的纠葛关系，推动历史情节的发展。上述人物中，李鸿章暂时还是一个要角，一个大腕，孙中山和章太炎都给他上过书，向他陈述过自己的救国志向和方策，希望能获得他的重视乃至受到他的重用，青年孙中山甚至还托人想谒见他，却因为位卑人轻，被他拒而不见。然而，他毕竟是一个即将下场的人物，不待病死，晚清历史的最后几页也将悄然抹去他的名字。

上场的锣鼓一阵紧似一阵，在未来的历史戏剧中，章太炎要扮演一个什么样的角色呢？

三

在李鸿章正代表清廷向日本国屈膝求和的时候，在康有为正在召集进京赶考的举子们联合上书、大闹“学潮”的时候，在孙中山已经筹划反清革命行将打响第一枪的时候，也是袁世凯野心勃勃走马上任去天津小站训练一支属于自己的武装力量的时候，章太炎还在杭州西子湖畔的“诂经精舍”埋头苦读汉代以来儒家的典籍。

尽管他从很早起就萌生了“排满”复汉的思想，但我们可以相信他这时还无意于做一个革命家，他的最大的志向还是成为像他的老师俞樾先生那样一个新时代的经学大师，他的古文经学的科研可以说已经渐入佳境。清代古文经学与今文经学之间有着激烈的几乎白热化的斗争，这两个学派的角力和斗争，一直可以上溯到一千多年前的汉代，从事古文经学研究的学者们忠诚地捍卫儒家前辈创立的经典，抗击来自今文经学学派的怀疑和歪曲。今文经学学者经常质疑儒家经典的原创性和真实性，例如被列入“十三经”的《春秋左氏传》，历来被认为是鲁国太史左丘明的手笔，但是晚清的今文学家刘逢禄、康有为偏要说它是汉朝刘歆的伪作，这是古文经学家决不可容忍的事。那一年，康有为将他的新著《新学伪经考》送给俞樾先生去看，俞先生就对章太炎说，你说你私下以刘向作为自己的老师和偶像，这个康有为就是专门与刘向为敌的，我们和他之间，就如同冰与炭一样不可调和呢。

章太炎从进“诂经精舍”不久就致力于写作一部《春秋左氏考》，历时5、6年完稿，篇幅长达50多万字，须知它是用很简练的文言写的，真可谓是皇皇巨著。最初的动机并不一定是针对康有为的，章太炎把握今、古文经学的“路线之争”，并坚定地站在古文经学一边，还有一个过程，在《春秋左氏读》的写作中，他完成了这个过程，并显示出一个后起的古文经学家的坚定和锐气。章太炎对于今文学派，尤其对于其中的公羊学说，怀有不可抑制的义愤，他回忆道：“方余之有一知半解也，《公羊》之说，如日中天，学者煽其余焰，簧鼓一世，余故专明《左氏》以斥之。”[1]当《公羊》学说正处在赫赫炎炎风头上时，他敢于逆流而上，将一种学术上的正义感发挥得淋漓尽致，不过，当他把自己的研究成果送上给俞先生审阅时，他却并未得到严师太好的评价和鼓励，先生居然大摇其头说：“虽新奇，未免穿凿，后必悔之。”

章太炎当然会感到某种沮丧，他稍稍收敛自己的锋芒，也没有将这部著作立即付印问世，而只是稍后将一篇批驳刘逢禄的《叙

[1]《自述治学》，《制言》第25期，1936年9月。

录》刊出，另一卷《刘子政左氏说》也是更晚一些才付梓。我们从这里可以体会到，古文学派的经师们治学的高度诚恳严谨，他们不会因为论敌的谬误而放任自己哪怕有一点粗疏和不实，感情用事决不能代替求实的研究，在这方面，他们对研究者的要求近于苛刻冷酷。章太炎并不认为自己的考证和论述有何重大的缺憾，只要“天假以年”，他完全可以做得浑成圆满，事实上，这种长达数年的潜心专注的研究，已经使他在古文典籍方面掌握了非常渊博的学识，何况，他还接受了相当严格的研究方法的训练。当时俞樾这一辈经学大师主持的书院教育，重视谨守家法更重于提出创见，因此章太炎的研究被目为“新奇”，不予采信，也是可以理解的。

大体上说，章太炎在“诂经精舍”治学的心情还是比较平稳和平静的，对所选择的课题和研究方向的热忱和执著，是这种平稳和平静的基本保证，至为单纯枯寂的书斋生活使他远离人事纷扰，与师友之间共同分享的，是学术探讨的无尽兴趣和乐趣。国事虽然蜩螗，似乎中心与漩涡都离得很远很远，浙东一带依然保持着某种富庶与繁华，西子湖畔更是朝朝暮暮，游人不断，一派太平光景。书院没有禁止婚娶的规定，家里为章太炎先娶进一房妾来，并于次年就诞下一女，年轻的古文字学家心情很好，为她取名叫“㸚”。[1]这个字基本可以保证她不会遇到重名的人，不但今天的国人绝大多数不认识，当时的人绝大多数也不认识，后来的一个女儿取名为“叕”[2]，都是要让人面对这样的名字发呆。“诂经精舍”离余杭县仓前镇并不太远，他会隔一段时间回去享受天伦之乐，如果书院要求不是太严的话，也不排除在家多住一段时间，把课业带在家里来做。

---

[1] 㸚，音“lǐ”。
[2] 叕，音“zhǎn”。

然而，人的心情绝对平静也是不会有的，尽管是书斋生涯，谁能做到完完全全地与外界隔绝和封闭？尤其是发生了中日甲午战争，和随后签订的“马关条约”，消息传来，书院上上下下，都笼罩在一种难以言说的压抑与沉重的气氛中，前面还会有什么样的事情在等着呢，真是想也不敢想。这个纯学术的殿堂里并不是没有危机潜伏，个人的以及学派的前途和命运，也不是与家国大事完全无关，“诂经精舍”的掌门人俞樾先生如是述说自己的焦虑和思考：

> 此三年中，时局一变，风会大开，人人争言西学矣，而余与精舍诸君子犹硁硁[1]焉抱遗经而究终始，此叔孙通所谓鄙儒不通时变者也。虽然，当今之世，虽孟子复生，无他说焉。为当世计，不过曰盍[2]亦反其本矣。为吾党计，不过曰守先生之道以待后之学者。战国时，有孟子，又有荀子。孟子法先王，而荀子法后王。无荀子，不能开三代以后之风气；无孟子，而先王之道几乎息矣。今将为荀氏之徒欤，西学具在，请就而学焉；将为孟子之徒欤？则此区区者，虽不足以言道，要自三代上之礼乐文章，七十子后汉唐学者之绪言，而我朝二百四十年来诸老先生所孜孜焉讲求者也。精舍向奉许、郑先师栗主[3]，家法所在，其敢违诸？风雨鸡鸣，愿与诸君子共勉之。[4]

这一段话是什么意思呢？面对现实，老先生几乎不得不承认，自己和弟子们的这种“抱遗经而究始终”的研究，是太不通事变，太

---

[1] 音“kěn”，意为固执。
[2] 音“hé”，意为何不。
[3] 栗主，意为宗庙神主。
[4] 俞樾：《诂经精舍课艺第八集序》。

不合时宜了，但是，他还是要为自己的学派和学说的存在价值找到合理的定位，所提出的就是“法先王”还是“法后王”的问题。有人可以去“法后王”，其当代使命即接受西学；有人则要“法先王”，他们的使命是继承前人的文化遗产——“守先生之道以待后之学者”，而他和他的同道以及弟子们正是这一类人。写这段话的时候，章太炎已经离开诂经精舍到上海《时务报》去担任撰稿人去了，俞先生心中老大不高兴，可以想到的是，在此之前，先生必定已经了然当时弥漫在书院里的一种“不正常”的思想情绪，甚至已经有人当面向他倾诉过自己的苦恼和怀疑，而他也极力做过“思想工作”——劝解和安抚，但是依然有人要中途“脱轨”了。如果是别人又另有它说，偏偏是章太炎这样一个人！这个人在7、8年的书院苦读中所表现出的坚忍和笃诚，在对今文学派批判中所显示的激切与刚猛，都会使人想到即使书院中还剩下最后几个学人，那也会有他。

而章太炎心中的风浪激荡，当然不为外人所知，毕竟时局中充满太多的危机和变动的警示，任何时代青年知识分子都会有的那种社会承担感，这时都会释放出一种压力，穷年经月的经学研究的终极价值和意义受到质疑，原先安静的书桌似乎发生了剧烈的摇晃。

前面说过，章太炎还在少年时代就有“反满”思想的萌芽，在一个遍地是汉人的国家由少数满人实行高压统治，这当然是世世代代汉人不能释然和坦然的一件事，章太炎永远不能忘怀父亲去世的情景：在病榻旁，章濬这个典型的汉族地主家庭知识分子[1]几乎是含泪向章太炎和他的兄长们谆谆嘱咐，章家到清朝已经七、八

[1] 太平天国的农民“长毛”兵曾经几乎剥夺了他的一切，所以，当清军打回来时，他立即投奔左宗棠的大营献地图，并为之出谋划策。

代了，前辈们去世，都是穿着古代儒者的宽袖深色衣服下葬的，我呢，虽然也有过一官半职，也没在吏部挂号[1]，就不要给我用官服了，以免违背家教。子侄们听了都明白他的心思，他是不愿意把在满人统治下做事的屈辱再带到另一个世界去啊！

别看章太炎发愤钻研经训几近迂痴，他的心底却是憋着另一股反叛的劲头，有太多的历史事实昭告着他，只要古老的中华文化仍在，国脉仍在，种姓犹存，汉族自己当家作主的国家就会有光复的一天。这个思想到后来他进一步阐述为："以国粹激励种姓"，实在是并非偶然。因此，他的经学研究表面上看起来是太脱离现实，太繁琐主义，太"零度操作"，而又可能是随时都可以揭去的一层古旧的外衣。

晚清统治者比起他们的先辈来已经是差得太多，如果说他们"乏"到了只能当皇帝做主子倒也罢了，不幸的是，他们连当皇帝做主子也弄不下去了，一步步只会将中国江山日削月割卖给外人，国中反满情绪必然再度趋于炽烈，深藏的民族斗争熔岩真所谓不择地而喷出。年轻的章太炎的内心，此时就像一个临近喷发的火山口，他后来回忆说："自从甲午以后，略看东西各国的书籍，才有学理收拾进来。当时对着朋友，说这逐满独立的话，总是摇头，也有说是疯癫的，也有说是叛逆的，也有说自取杀身之祸的。但兄弟是凭他说个疯癫，我还守我疯癫的念头。"[2]

章太炎后来被人嘲骂，叫他"章疯子"，实自此时始。所谓"疯子"，所谓"狂人"，其实就是说了别人不敢说的话，就是"先觉"和"先驱"。现在我们可以看到"诂经精舍"时期的章太炎的另一种形象，这种形象，是他的师友们几乎不敢认识的了，清代有太多"文字狱"的血雨腥风，一个"恶攻"[3]的口误或笔误都会引来杀身之

[1] 当时吏部不归中央管。
[2] 《东京留学生欢迎会欢迎词》，《章太炎政论选集》，中华书局1977年版，第269页。
[3] 恶毒攻击。

祸，乃至满门抄斩，汉族的士人们面对清廷的暴政早已噤若寒蝉，许多人暗忖，对长着这样“反骨”的章太炎，还是远远避开为好。

章太炎感觉到了少有的孤独和寂寞。一天，他写了一篇文章，题目就叫《独居记》[1]。文章赞扬一个叫汪曾唯的人为官廉洁，不与他人沆瀣一气，为老百姓打抱不平，也不怕得罪人，真正超群脱俗，文后借题发挥，大讲“独”与“群”的关系，抒发自己的见解和志向。这篇文章值得多引录一段。

他写道：

今之人，则有钱塘汪翁。其性廉制，与流俗不合。自湖北罢知县归，人呼曰“独头”。自命曰“独翁”，署所居曰“独居”。章炳麟入其居曰：“翁之独，抑其群也。”其为令，斡榷税，虽一锱不自私，帑臧益充，而同官以课不得比，怨之，其群于国也。罢归，遇乡里有不平，必争之，穷其氐，豪右衔忿，而寡弱者得其职性，其群于无告者也。悖礼必抨弹，由礼必善，其群于知方之士也。[2]

故夫独者群，则群者独矣；人独翁，翁亦自独也。案以知群者之鲜也。呜呼！吾亦独夫而已！耿介好刜行，时有所是非，则人以媢。眸子如豆，以自观之；心如丸卵，以自知也。踵翁之独，顾未能逮其群，故曰独而已。翁之独既耀于众，而吾

[1] 后又改名为《明独》。

[2] 大意是：现今有个钱塘人汪翁，从湖北某县知县的位子上退下来，人家都叫他“独头”，他自己也叫自己是“独翁”，将自己所住的地方叫“独居”，我到他住的地方对他说，你的独也是一种群呢。为何这么说？他当县令时管理税收，一分钱也不进自己腰包，所以国库就充实了，而他的同僚捞不到什么好处就怨恨他，他和国家是合群的。罢官回来，遇到乡里有不平之事，他一定要出面去争，穷追到底，所以那些豪绅就也恨他，弱小的老百姓得到帮助，所以他也是和他们合群的。谁若是违背礼法，他一定批评谴责，遵循礼法的，他就会好好对待，所以和那些懂得大道理的人也是很合群的。

之独尚莫甄禓之。悲夫![1]

余,越之贱氓也,生又羸弱,无骥骜之气,焦明之志,犹惨凄忉怛,悲世之不淑,耻不逮重华,而哀非吾徒者。窃闵夫志士之合而莫之为缀游也,其任侠者又吁群而失其人也,知不独行,不足以树大旅。虽然,吾又求独而不可得也。于斯时也,是天地闭、贤人隐之世也,吾不能为狂接舆之行吟,吾不能为逢子庆之戴盆,吾流污于后世,必矣。[2]

由所写的对象汪曾唯联想到自己,他检视自己,由于生性耿介,坚持自己评价事物的标准和行为方式,已经受到一些人的嫉恨,并尝到了被孤立的滋味,像他这样一个人,只是一个很普通的平民,身体病弱,又没有什么大志,都已经感到了一种生不逢时的痛苦,但是他仍然认同和追求"独行",虽说不能像古代的那些隐士、狂人一样行事,心里还是无比向往的。

这篇文章是章太炎当时心境的写照,我们大体上已可想见,他和他所处的环境之间已经产生了抵牾和龃龉,在更深层的原因上,是对时局的态度和意见,他与周围人明显歧异,另一方面,也还可能在学术上也不太谈得拢。在他 29 岁那年,即 1896 年夏天,他给

[1] 大意是:所以说是独的人其实是合群的,而所谓合群的其实是独的,别人认为他独,他也自己说自己独,由此我们可以知道真正合群的人是如何少了。而我自己也是一个很"独"的人,平时喜欢按自己意见行事,评论是非,引得别人嫉恨。自己眼光如豆,也就自己看自己;心如丸卵那么大,也就用以自知而已。尽管学汪翁的独,但也达不到他的真正合群的一面,所以说也就是独而已罢了。汪翁的独已经为世人理解了,而我的独却还远没有,这是多么可悲的事啊。

[2] 大意是:我只是浙江的一个地位很低的老百姓,生来身体很病弱,并没有什么不凡的气概和高贵的志向,就这样我也还心里总是凄凄惨惨的,为世道不好而悲伤,又为自己远远跟不上圣贤们而感到羞耻,我也看到了那些志士,虽然号召群众,却没有多少人追随他们,深知不独立走出自己的路,是不可能获得大众拥护的,尽管如此,我也求独还不可得,这真是社会封闭、贤人隐居的时代,我又不可能像古代的那些狂人和隐士们那样放浪形骸,我是一定不会留下什么好名声了。

一位师长辈的人写信，认为他在这里缺少“雅材好博之士相与砥砺”，在他的心目中，两湖一带正学校大兴，人才济济，“瑰异日出”，非常希望能到湖北去游学。

客观上讲，湖北或两湖一带人文学术确是比较兴盛的，但与江浙相比，或只是相颉颃罢了，而章太炎此时贬斥浙江学术“凌迟衰微”，这样贱今贵远，只能以他此时的处境和心情来解释。

另一件能表明他的心情的事，是他向“强学会”寄去了 16 元入会费。

“强学会”的创会人是康有为，其宗旨是求中国自强之学，带有相当浓烈的政治色彩，在清朝统治者的眼中是非常可疑的，而且确实未过多久就遭到封禁。无论怎么说，发起者和入会者都颇有一些“敢为天下先”的气概，偌大的上海，最初的会员不过二十人！“诂经精舍”里，“强学会”的章程也寄来了，并且引来了许多人好奇的目光。其中有一双目光，闪动的不只是好奇，还有一种强烈的行动的渴望，那就是章太炎的目光。章太炎已经从俞先生那里听说了康有为“公车上书”的事，也听说了他们在京城建立“强学会”，连俞先生也啧啧称奇，这真是亘古以来听也没有听说的事，竟然朝廷也容忍了。章太炎对康有为其人谈不上有什么好印象，在今、古文经学的斗争中，康有为是论敌之首，正是此人竟敢声称古文经典都是伪造的，连太史公的《史记》都是汉朝的刘歆于其中大做手脚，这不是丧心病狂么？上次他到杭州来将他的新著《新学伪经考》赠送给俞先生，先生就对他说过，这个人可是他的死对头，可是，就是这个人，要为中国的变法图强而呼号奔走，他该怎样对待呢？章太炎经过一番思考，他拿定了主意，事情总有主有次，有重有轻，现在最重要的不是别的，而是救国图强，康有为反对不反对古文经学，他发什么谬论可以不管，他搞变法维新，就跟着他走。

就这样，章太炎给“强学会”寄去了 16 元的入会费。后面我们就会知道，这个举动在章太炎的人生故事中，居然成为一条可贵的线索。

大致在他交入会费时，他还不能决定下一步到哪里去，以及去做什么，直到第二年的夏天，他还盘算着能不能转到湖北去游学，不过，湖北没有去成，这一年的年底，他却去了上海。

这一去，就给他的漫长的书斋生涯画上了一个句号，伴随近代中国政治斗争的镗鞑鼙鼓，也揭开了他个人生命史上的堪称辉煌的篇章。

第二章

风云初征

一

章太炎告别“诂经精舍”来到上海，走进当时维新派著名人物梁启超主持的时务报馆，这在中国革命史上未必是具有多么重大意义的一件事，而在他个人生平上，确实非同小可。

据说《时务报》当时的负责人梁启超、汪康年曾派人到过杭州，来延请章太炎加盟，章太炎对此颇感意外，他问来人：“你们是怎么会知道我的？”这句话的潜台词有可能是，我并无多大名气，你们怎么会知道我的，也有可能是，你们怎么会知道我有这种倾向？来人道：“是因为你曾经交过会费，要求加入‘强学会’”。

这个时期的章太炎，在社会上确实还说不上有什么名气，而维新派人士也在到处寻觅文化学术界的有志之士，“诂经精舍”的这个年轻学人寄交会费的行动，想必给人留下了颇为深刻的印象。另一方面，章太炎与《时务报》的实际负责人汪康年（字穰卿）之间，确有比较密切的关系。需要交待一下的是，汪康年是他的姻亲，比章太炎要年长几岁，前述章太炎在《独居记》中赞扬的“独翁”，即他的令尊大人。汪康年多年追随张之洞倡导西学，又热心为变法维新奔走，是当时很活跃、很受瞩目的一个人物，他在康有为的大旗下主持上海的“强学会”，而后又用办《强学报》的余款接办《时务报》，考虑到这些背景，章太炎这一时期的重大转折，应与此人的影响关系甚大。二人或有机会见面，或有书信往来，汪氏在上海发起“强学会”，章太炎寄交会费，有可能是汪氏打过招呼。汪氏创办《时务报》，章太炎大概也可以收到“赠阅”，仔细阅读之后，章太炎遂致书汪康年，先大表赞赏，继而又直接表达了自己“怀欲著论”的参与愿望，表述过他对办报的见解和主张。

《时务报》是一份在“强学会”及其刊物被封禁后由维新派主办的期刊，在顽固派的高压下，其办刊方针究竟如何把握，汪氏一时似乎还有些拿不定，章太炎向他献策说：“刍荛之见，谓宜驰骋百家，掎摭子史，旁及西史。近在百年，引古鉴今，推见至隐。”[1]可以看出章太炎并不“呆鸟”，他“怀欲著论”的“欲”，显然已不是“为学术而学术”的“欲”，而是一股要积极参与世事的写作冲动。“证今则不为卮言，陈古则不触时忌”[2]，则是一种斗争策略，“卮言”是指随他人意见而变的无主见之言，“时忌”不用说则是当时清统治下的种种思想控制，说明白一点，就是要用学术曲折隐晦地为现实斗争服务。从古以来中国的读书人，其实并不都是完完全全的书呆子，他们的重要功课之一就是做“策论”，一个个摇身一变，就能成为纵横捭阖的“策士”，或一跃龙门去做经世治国的官员，更上者则要荣登“国师”的宝座，为最高统治者时时垂询。章太炎也是这样，只不过他现已在往一条不与当权者合作的道路上走。一个问题过去似乎总是在困扰着他：他所穷年经月、孜孜矻矻学的古文经学知识，究竟在现实生活中能发挥什么作用，以及究竟如何发挥

[1][2]《致汪康年书》，《章太炎政论选集》上册，中华书局 1977 年版，第 3—4 页。

作用，现在眼前明朗了：借助一个宣传维新变法的媒体，面向社会，将他所学的知识贡献出来，可能是一条可取之道。

但是，上海四马路上的时务报报馆里的情形，也许和他所想的并不完全一样。康有为的大弟子，当时国中维新风潮的领军人物之一的梁启超，正在那里担任主编，他比章太炎还要小几岁，20 出头的年纪，《时务报》每 10 天一期，每期约 3、4 万字，实在是忙坏了这位年轻的主编。报社里人手少，他一人要兼好几份工作，常常是“日不遑食，夜不遑息”，尤其遇上酷暑天气，在他独居的小楼上，连蜡烛都热化了，他还要手不停挥地写作。无论他后来的面目如何，其时正是浑身带着一股初生牛犊的新锐气概，他对迂回曲折谈经论道不感兴趣，而主张直面现实发抒意见。章太炎对康有为及康门的弟子是闻名已久，此番才是初次领略了他们的人文风采。梁启超的工作态度和精神，他的文章的风格和见地，当使他产生某种感动，他后来在该报所发表的两篇时事论评——《论亚洲宜自为唇齿》和《论学会有大益于黄人亟宜保护》，应该视为受到梁启超等影响的结果。这两篇论评的书写策略，实际上已远离了他向汪康年提出的建议，直接干预了现实政治。

《论亚洲宜自为唇齿》一文的针对性十分明显：甲午战争中国败于日本后，朝廷中就一直有一部分人想联俄抗日，他们看不到“北极熊”对中国所怀的野心，竟不惜以主权利益“贿赂”沙皇俄国，与之签订密约，允许俄国在黑龙江、吉林修筑铁路，使其势力范围扩展到东三省。章太炎强烈地反对和谴责这种做法，在他看来，这无异是一种卖国行为：“今中国无深长虑，欲一快心日本，密约俄罗斯，以为系援，至于胶州屯军，吉林筑路，齐鲁与东三省将为异域，悲夫！”从一种地缘政治的观点出发，他主张联日拒俄：“为今之计，既修内政，莫若外昵日本，以御俄罗斯”。他对沙俄一直保持高度的警惕性，直到民国初建，讨论定都北京或南京时，高度关注和对付来自北方的威胁，仍然是他考虑问题的一个基本出发点。这一点，想来与他痛感中国历史上受到来自北方民族侵略过于惨烈有关。当然最关键的问题还是要修内政，“发奋图自强，综核名实，使卒越劲，使民悫愿，使吏精廉强力”。“夫发奋为天下雄，则百年而不扑，怠惰苟安，则不及十年而亦扑”。这文章写得有反有正，笔力凌厉，诸如这样的句子：“饕餮于朔北，忘其欲噬，密与为盟誓，背同类而乡异族，岂不左哉？”闻之十足令人惊心。

想一想这篇文章的作者吧，仅仅在不久之前，还在西子湖畔的“诂经精舍”里死啃儒家的经典，搬弄大量的繁琐考证，而现在居然能发挥如此尖锐鲜明、具有现实性、战斗性的论点，这是多么大的变化啊！固然，当时日趋危急的时局，已使得章太炎不能不关心、不能不思考国家大事，但是，这样的思考方式和成果，应该说是他来到上海后，与维新派人士朝夕相处，经常讨论砥砺才会有的，从这个意义上说，他离开诂经精舍来到上海，实在是他一生中的一次具有决定意义的转折。

在《时务报》期间，他写的另一篇文章也很值得一提，这就是《论学会大有益于黄人亟宜保护》。这篇文章对清统治者封禁学会提出强烈抗争。眼前的事实是，各地的学会已如雨后春笋般产生，统治者本能地感到恐惧和惊惶，这些学会，固然并未一开始便举起造反的旗帜，但朝廷上的人深知要防患于未然，康有为发起的“强学会”，便被他们断然扼死了。章太炎主要从文化教育的角度，指陈保护和倡导学会的必要性和重要性，他认为：“人之乐群，其天性然也。”“学者乐群亦天性然也。”不许学者组织学会只能阻碍文化教育的发展，其后果必然使国家更加贫弱，招致外患频仍。他拿外国的文化教育与中国做比较，如俄罗斯是“介胄工匠，亦人人知书矣”。芬兰“其民好学，逮园夫红女皆识字”。而中国则明显大大落后，“中国四百兆人，识字者五分而一”，这是统治者实行愚民政策的结果，他深深地感叹："呜呼！昔之愚民者，钳语烧书，坑杀学士，欲学法令，以吏为师，虽愚其黔首，犹智其博士，今且尽博士而愚之，使九能之士，怀宝而不获用，几何其不为秦人笑也。"在他看来，清统治者比历史上任何朝代的统治者更恶劣，语气之间充满对他们的愤恨。他在内心深处虽然向往革命，向往推翻清统治，恢复汉族的天下，但在当时的大势下，还是只能以变法维新为国家和民族的出路。他提出："以教为民，以民卫国，使自为守而已。变郊号，柴社稷，谓之革命；礼秀民，聚俊材，谓之革政。今之亟务，曰：以革政挽革命。"这里以"挽"字做"牵动"和"拉动"讲，"以革政挽革命"的意思就是以"革政"来拉动"革命"，这无异于告诉人们："革政"只是为"革命"做准备而已，实在是一个非常前卫、非常大胆的口号。

章太炎的这篇文章所洋溢的政治激情和气概，令许多维新派人士倾倒，谭嗣同读后就致书《时务报》的负责人说："贵馆添聘章枚叔先生，读其文，真巨子也。大致卓公如贾谊，章似司马相如。"[1]司马相如是中国文学史上很有地位的名家，这一比拟委实是很高的赞誉，章太炎听到后很受鼓舞。《时务报》的创办人之一、著名诗人黄遵宪也写信给汪康年说："馆中新添章枚叔、麦孺博，均高材生。大张吾军，使人增气。章君《学会》，论甚雄丽，然稍嫌古雅。此文集之文，非报馆文。作文能使九品人读之而悉通，则善之善者矣。才士也夫！"[2]说章太炎的文章"稍嫌古雅"是客气的，他的文章的一大特点是非常"古奥"，而这正是他有意为之的，他并不以为是缺点，所以一直坚持不改。

章太炎的这两篇文章发表，可以说是他"牛刀初试"，并一举成

---

[1] 《谭嗣同全集》，三联书店 1954 年版，第 371 页。
[2] 《汪穰卿先生师友手札》，上海图书馆藏。

功，充分展现了他的才力，使人刮目相看，但也因此遭到一些人的嫉妒，使得人事关系趋于复杂化。黄遵宪信中提到的麦孺博即麦孟华，与梁启超一起，都是康有为的大弟子，又是广东的同乡，都在少年气盛的岁数，见谭嗣同和黄遵宪盛赞章太炎，心中自然不是滋味，平时相见，对章太炎自然不免要给一些难看的脸色，甚至形之于言辞。

在一帮年轻的维新派人士聚集的时务报报馆，一场内斗正在酝酿之中。

撇开这些个人意气之争不说，章太炎和康有为的弟子们之间，也还存在颇深的门户之见。前面谈到章太炎是专治古文经学的，而康有为的弟子们则是崇尚今文经学，古文经学和今文经学两大门户，结怨既深又久，彼此视为寇雠。应该说章太炎能加盟《时务报》，与康门弟子合作，表明他在这个问题上还是比较有理性的，他的确不一概摈斥今文经学的概念，康有为鼓吹的“公羊三世说”，他也接受并加以宣传，似乎一度也服从维新变法的大局需要，有所转向。他曾表明自己在学术上不妄从、能独立的态度，说：“余治经专尚古文，非独不主齐鲁，虽景伯、康成亦不能阿好也。”[1]齐诗、鲁诗都属今文，他当然是“不主”的，而汉代经学大师们[2]的意见，他也不会盲目附和。这种态度当然是很可贵的，但毕竟两方面“门户”背景太深，彼此的分歧终究回避不了，按章太炎自己的说法：“余所持论不出《通典》、《通考》、《资治通鉴》诸书，归宿则在孙卿、韩非。康氏之门，又多持《明夷待访录》，余常持船山《黄书》相角，以为不去满洲，则改政变法为虚语，宗旨渐分。”[3]康有为及其弟子们的变法维新，是要依赖和维护大清皇帝，而章太炎则主张推翻

[1] 章太炎：《自述学术次第》。
[2] 景伯即贾逵，康成即郑玄。
[3] 章太炎：《自定年谱》。

清的统治，他看出"不去满洲"，变法维新不可能有真正的成功。这时候，学术背景的不同已经上升到了政见的不同，所以他和康门弟子之间的不和，以至纷争，不能简单地看成只是古、今文学派的门户之争了。

富于戏剧性的是，双方不久之后就动了粗，演出了一场"全武行"。

事情的导火线是"孔教"问题。一提起"孔教"，章太炎就气不打一处来。康有为搞"托古改制"，打出孔子的旗号，将他说成是一伟大的改革家，这一点就令章太炎不服，他们还将孔门儒家宗教化，将孔夫子神格化，宣扬"孔教"，更令章太炎不能容忍。章太炎是一个老老实实做学问的读书人，最信奉的是实事求是的态度，即使是为了变法维新的需要借助于亡灵，他也不能允许违背或篡改历史。还有可气的是，康有为把自己看得比孔子还高，孔子被称为"素王"，他也自称什么"长素"，他的弟子们也一个个取名为"超回"、"轶赐"，意思是他们都超过了孔子的那些杰出弟子，康有为在他的门生中已经煽起了一种个人崇拜的热狂，他们竟然称康有为是"教皇"、"南海圣人"，谁要对康有为稍有不敬，他们就不依不饶。章太炎就不吃这一套！

> 麟自与梁麦诸子相遇，论及学派，辄如冰炭。仲华亦假馆沪上，每有论议，常与康学抵忤，惜其才气太弱，学识未富，失据败绩，时亦有之。卓如门人梁作霖者，至斥以陋儒，诋以狗曲麟虽未遭謑詬，亦不远于辕固之于黄生。康党诸大贤，以长素为教皇，又目为南海圣人，谓不及十年，当有符命，其人目光炯炯如岩下电，此病狂语，不值一欠。而好之者乃如蛣蜣转丸，则不得不大声疾呼，直攻其妄。[1]

---

[1] 章太炎：《致谭献书》。

从章太炎所述的情形看，在这些争斗中康氏门人占据着上风，他们一来人多势众，又依仗着康梁名气甚大，很不把章太炎一帮人看在眼里，骂他们是“陋儒”、“狗曲”，真是鄙薄之至。章太炎有才气又学识宏富，他们尚未敢当面如何，但也开始给他使“绊子”了。章太炎的《学会》一文赢得了好评，按说应接着再发他的文章，黄遵宪给汪康年的信上还特别嘱咐：“章氏之文，颇惊警，一二月中，亦可录一二篇。”他也又写了一篇题为《驳〈辟韩〉》的文章，送到主编梁启超的手中，梁就扣住不发，弄得章太炎生了一肚子闷气。

生了闷气就要喝酒，喝酒之后，说话自然更无选择。章太炎才高，又有学问，凭什么任人欺负，忍气吞声，酒醉之后，他就大骂康有为的门徒们是“教匪”。这话就有好事之徒传到了康氏门人的耳朵里，他们立即炸锅了：这还得了？这样的人还不该教训教训吗？那个叫梁作霖的用广东话大声喊道，去揍他们，想当初在广东的时候，不是有个孝廉骂我们康先生，我们不是当众给他饱以老拳的吗，对这两个家伙[1]也绝不放过！

于是，他们就纠合起来，一帮人闹闹嚷嚷，揎臂挥拳，来到时务报报馆，找到了章太炎和麦仲华，质问他们为什么辱骂康先生和康先生的门人，还不等对方解释，他们就挥拳相向。章太炎和麦仲华虽然寡不敌众，却也奋力还击，据说梁启超还挨了章太炎的一耳光，但就当时的实力对比而言，章太炎一方肯定吃亏不小。

发生了这一件事之后，这里不可再留了，章太炎决计离开《时务报》。汪康年知道了此事，竭力从中调解：大家都是为了维新变法一个大目标，何必如此不能相容呢？但是章太炎知道他们之间分歧很深，是断难弥合的，他给汪康年写信说：“报馆一席，断难姑留。投我木桃，在他人或未忍此，况彼自谓久要乎？久要而犹不免

[1] 章太炎和一个叫麦仲华的人。

于此，则复合之后何如也。凡事离之则双美，合之则两伤。常以笔墨相交，则纪念自生，恐又自此开衅，不如早离为要。”[1]这里要解释一下，“久要”的意思是旧交，章太炎说他们还自称是旧交呢，旧交尚且如此，再合到一起又能怎么样，梁启超一伙就是仗势欺人，今后保不齐还要发生这样的事，大路朝天，还是各走各的吧。

后来的学者评论章太炎离开《时务报》，总带着乐观的态度说，幸而他离开了，从此得以减弱或摆脱康有为改良主义的影响，有助于他走上反清革命的道路，但就当时而言，章太炎却是实在带着伤痛和几许酸楚离去的。

二

回到杭州，杭州依旧，依旧到令章太炎相当丧气。

> 浙中风气未开，学堂虽设，人以儿戏视之。老儒嚄唶[2]，少年佻达，溺于雕虫，不可振起，前邪后许[3]，实鲜其人。[4]

但是章太炎再也没有回到“诂经精舍”去，他租了房住下来，关起门写作《〈新学伪经考〉驳议》。《新学伪经考》是康有为攻击古文经学，宣扬今文经学的力作，在章太炎看来，康门弟子嚣张狂悖，甚至仗势欺人，就与他们拥戴的这位康圣人，与他的这一套已在学术文化界传播的理论学说有关。客观地说，古文经学像一个步履蹒

[1]《致汪康书二》，1897 年 4 月 23 日。
[2] 音“或者”，大笑大呼，气势很盛之意。
[3] 前后呼应之意。
[4] 章太炎：《致谭献书》。

跚的老人，由于理论和方法的陈旧、繁琐和僵化，的确已不能适应时势的需要，并处于论战中的困难地位，但是章太炎并不这样看，“擒贼先擒王”，他章太炎的名气虽不如康圣人，却敢于向他开火，借以煞一煞今文经学和它的拥趸的气焰。对待今文经学的步步进逼的攻势，古文经学的阵营反应基本上是无所作为，绝大多数的学者过分专注于、沉潜于自己相当微观的考证，并十分迷恋和推崇这种考证的斩获，以为是最具有不朽价值的成就。所以，当章太炎就自己冲锋陷阵的论战行动咨询于一位年高望重的前辈学者时，他所获得的答复是：“荀卿有言：‘狂生者，不胥时而落’。安用辩难其以自熏劳也？”[1]意思是“见怪不怪，其怪自败”，用不着和他们多费唇舌，大有不屑一顾的样子。

章太炎会有短暂的一段感到无所适从，感到有劲没处使，他把写成的《〈新学伪经考〉驳议》置诸箱底，默默地思考自己究竟要做一些什么。

朋友们来到他的身边，其中一人名叫宋恕，他们是在上海《时务报》报馆认识的，两人觉得十分投契，有过一段很深的友谊。宋恕曾劝章太炎读佛经，章太炎也尝试着读了一些，诸如《涅磐》、《维摩诘起信论》、《华严》、《法华》等，佛学博大渊深，他不过浅尝辄止，在《时务报》担任撰述事情也比较多，似乎也没有太多的时间和适宜的心境来谈禅念佛，但是后来他一度很认真地钻研佛学，并将佛学纳入他的思想体系之中，这却是很重要的开始。现在他们在西子湖边再次相遇，家事国事天下事还是他们的主要话题。那一阵子，最令人忧心并窝火的事情，还是中俄签订密约后，其他各国纷纷提出要求利益均沾，在中国瓜分势力范围，法国就多次提出要修筑滇越边界铁路，朝廷顶不住，终于只得同意，还允许延长龙州铁

[1] 章太炎：《瑞安孙先生伤辞》。

路，任其开采滇、粤、贵三省的矿产。德皇威廉二世与俄皇尼古拉二世会商胶州湾问题，尼古拉二世主张胶州湾暂由俄国使用，必要时德舰亦可停泊，中国的领土已完全由他说了算。提起这些事，让人有刺心的疼痛和极其沉重的隐忧，当亡国的威胁已经临头，至少就内心而言，知识分子是很少能安然处之的，这就是为什么不但是章太炎不能也不愿进入佛家的虚无幻境，即便是劝他读佛的宋恕也未能斩断尘根，飘然出世。

章太炎与宋恕以及其他朋友们聚议的结果，是成立“兴浙会”，既然国家已经衰敝到了这样的地步，如果说我们还不能担当振兴全国的责任，总是可以先从自己的家乡做起吧，如果神州各处都能将自己地方振兴起来，全国不就整体上也振兴了么。不只章太炎这一代人，一代一代的中国人，乡土观念都是很强的，爱国对于他们来说，从不是抽象的，他们都极其热爱自己生长的地方，自己的乡土，对于自己乡土所具有的物华天宝，人杰地灵，满怀着无限的感激、珍惜和骄傲之情。成立“兴浙会”之议一出，大家的眼睛里，就闪出了一种神圣的熠熠光芒。一种面对历史和祖先的悲壮精神，一种面对家乡父老兄弟的责任感，充溢胸中，章太炎尤其如此。这位前“诂经精舍”的高材生、古文经学领域极具实力的学术接棒人，如今已是笔力纵横、文名远扬的时论作家，“枚叔，章程等等的起草就非你莫属了！”大家殷殷地说。

章太炎从康门弟子带给他的不快情绪中挣脱出来，也从写作《〈新学伪经考〉驳议》中今、古文论争的话语荆棘中解放出来，《兴浙会序》和《兴浙会章程》很快就写出交稿了。

对于他来说，写作这两篇文字，完全是一种新的写作经验。他下笔时，顷刻间浮想联翩，思接千载——这块土地上，曾经出现过、驰骋过多少名垂青史的先烈先贤，像大名鼎鼎的协助朱元璋开国的军师青田人刘基刘伯温，威名远扬的抗击外族侵略的大帅钱塘人于谦，浴血奋战抵抗清兵至死不降的南明英雄鄞县人张煌言，还有以爱国思想和风范昭示后人的超级大学者余姚人王阳明和黄宗羲，更遥远的还有卧薪尝胆成功复国的越王勾践，与魏蜀三分天下的吴国孙权，以及在割据局面中打造一方繁荣的吴越王钱镠……这是何等热烈鲜明的一份民族记忆，又是一份何等丰厚珍贵的精神资源！他对振兴浙江乃至振兴全中国都满怀希望，振兴之道首在文化教育，与统治者施行愚民之道相反，一定要让人民都接受良好、健全的文化知识教育。他具体设计在传统文化与新学以至地理、体育等各方面教育内容，以后人观之，这种设计虽不甚妥当，但就当时而言，毫无疑问是有了“新声”，如强调“经世之学，曰法后王，虽当代掌故，稍远者亦刍狗也。格致诸艺，专门名家，声光电化，为用无限”。“大抵精敏者宜学格致，驱迈者宜学政法。官制、兵学、公法、商务、三年有成，无待焠掌。且急则治标，斯为当务”。对于章太炎而言，反清思想是根深蒂固的，在内心深处，他是真心期待着人民掌握更多的知识，人民一旦都掌握了知识，再加上民族精神发扬光大，倒行逆施的清政府统治就不能延续下去。

《兴浙会序》和《兴浙会章程》在《经世报》发表了，此报是有章太炎加盟创办的，然而诸位同仁的思想并不同步，有人担心清朝统治者“文字狱”的阴影随时可能附身，文字的出轨会招来杀身之祸，抑或章太炎的文字中的确流露出一点反清色彩，抑或是他们过度的敏感和担心，他们要赶紧出来纠正。报馆主要负责人受到了压力，自我检查称：“叠接友人来书，谓措辞殊欠妥恰。”章太炎看到了，前来质问是怎样“欠妥恰”那，答复者支支吾吾，不知所云。不几天，又有人撰写了一篇《续拟兴浙会章程》，还将“兴浙会”改名叫“兴浙学会”，这一字之改，就道破了天机，原来他们只是想做一些学术的文章，并无意于干预政治，“道不同不相为谋”，章太炎只好和这个“兴浙学会”道声“再见”。

《经世报》的报馆总部设在杭州，另有分馆在上海，章太炎再次来到上海。这一段时间，他的社会角色就是参与维新变法宣传的自由撰稿人，他先后在《经世报》、《实学报》、《译书公会报》等报刊发表文章，后来收入他的著名的《訄书》的《儒道》、《儒兵》、《儒法》、《儒墨》、《儒侠》等等都是这时写的，长久性的收存表明他对这些文章的价值持有较为持久的肯定态度。我们不可想象章太炎像20世纪30年代沪上一些自由撰稿人，或披头散发、落拓不羁，或油光粉面、西装革履，舞文弄墨之余，出入于歌舞场、咖啡厅，混迹于阔人豪门的沙龙派对。刚到而立之年的他，穿着一身普通布料长袍，拖一根又粗又黑的长辫子，操一口余杭乡下土话，满脑子的"诗云子曰"，"之乎者也"，乃至最生僻的古字词，真正一副土得掉渣的老夫子的形象。他和朋友一起住在租来的狭小褊窄的房子里，除了写文章就是看书，与朋友讨论问题，跑报馆送稿子。他是那种很认真做事的人，认真得近于迂执，写文章一笔不苟，偏爱古奥，能用古字就用古字，虽一直遭到批评也决不改正，就这么一种一条巷子走到黑的倔脾气。

和朋友交往他也好行直道，决不曲意逢迎。宋恕曾经劝他读佛家的典籍，此人"性狂狷，任意气"，他写的文章也"多刺当世得失"，但是他并不拿出来给人看，而是"常闭置竹笼中"，对外说的多是违心的假话，对章太炎虽然坦白得多，却也有保留，还再三叮嘱，文章中不得提他的名字。这显然是被清政权的高压统治吓破了胆，章太炎并不以此责备他，毕竟各人有各人的处境和心态。但是，对他以及与他相似的一些知识分子逃避现实、谈禅念佛、追寻"华妙"的倾向，章太炎是深不以为然的。他在《经世报》发表的第一篇文章《变法箴言》中，就以"华妙"为"病"，大大地批评了一番。他说当今国家形势那样危急，老百姓又那样困苦，当官的置国家和人民的命运于不顾，"务得趣死不顾之人以振之，患犹可弭"，一个人真要以天下为忧，就应该"憔悴竭思，斟酌西法，则而行之，展布四体，以冀毫毛之益”，但要是一味谈禅念佛，势必“士气愈萎靡，民志愈涣散，求再亡三亡不可得，而暇变法乎哉？”他大声疾呼：“变法者，非口说也，必躬自行之。躬自行之而不可济，必赴汤火冒白刃以行之。”而检讨现在有志于变法的人士：“任变法者，吾未见其有面目黧黑、窍其不通者也；争变法者，吾未见其有面折廷诤、千人皆靡者也。……今气苶[1]矣，上焉豪杰之不任，而举社稷之重，付之脂韦突梯之徒；下焉有志之士，又稍稍娱乐于禅学，以日销其骨鲠，殆夫！殆夫！”“脂韦突梯之徒”是指那些世故圆滑的家伙，治理国家的重任都交给了他们，而在下面的人，还天天去“泡”什么禅学，这样还不危险之极吗？章太炎在圈子内外的人眼里，就是有些特别，他满脑子想的不是什么哗众取宠、沽名钓誉、升官发财，而是认定搞变法就要有点精神，就要准备“赴汤火冒白刃”，不“面目黧黑”，不“窍气不通”，就不算做事的样儿。这一条就注定会惹一些人不喜欢，注定和他们搞不到一块堆儿，所以他从《经世报》出来，又到了《实学报》。

《实学报》是怎么一回事呢？这份报实际上是一些倾向守旧的人办的，章太炎虽然也浸淫于封建旧文化，也对《时务报》梁启超一伙人憋着一肚子气，要和他们唱唱对台戏，但是，对于他来讲，要变法、要维新还是硬道理。他虽然在《实学报》上也发表了不少文章“讲求学问，考核名实”，但是当他看到该报主持人之一王仁俊写的《实学平议》后，还是很生气，像这样站在顽固派立场上反对维新变法，是他不能接受的，他绝不能和这些人沆瀣一气。

章太炎拂袖而去，离开《实学报》，又和朋友们创办了一家《译书公会报》，其宗旨是“开民智，广见闻，故以广译东西切用书籍、报章为主，辅以同人论说”，由他担纲主笔之一，这在他是很乐意为之

[1] 苶，音“liè”，倦也。

的。他真心地希望，以夸父追日、精卫填海的精神，一步一个脚印地去做，要“如微虫之为珊瑚，与嬴恰之积而为巨石”，靠积累的工夫传播新学，借以完成维新强国的伟大工程。

戊戌变法的前夜，年轻的维新宣传家章太炎的身影，就这样活跃在上海滩上。

三

泰风号长杨，白日忽西匿。
南山不可居，啾啾鸣大特。
狂走上城隅，城隅无栖翼。
中原竟赤地，幽人求未得。
昔我行东冶，道至安溪穷。
酾酒思共和，共和在海东。
谁令颂《诗》《礼》？发冢成奇功。
今我行江汉，候骑盈山丘。
借问仗节谁？云是刘荆州。
绝甘厉朝贤，木瓜为尔酬。
至竟《盘盂》书，文采欢田侯。
去去不复顾，迷阳当我路。
《河图》日以远，枭鸱日以怒。
安得起槁骨，掺祛共驰步。
驰步不可东，驰步不可西，
驰步不可南，驰步不可北。
皇穹鉴黎庶，均平无九服。
顾我齐州产，宁能忘禹域。
击磬一微秩，志屈逃海滨。

商容冯马徒，逝将除受辛。
怀哉殷周世，大泽宁无人。

（译文或大意）

西风吹得白杨像在呼号，
太阳忽地躲进西方云层，
南山是不可以居住的，
青牛发出了一声声哀鸣。
急急地往城楼走去，
那里竟也无法安身。
中原大地赤地千里，
找不到我心中的高人。
我曾经旅行到叫东冶的地方，
一条路到安溪算到了顶，
斟起酒来想想共和的事情，
共和在海东那边率先实行，
虽然一干人不读《诗》和《礼》，
却是他们建立了旷世奇功。
现而今我又来到江汉之滨，
那么多兵士骑马布满山陵，
问问谁是他们的首领，
原来是可比刘荆州的张大人。
大人将好处给众人以资激励，
酬劳大家为朝廷尽忠，
他写的书可拿《盘盂》相比，
文采直追汉代的田蚡。

唉，终于要走了，不必再回顾，
光线迷离的太阳正照耀前程，
太平清明的世界离我日益远，
鸱枭似的恶人当道更加凶狠。
怎样能将烈士们起死回生，
和我一起再踏上征程，
啊，迈步向东走不通，
迈步向西走不通，
迈步向南走不通，
迈步向北也走不通。
高高的上天俯视我们百姓，
普天之下原应都享受平等，
看一看我们这些汉族同胞，
怎能忘了神圣的祖国先人，
我虽只是一个不足道的人物，
如今还只好委屈地逃往海滨，
而世上总会有像商容那样的英雄，
誓将推翻商纣一类暴君，
我追怀着古老的殷周时代，
难道民间不会再出现揭竿而起的强人？

这是章太炎写于1898年夏的一首诗，诗的题目很费解，叫《艾如张》，后来有人对之做了两种解释，一是说“艾”[1]通“刈”，谓割除杂草，“张”是张网之意，“如”[2]做“并且”解，割除了杂草并张

[1] 艾，音“yì”。
[2] 如，音“ér”。

网捕鸟，可是鸟已高飞，对它能有什么办法呢？另一解释是将“艾”做“悔恨”解释，“如”是“跟随、往”的意思，“张”则就是张之洞了，连起来说，悔不该到张之洞那里去。这两种解释，都有点牵强。

章太炎到张之洞那里去，是1898年春天的事。张之洞时任湖广总督，堪称位高望重，康有为创办“强学会”时，他曾慷慨拿出三千两银子做活动经费，无论他的动机如何，处在这样的高位上，他对维新派的事业给予相当大的关注和支持，在当时很有影响力。在一个“官本位”的社会中，没有权是很难做事的，怀着维新图强的志向，刚刚步入救国政治活动的章太炎，很自然地产生一种寻求强势的愿望。他曾经上书给李鸿章，向他推介自己，正和年轻时的孙中山一样，都未获这位权倾一时的清朝重臣的垂青，甚至都是“泥牛入海无消息”，令他们十分气馁。而张之洞则不然，这位晚清著名“清流派”出身的高官，多少有些“另类”的思路和立场，他很乐意将民间卓有才学的知识分子网罗到自己旗下，并给予优裕的生活待遇，章太炎的文章他读过，对于“公羊学说”的激烈批评，很对他的脾胃，从文章所透露的信息看，他认定这个出自俞曲园门下的浙江学人会是一个很有用的人才，恰好又有他的幕僚钱恂、夏曾佑向他推荐此人，于是就决定请章太炎到湖北来。

前面说过，章太炎一直对湖北情有独钟，认为这地方四通八达，是“天下中枢”，而就当时来讲，人才辐集，学术文化也比较兴盛，他早就请朋友为他谋求一个到湖北发展的机会，而现在这个机会从天而降，实在令他喜出望外，遂立即整装就道。

张之洞对章太炎是给予了礼遇的，物质生活条件大概还好，所谓的工作也只是协助办《正学报》而已，如果没有别的问题，章太炎的生活应该相对稳定相对安逸一段了。有材料说章太炎初到时，张之洞甚至对他还特别器重，考虑到章太炎当时已有主张革命的名声，张之洞白天不见他，他让章太炎藏在钱恂的内室之中，然后到了深夜，屏退别人，和他单独谈话，一谈谈到大天亮，佩服得不得了。[1]这个说法如果能够成立，也只是他们在一起讨论了一些经学上的问题，如果谈的是政见的话，就不会有此结果。

果不其然，章张之间的"蜜月"时期很短，问题就是出在政见上。他们之间其实很不了解对方。

张之洞是清朝的高官，按照"屁股决定脑袋"的定理，他的地位决定了他要效忠于王室，之所以办洋务、兴学校，附和维新，其出发点是要保住大清朝的江山：一不落入外国人之手，二不落入"家奴"即本国其他人之手。他虽然也支持过康有为办"强学会"，出手非常大方，但他对康有为一伙人搞的一套并不满意，他担心"新政"弄来弄去会损及大清统治的根本，损及封建专制政治的基础，其后果不堪设想。从另一个角度来讲，政治斗争非常复杂和险恶，他附和维新甚至在某种程度上提倡维新，固然为他带来了不少声誉，却也使他处于极易受到攻击的位置，朝中"帝后之争"已经越来越趋于激烈，他必须以恰当的方式表明自己的态度和立场，以免被人误解。正是出于这种动机，他写了著名的《劝学篇》。章太炎在上引的《艾如张》一诗中用了一个典故："至竟《盘盂》书，文采欢田侯"，是说汉代的田蚡为讨得汉武帝母亲王皇后的欢心，炮制出《盘盂》这本书，用以影射张之洞写《劝学篇》，实在是很有见地。

《劝学篇》写出来了，章太炎是他的幕僚，自然要请他看看，听一听他的意见，其实也是一种变相的考察。章太炎如果要讨好张大人，也很容易，只要连连叫好，声明必须认真学习、领会就行。但是，这个地方就表现出他的"迂直"来了：他偏不如此。《劝学篇》的

---

[1] "匿太炎于念老室中，午夜屏人，见太炎，谈达曙，大服之。"见汪太冲，《章太炎外纪》。

核心思想是“中学为体，西学为用”，分上、下或内外两篇，上篇充斥对清王朝表忠心的语言，强调“三纲为中国神圣相传之至教”，“中学”，即封建专制统治的思想基础，是绝对不可动摇的，“讲西学必先通中学，乃不忘其祖也”，在此前提下，才有下篇的内容：开矿山啊，修铁路啊，农工商啊等等，这种摆法也是决不可以变的。如果抽象出来，“中学为体，西学为用”作为一种思维模式，恐怕到现在也未必消失了，即使是章太炎，自己有时也似乎绕不出去，问题是在张之洞摆出的一副捍卫爱新觉罗大清王朝的架势，章太炎看不下去。

“枚叔，你就说说你的意见吧。”张大帅捻着胡须，笑盈盈地望着他。

“这个嘛，下篇还是不错的，很讲实际，也切合时势。”章太炎硬着头皮说。

“还有呢？”

“没有了。”

张大帅的脸色立马明显地由晴转阴：这叫什么话，我这篇洋洋洒洒的大手笔之作，只得到你这等评价吗？简直是放肆！

谈话就此不欢而散了，如果章太炎知趣，不再开口，没准儿张大帅或会包涵他，谁知他退下来，又对别人说了一番话：满世界都有人，身在什么地方，就和这地方的人是同类，这是人的天性。汉族人从黄帝、伏羲以来，已经有五千年历史了，我们身受祖先给予的好处太深、太久。从本性上讲，我们和别人没什么两样，按古代圣贤说的，做君主的总是想着替老百姓谋福利，这是忠；朋友之间好好相处，这也是忠；辛辛苦苦为君主做事，还是忠。而如今，前两项都不说，光叫老百姓对君主忠，这叫什么事儿！这满族乌桓遗裔蹂躏欺压我们民族快三百年了，拿我们民族老百姓当野鸡和兔子一样任意宰割，我们就是不能复仇出这口气，也不能还要求大家热爱他，忠于他呀，要忠和爱也行，就等革命以后看吧！[1]

在张大帅的幕府中，他说这样的话不是疯了么？那些幕僚们听了以后一个个气得头发都竖起来了，其中一个是两湖书院院长梁鼎芬的门生朱克柔，立即挺身而出指着鼻子质问他："你的祖上不是也有在清朝做官的吗？怎么能对大清朝这样说话？"章太炎竟然回答说："那是暴力统治下沾上的污点，我们后人要把它改过来。"朱克柔顿时眼都直了，他深感问题重大，立即报告了梁鼎芬，梁鼎芬也不敢拖延，几乎是"第一时间"报告了张之洞，张之洞又火速派钱恂来找章太炎谈话，核实有关情况。这个时候，章太炎如果已经感到情况有些严重，敷衍几句，或者说自己是一时戏言之类，事情或者也可能"大事化小，小事化了"，留待观察算了。但章太炎还是不。钱恂问他是不是说过那样出格的话，他说是，钱恂只好苦笑了，心想这人真是个疯子，不过嘴上还用别的话搭讪一下："那么，你说《春秋》上是主张杀皇上的，你又开口闭口直呼先皇帝的名字，一点也不避讳，这在经书上能有什么根据吗？"谁知章太炎又来劲了，他说："《春秋》说之所以杀国君是因为国君太坏、太恶，这一点，《春秋》的三个版本都一样，再说清文帝皇太极，他子孙也是直呼其名的，他子孙都不避讳，我干吗要为他避讳？"[2]

钱恂听了心想，看来这家伙不是劝一劝能了事的，还是据实汇报吧。

---

[1] 原文为，"宙合皆含血，生于其洲而人偶其洲，生于其国而人偶其国，人之性然也。惟吾赤县，权舆风姜以来，近者五千祀，沐浴膏泽，沦浃精味久矣。禀性非异人，古之谟训，上思利民，忠也；朋友善道，忠也；憔悴事君，忠也。今二者不举，徒以效忠征求氓庶。且乌桓遗裔，蹂躏吾族几三百年，茹毛饮血，视民如雉兔，今九世之仇纵不能复，乃责其忠爱，忠爱则易耳，其俟诸革命以后！"，《艾如张　董逃歌序》，见《章太炎全集》（四）。

[2] 原文为，"或椓之张之洞。之洞使钱恂问故，且曰：'足下言《春秋》主弑君，又称先皇帝讳，于经云何？'应之曰：'《春秋》称国弑君者，君恶甚。《春秋》三家所同也。清文帝名皇太极，其子孙不为隐。当复为其子孙讳耶？'"，见《章太炎全集》（四）。

张之洞听了汇报之后，脸色铁青，挥了挥手说："叫他走吧。"

有记载说，张之洞很够意思，还叫账房给他开出五百两银子作为盘缠，我们对这个数目多少有些怀疑，张之洞可能给些路费，但不会有这么多。章太炎心情很不佳，有些遗憾也有些悲哀，他没有想到张之洞是这样一个人，原来还想以他为靠山，不料他是死心塌地地为清政权卖命的。他对张之洞的看法真是坏透了，后来他对朋友谈道："今天要说阴险巧诈反复无常的小人，没有能超过张之洞的了，老百姓受他的祸害，皇上受他欺负，士大夫们受他的愚弄，已经不是一天了。自从新旧两党之间相争以后，他的罪状开始败露，过去对他极为推重的人们都大失所望。唉，人也是实在太难了解了。"[1]他平生可以说第一次近距离与这样的当权派接触，却得到这样坏的印象，深深影响了他对中国政治乃至人生的看法。他在想，为什么一件本来明明白白的事情和道理，叫他们接受起来会这么难，他不过说了几句实话，为什么就令他们暴跳如雷，如临大敌，将他当做异类和疯子，亏得他们还是自己的同族同胞呢。可是环顾四周，又哪里去找和自己志同道合的人呢？在这种心境下，他写了《艾如张》这首诗，"艾如张"的意思是地上的草割了，捕鸟的网也张起来了，这已临近寒冬季节，天地之间是一派多么荒凉、肃杀的景象啊，而这，正是他此时心境的写照。

这个经历说不上有多大教训，事情可以说完全是由他自己引起的，他只是深深失望于在这个过程中所看到的一些所谓"维新志士"的面目，比如说那个张之洞身边的重要幕僚，担任两湖书院院长的梁鼎芬，此人少年得志，中了进士，甲午海战后因为弹劾李鸿

[1] 原文为，"枚叔过谈。今日中国之反复小人阴险巧诈者，莫如两湖总督张之洞为甚。民受其殃，君受其欺，士大夫受其愚，已非一日。自新旧党相争，其人之罪状始渐败露，向之极口推重者，皆失所望。甚矣，人之难知也。"据孙宝瑄：《望山庐日记》，光绪二十四年九月二十四日所记。

章大大地出了一把风头，随即被罢了官，深感失落，又挤进维新派的行列。他显然是个投机分子，这一次章太炎的被逐，就是他落井下石的结果。戊戌变法失败后，梁鼎芬迫不及待跳出来，大骂康有为和其他维新派人士，更加证实了章太炎对他的观察和认识。他曾专就此人写了一首诗，对其面目做了淋漓尽致的揭露，诗的最后两句是："君看鹦鹉洲边月，一阕《渔阳》未许操"，又回顾了他这次从张之洞处被逐的事。这里用的典故，是说东汉的儒生祢衡击《渔阳》鼓曲骂曹操，曹操未杀他，他跑到江夏太守黄祖那里，因为说的话不好听，连一曲《渔阳》都没有奏，黄祖就将他的脑袋搬了家。鹦鹉洲边乃是祢衡的葬身之地，也是章太炎此次被逐之地，这种遭遇很类似，所以张之洞、梁鼎芬之流也和刘表、黄祖之流相似。后来章太炎曾有一个称号："民国祢衡"，就表明人们颇认同他的这一看法。

第三章

一个斗士的孤影

一

章太炎重又回到上海，这正是戊戌变法运作高潮之时，光绪皇帝决意接受康有为的建议，实行变法。他开始重用康有为等，不断颁布“新政”上谕，梁启超主编的《时务报》，是他所喜欢看的，他觉得应该用来作为朝廷变法的喉舌，便下了一道命令将其收为官办。从大局看，这未尝不是一件好事，原来办《时务报》的人，就另起炉灶，再办一份报，取名为《昌言报》，反正变法的舆论要大造特造，报刊是有力的宣传工具，多多益善，“昌言”正合此意。原《时务报》的负责人汪康年与梁启超也有些不和，这时就设法把他挤走了，恰好章太炎回来，立即请他坐上主编的位置。

章太炎不在变法的第一线，却始终关注着变法的进程，尽管他希望从根本上推翻清统治，光复汉人的国家，而在维新派和守旧派、帝党和后党之间，他的同情无疑是在前者一边的。达成他的最终心愿的时机尚未到来，在眼前的这一场角逐中，他当然期待新政取得成功，并自觉地以自己的一支笔为其造势助威。他在《昌言报》上发表的文章中有一篇《商鞅》，很能体现他的立场。历来对商鞅的变法都有许多非难，他直斥之为“淫说”。在他看来，要变法就要付出代价，即使是过分一点，也是值得的。文中说：“牛羊同族繁殖传代，牧人担心种群衰败，将其弱者坚决除掉而毫不可惜，对七百人施刑，是为了最终能不再施刑，不要多久就会人民富足，出现路不拾遗的太平局面了，虽然还不至于将刑法搁置起来，可那样子是要放下利斧去造椽子去了。世上的人看到商鞅刚开始变法行政的酷烈，而不考量那之后的成效，好像商鞅整天拿着酷刑的刑具来宰割老百姓似的，岂不是太荒谬了吗？”[1]文后“附识”中又说：“余著此篇，为世人所骇怪……凡非议法家者，自谓近于维新，而实八百年来帖括之见也。”所谓“帖括之见”就是做八股的人迂腐之见，章太炎对他们是相当鄙视，平心而论，他的这些看法确实是很有政治家的见识的。

“百日维新”正是在夏秋之际，一阵阵暑热使人都有些躁动不安，何况朝中不断传来一些消息，朋友们见面都要急切地探问，谁都想多知道一些，偏偏来源和通路都有限，每每不能满足。一种压抑着的兴奋在暗暗传播，不知道前面还会发生什么，但是，延续几千年的中国政治轨道似乎是正在发生改变了。章太炎并不愿意有一个清朝的皇帝继续统治汉族老百姓，但是，现在这个皇帝自己起来改变旧制，这总还是有一点进步，他当然为之感到兴奋。决意变法的皇帝，康有为和他的同志们，成为他和朋友们瞩目的中心，希望之所系，不管怎样，这些日子大家相见之下长吁短叹少了，更多的是互相交换一种热烈的眼神和大声的议论。

---

[1] 原文为，“牛羊之以族蠡传者，虑其败群，牧人去之而无所靳。刑七百人，盖所以止刑也，俄而家给人足，道不拾遗矣。虽不刑措，其势将偃齐斧以攻榱桷。世徒见鞅初政之酷烈，而不考其后之成效，若鞅之为之，终日持鼎镬以宰割其民者，岂不缪哉！”

忽然，有一天，章太炎急匆匆跑来对朋友们说："出大事了！"

"出了什么事？"从章太炎的稍带惊惶的神色上看，大家已经感到凶多吉少。

"你们过来看吧，"他指着一份报纸说："太令人不能相信了！"

果然是出了大事，太后在一帮守旧党的簇拥下又垂帘听政了，光绪皇帝被软禁在瀛台，谭嗣同、杨深秀、杨锐、刘光第、林旭、康广仁都被抓起来了，现在又到处追缉康有为……

维新变法竟落到这样一个结局，真使大家惊呆了。

顽固派毫不手软地以手中的屠刀来对付变法维新，对付满腔爱国热肠的志士仁人，不数日，谭嗣同等六君子就被斩首示众，维新运动淹没在一片血泊之中。

风声越来越紧，康有为侥幸脱身，逃到上海吴淞口，在友人的协助下乘英轮远走，梁启超也仓皇亡命，国内急下"钩党令"，要将参与维新变法的宣传和实施的人士一网打尽。

章太炎有生以来从未经历过这样的时刻，他震惊，他愤怒，他悲伤，如果连这样一点点改革都不被允许，都要被砍头，那么中国还有什么希望？他的眼前，时时出现京城菜市口法场那最悲壮的一幕，6位志在维新救国的志士，刀起头落，鲜血喷溅，刽子手的嘴边漾起阴狠的狞笑……谭嗣同那个撰写《仁学》被他批评过的人，那个曾经读过他在《时务报》上的文章，称誉他可比司马相如的人，面对死亡，竟会那样豪壮威武，在可以逃走时，他谢绝了朋友的劝说，誓以一死警醒世人，天地之间，这是何等的浩然正气！

章太炎拿起笔来，写下了《祭维新六贤文》：

……王母虎尾，孰云敢履？惟我六贤，直言以抵。宁不惧咥，固忘生死！上相乘威，狼弧枉失。以翼文母，机深结闭。大黄拟之，泰阿抵之。长星既出，烧之薙之。系古亡徵，党人先罹。断鳌之足，实为女娲。匪丧陈宝，丧我支那。孰不有死，天柱峨峨。上为赤熛，下为大波。洞庭之涛，与君共殂。

借着这些古奥的词句，他直接抒发了对烈士们的崇高气节和斗争魄力的颂扬和敬意：慈禧太后的虎须虎尾，他们硬是敢碰敢抓，难道说他们不怕咬吗？这些人为了救国，早已将生死置之度外，虽然死了，他们却像峨峨的天之柱，上有飞迸的火焰，下有汹涌的大波，这是何等壮观的生命景象！而清政府的顽固派血腥镇压维新志士，乃是犯下了“丧我支那”的不可饶恕的弥天大罪。[1]

写于白色恐怖下的这些文字，足以证明章太炎在精神上完完全全进入了这些爱国志士的行列。

随着萧瑟的秋风送来更多的寒意，钩捕党人的罗网撒得更大了，章太炎也上了清廷侦缉部门的“黑名单”。这个在《时务报》上经常发表文章并已有相当名气的浙江学人，也许早就被他们盯上了，也不排除有“内线”向他们密告此人生了一副大大的“反骨”，经常发表反清的言论，是一个极端危险分子。他们或许还注意到，在上海出版的这份《昌言报》原就是《时务报》的姊妹篇，而它的大笔杆子就是这个章某人，就在维新党人死的死、逃的逃、溃不成军之时，他居然还在他的报上大写什么《书汉以来革政之狱》，表面上是谈历史，实际上是论现实，举了许多历史事例，说明冤狱终归是要平反的，“其事虽不平反于当时，而未尝不平反于后世”。这是什么意思？不是明明白白告诉维新党人，决不放弃，等待翻案吗？这个家伙算是吃了豹子胆啦！

[1] 几十年后，他的学生鲁迅在段祺瑞政府枪杀爱国学生刘和珍等之后，写下那篇脍炙人口的《为了忘却的纪念》，也是同一格调。

有人听说了这个消息，便辗转告诉了章太炎，朋友们都替他着急，纷纷来劝他：赶紧离开吧，本朝的文字狱，你难道听说的还少吗？一旦落入虎口，身家性命就难保了。章太炎很感激朋友们对自己的关心和热忱，他决定立即远走，经过一番筹划，先行悄悄回到家乡，将内人王氏带出来，大女儿留给了大哥抚养，而后靠日本友人的协助，到厦门拿到日本领事发给的护照，乘海轮驶往台湾。这是章太炎第一次逃避清政权的追捕，此时此际，心中真是百感交集，他一个攻研经学的读书人，今天也被逼走上了反叛和流亡的道路，这大概既是大势之所趋，也是历史之必然，从此，他誓将追踪前贤，义无反顾。面向辽阔的海天，迎风披襟，他不禁再次吟哦起刚刚写下不久的诗句：

弱冠通九流，抗志山谷贤。
丁此沧海决，危苦欲陈言。
重华不可遻，敷衽问九天。
溟涬弟尧舜，而不訾版泉。
版泉竟何许？志违时亦迁。
謷謷荐绅子，观书穷天府。
掉头辞晏婴，仰梁思贾举。
血书已群飞，尚踵前王武。
何不颂《大明》，为君陈亥午。
嗟嗞论甘生，闻辛先病舌：
“宁为牛后生，毋为鸡口活。”
抱此“忠义”怀，扬灵盟白日。
隼厉击孤鸾，鸾高先铩翮。
铩翮亦良已，畏此矰笱多。
举头望天毕，黯黯竟如何。

浊流怀阿胶，谁能澄黄河？
独弦非可弹，临风发《商歌》。
既不遌重华，安事涕滂沱。
蓬莱青未了，散发将临波。

现在我们尝试将其大意译成现代诗句：

年纪尚轻我就通晓各派学说，
仰慕隐居山谷高风亮节的先贤。
遭遇上沧海横决的危机局面，
满心忧虑和痛苦急于诉诸语言。
没有遇到伟大的圣人来指引，
我只有虔诚地跪拜和祷告上天。
我由衷崇敬倡导平和的尧舜，
却也不非议你死我活的大决战。
上古版泉之战为何被我称道？
是因为此时情势已然发生变迁。
从事变法的先生们往来奔走，
博览天府古今典籍以引经据典。
然而晏婴一样贤臣才被逐走，
眼前又有贾举一类烈士在殉难。
皇上的血书已在满世界飞舞，
他们还要走先王的老路不改变。
何不读读周武王伐纣的诗篇，
聆听武力战胜邪恶王朝的宣言？
可怜贪图荣华胆小如鼠之辈，
一听坏消息就舌头哆嗦打了卷：

“我们还是跟在后面走牛步吧，
千万不要出头跑人前担当风险。”
他们抱着自我标榜的“忠义”心，
就这样在光天化日下信誓旦旦。
凶残的鹰隼袭击善良的凤鸟，
凤鸟飞再高也要击伤它的翎管。
翎管击伤尚得保全也就罢了，
更可恨的是满布了罗网和暗箭。
我不由举头望望那天毕星座，
它黯然无光象征国事更加多艰。
面对浊流滔滔自然想起“阿胶”，
谁能有良方让黄河变得清滟滟？
一根独弦不能弹出什么曲调，
只能临风唱起《商歌》来一抒伤感。
既然遇不上伟大圣人的指引，
也不能痛哭流涕徒然陷入惶乱。
远方的蓬莱岛正是郁郁葱葱，
何不散发踏海去追寻自己心念。

二

台湾是祖国的宝岛，但此时已经割让给了日本。日本人在这里设立总督府，实行殖民统治。章太炎是以一个流亡者的身份来到这里的。

经在上海的日本友人山根虎雄的介绍，他权且到《台湾日日新报》当记者，到达的次日，报上就刊登报道：

此次本社添聘浙江文士章炳麟，号枚叔，经于一昨日从上海买棹安抵台湾，现已入社整顿寓庐矣。

这家报纸的大老板是台湾总督儿玉源太郎和民政长官后藤新平，社长叫守屋善兵，报纸有日文版，也有中文版，估计章太炎的任务就是填中文版的版面，他不用坐班，只在家写写稿子就可以了。章太炎在国内已颇有名气，而且确有真才实学，介绍他来的山根无异于替他们当了一回“猎头”。在汉文化圈内，当时的台湾，当然比不上上海和江浙的繁盛，这一点也许给章太炎的感触特别深。五十年前，这里出过一位姚硕甫，是很了不起的知识精英人物，“文章经济，炳然在人”，但现在这里的知识分子居然都不知道此人了。有一个本地的据说还是相当拔尖的读书人，来到章太炎的住处借走了《汉书》，还以为他会好好“补”一“补”的，没想不到三天就送回来了，说是没有兴趣读。

倒是在这里的日本人中还有几个汉文化修养很不错的，其中一位叫馆森鸿，此人早年就研习汉学，对中国的经史很有心得，与章太炎能做对话，而且谈得很相投，这一点委实难得。当然，馆森鸿对章太炎十分敬佩，他写道：“杭州章君枚叔高才能文，与余相善。去年冬，载书数车入台疆，乃以文字订交。每相见，辄问难经义，评骘文章，纵谈时事，神王兴至，逸岩激越，投笔起舞，恢哉有国士风。”[1]这二人谈谈文章学问犹好说，“纵谈时事”，想必有相同或相近的思想基础，竟至于谈得那样投契和尽兴，以至声音激越，手舞足蹈。馆森鸿评论章太炎的文章说：“操守大节，处困厄而不挠，其胸中所郁积发为著作，著作褒然，成一家言。”[2]他特别肯

[1]《送章枚叔序》，《柚存园丛稿》卷一。
[2]《儒术真论序》，《柚存园丛稿》卷一。

定章太炎的“操守大节”，这种评价似乎有胜于章太炎在国内的一些朋友。在台北这样一个文化还显荒芜的地方，能有馆森鸿这样的朋友往来，真是“不亦悦乎”。

当然他也惦念着国内的朋友，不停地和他们有书信往来，他关心“《昌言报》久不得睹，果能存此硕果否？”盼望有人给他寄报来看，朋友们办教育的、讲哲学的、钻禅学的，他一概都很想了解，至于党祸是否在加剧，更是为他一直注视着，住在台湾是不得已而为之的，他并不愿意离开本土，那里有他的位置，有他的事业，他的父老乡亲和朋友，有时想起这一切，心情就会荡起几许苦涩。

或许因为“同是天涯沦落人”的缘故吧，康有为和梁启超这时也正亡命日本，章太炎在感情上倒和他们拉近了。他到台湾不久，就给康有为写了一封信，这封信的原文现在已很难看到了，但从康有为的回信中我们可以获得一些信息：

枚叔先生仁兄执事：

曩在强学会，辱承赐书，良深感仰，即以大雅之才、经卫之懿告卓如。顷者政变，仆为戮人，而足下乃拳拳持正议，又辱书教之，何其识之绝出寻常，而亲爱之深也！台湾瘴乡，岂大君子久居之所？切望捧手，得尽怀抱。驰骋欧美，乃仆夙愿，特有待耳！兼容并包，教诲切至，此事至易明，仆岂不知？而抱此区区，盖别有措置也，神州陆沉，尧台幽囚，惟冀多得志士相与扶之，横睇豪杰，非足下谁与？惟望激昂同志，救此沦胥。为道自爱，书不尽言。十一月十五日，有为再拜。[1]

先前，章太炎给康有为写过信，但那时康有为是名震一时、人

---

[1] 康有为：《致枚叔书》，《台湾新新日报》1899年1月13日。

气正旺的维新派大头头，况且事情又忙，顾不上给这个浙江的年轻学人回信，现在不同了，自己在流亡中，也就格外珍视这种“同气相求、同声相应”的来信。章太炎的信上首先应该是表示支持和慰问的拳拳“正议”，当然也还会有若干建议，是不是希望他“驰骋欧美”，以便“兼容并包”，开拓思路？还是说要舍弃改良的方式，另谋一条彻底反抗的路径？康有为毕竟人老姜辣，含含糊糊说了一句“抱此区区，盖别有措置也”，还很不客气地顶了一句：这事太容易明白了，难道我还不知道[1]不过总体上还是很客气的，用旧式文人书信的套语，将章太炎恭维了一番。应该说，在刚刚过去的那场流产了的维新运动中，章太炎与康有为，无论在名望、地位、作用以及参与的深度等等方面，都不在同一层级上，章太炎虽然也流亡境外，却也并无太大影响，然而，现在他和康有为这样对等通信，交换看法，并得到康如此的称誉，一下就使他的知名度大大提升了，在客观上，他被这位领袖接纳进了一个受到当时世人瞩目的政治势力的阵营，这件事使他非常之兴奋。

他当即将康有为的来信刊登在报上，还加了一段按语，说自己正在心情“戚戚寡欢”之时，忽然接到康先生的来信，顿时“眉宇盱扬，阳气顿发，盖不啻百金良药也”。章太炎与康有为在古今文学派之争中是宿敌，这一点在“圈子”内许多人都知道，何以现在他对康有为如此“相昵之深”呢？章太炎觉得有必要解释一下，这就是学术上彼此意见歧异，并不妨碍“行谊政术”上志同道合，历史上这样的事例甚多，比如宋代的叶适与朱熹，该二人在学术上完全对立，势如冰炭，但在朝廷上有人攻讦朱熹“伪学朋党”的时候，叶适挺身而出为朱熹辩护，痛斥小人诬罔。学术上的门户之见与政见，同个人的道德人品是可以分开的。从反面说，学术上意见似乎一

---

[1] 原文为，“此事至易明，仆岂不知？”

致，而实际上在大是大非问题上存在根本分歧，这样的人，迟早才是要分道扬镳的。章太炎举过去在湖北张之洞幕府的几个同事如梁鼎芬、王仁俊、朱克柔为例，看起来他和他们学术上都属今文学派，并无界限，实际上根本不是一路人。有一次，他和他们在一起议评康有为的学术见解，他们竟将康先生的政治主张一并加以诋毁，令他们没有想到的是，章太炎和他们激烈争论起来，他的声音那样大，连走廊都震动了，他们惊呆之下，都说你怎么变卦了，章太炎说我并没有变，是你们不懂道理。果不其然，待到变法失败之后，这些人一个个都当了"缩头乌龟"，或者是"变色龙"，连过去学术上的主张也丢到脑后了，可见做学问的人，不要问意见是否一致，而要看人品是否公道正直。[1]

从这时起，章太炎与康有为、梁启超开始了一段友好的交往，后来他称之为"与尊清者游"。感情上亲近了，思想上也多少有些接近，他常常寄稿子到梁启超主编的《清议报》上发表，看上去他们很像是同一营垒的人。事态变动的过于剧急，加上所处的社会思想环境相对恶劣，都会使他产生一种"迷失"。在这种背景下，他写了一篇《客帝论》，主张清帝自动退位，可以清帝为"客帝"，借以缓和国内反满情绪，避免被汉族驱逐。另一面，则要以孔子及其后代为中国的正统统治者，举"衍圣公"的后裔为帝。另外还有一篇《藩镇论》，提出应削弱中央集权，由中央政府掌握畿辅地区，其余分五个道，分别由地方封疆大吏掌管，避免列强"挟政府以制九域"。与其国土被外国人瓜分，不如授给自己人。这些意见，不用说现在，即在不久之后，章太炎自己已认识到是颇为荒谬的了，为此他又写了《客帝匡谬》和《分镇匡谬》，并在编辑自己的文集《訄书》时剔出原作不收。他回顾自己这一段思想历程时说："余

[1] 原文见章太炎：《康氏复书识语》，《台湾新新日报》1899年1月13日。

自戊己违难，与尊清者游，而作客帝，饰苟且之心，弃本崇教，其违与形势远矣。”[1]

这一段自我批评是够严厉的，也许只有章太炎自己，才真切地知道他和那些“尊清者”们之间，骨子里其实还是根本不同，但也多多少少受了他们一些影响，例如，康有为将孔子尊为“素王”，要以孔子为教主之类，他检讨自己当时是立场不坚定，并有“苟且之心”，在这个问题上态度多少有些暧昧。在台湾的那些日子里，他确实感受到了很大的寂寞，虽然有馆森鸿这样难得的日本好友，但他毕竟不是中国人，也不是国内政治活动的亲历者、参与者，在哪里能找到自己的同志、同党，找到可以依靠的力量？他与康有为、梁启超这些人，虽然在死保清帝和驱逐清帝这一条上主张相反，但他们都正受到清朝政府顽固派的追杀迫害，在救国的志向与目标上无疑是相同的，仅仅这一点已足以使他们能够携起手来。他是一个学者，但他目前已较深地涉入政治的漩涡，不管他愿意不愿意，他考虑问题的着眼点，不能不更多地投注于现实的政治环境和策略，他不能不以一个政治家的思维方式面对复杂的社会政治环境。

台湾是他避难之地，但不是久留之地。闲时他也细细考察台湾本地的人情风俗，对于这里的治理建设提出一些建议。这里毕竟是祖国的一块宝地，与祖国大陆存在血肉相连的关系，待到祖国独立昌盛之日，一定还要回归祖国的怀抱。他也踏勘凭吊过当年收复宝岛、率众抗清的郑成功的遗迹，越是在这样的地方，他越是心潮难平，如今这宝岛竟因朝廷腐败无能又落入外人之手，眼看还有大片国土要被虎狼吞噬，亲爱的祖国，你何时才能强大？作为汉民族的子孙，自己又如何才能不愧对祖先？

---

[1] 《客帝匡谬》，《訄书》重印本。

现在日本人是这里的主子，在人家的治下做“二等公民”的滋味，决不好受。章太炎是浙江名士，是汉文化圈中的上层人物，来到这里，日方算是给予了颇为良好的待遇，然而，对于他这样一个民族意识极强又极敏感的人，无处不在、无时不在的殖民者的歧视和奴役，必定会带给他更刺心的感受。他在他任职的《台湾日日新报》上所发表的文章，一部分是指斥慈禧太后及其走狗的，他将这里作为他的一个阵地坚持战斗，而另一部分，矛头则是指向在台湾的日本殖民者的。他对日本官僚欺压人民、作威作福予以揭露和谴责，反映台湾本地人民的心声。这家报纸本来就是日本殖民当局办的，这怎么可以被容忍？于是，社长守屋善兵卫被总督叫去了，总督将刊登有章太炎文章的报纸愤然扔到社长的脚下，问他看过这些文章没有，守屋善兵卫支支吾吾，不敢回答。在办报的方针上，他秉承上峰的一个指示，要尽可能显示出一种言论开放和民主，以缓和本地民众的反抗情绪，延聘章太炎来任职，其实也是为此目的，未承想章太炎会如此肆无忌惮，他就不知道任何开放和民主都是有限度的。

被总督大人训得灰头土脸的受屋社长，一回到报社，就命人去叫章太炎来见他，章太炎已经从日本友人那里得知总督对他的文章很不高兴，估计守屋叫他去就为的此事，便拿起笔来写了一张便笺，让来人带去，便笺上说，你不知道，我要去你那儿就是趋慕你的权势，你自己到我这里来，才说明你还懂得尊重我们这样的人。要来你自己来吧！守屋善兵卫见了，只好气急败坏地跑来，对着章太炎大叫大嚷一通：“真没有想到你这人如此傲慢无理！”

章太炎反唇相讥道：“为什么你叫我去你那儿就不是傲慢无理？请你记住，中国的士大夫是要受到尊重的！”

守屋善兵卫气咻咻地说：“你要不愿意在这里做事，就另请高就吧。”

章太炎道:“走就走,我还正不想在你这儿呆了呢!”

守屋善兵卫一甩手走了,章太炎淡定自若地自言自语道:“什么善兵卫,简直就是恶兵卫,你不讲礼貌,我就走人,何用你赶我走,哼!”

这一场风波之后,章太炎结束了他的台湾之旅。

三

下一站,他从台湾的基隆出发乘船驶往日本的神户。

这个一衣带水的邻邦,引起中国的这一辈知识分子的情感是相当复杂的。正是这个在天朝子民眼中不大看得上的“蕞尔小邦”,据说它对于世界的认识还有赖于魏源的《海国图志》的传播,然而,自明治维新之后,其国力迅速增强,甲午一战,竟打败了堂堂的“天朝”劲旅,迫使朝廷与之签订丧权辱国的“马关条约”,霸占了我国大片国土。它并不以此止步,且怀有更大的野心,意欲攫取在华的更多利权,以圆其牢笼“大东亚”的美梦。另一方面,在西方列强和日本的角逐中,它又属于与中国是“同文同种”,似乎别有一重接近的关系。如果说要“以夷为师”、取法外国的话,它就是最切近、最有说服力的老师。章太炎早就研究过日本的历史,特别是它的明治维新以来的历史,这一场决定日本国命运的变法运动中,许多志士仁人所表现出的气节与精神,令他景仰不已,其经验与教训,更是值得中国有志于变法的人们引以为鉴。在这一点上,这个邻邦又是他颇为向往的地方。

1899 年 6 月中旬的一天,即在他赴台约半年之后,他踏上了这一片土地。

到日本之初,在馆森鸿等友人的陪伴下,他欣然游览了许多古迹名胜。山水风光实在很美:阡陌宛曲,古寺岿然,溪瀑飞流,赤鱼翔泳，无论如何引人入胜，而更牵动章太炎的心思的，还是这里相当丰赡的人文蕴涵。他记述道，他们来到鹿苑寺，得知该寺有很珍贵的收藏品，仅宋明两代的图书就有六七十种之多，从不轻易拿出来给人看，于是，馆森鸿就施展“软泡”的功夫，百般请求，终于感动了寺院的主持，这才拿出一幅苏轼的风竹给他们过过“眼瘾”。其实，即在寺院内随意看看吧，都会有许多吸引眼球的发现：破壁上有明代詹景凤的书法和唐泉国的山水图，还有造型生动的达摩祖师像，像下黛绿色的铜台也是明代的，高约二尺，形状类似茶几，脚背卷曲，上面似还装饰一些蚌壳类的东西。另外，和尚又打开了一间密室，给他们看一个明代的承露盘，也是见所未见的无价之宝。中国的文物古迹，许多都被毁于兵燹战乱，反在别人的国土上有这样一些完好的保存，真是令人感慨系之。

当然，他也看到了另一类“文明”的遗存：

> 日既昳，馆森鸿掖余观博物院，过故宫及耳冢。耳冢在宫城西北。丰臣秀吉胜韩也，馘左耳万，以为京观。余以为不足自旌其伐，实启人复仇之志耳！昔魏武获淳于琼，劓其鼻，欲赦之。许攸曰：彼揽镜自视，则奋然欲剸刃矣。一夫且然，况敌国乎？朝鲜荐弱，横为日本所弄，今犹有耳冢在，则懦夫可与立也！[1]

无论这个丰臣秀吉在日本历史上占有何种地位，他的这种令人发指的暴行，都是应该受到严厉谴责的——战胜了朝鲜这样比日本弱小的民族后，他竟然割下上万朝鲜人的左耳，埋成“耳冢”，为自己庆功，真是匪夷所思！然而这“耳冢”，既可以是这个狂人庆

[1] 章太炎：《文录初编·游西京记》。

功的纪念，也可以是受害民族永远的警示，既然有这个“耳冢”存在，那么，即使是懦夫，也会奋然站立，与之决死一战！

古人云，行万里路，读万卷书。日本之行是中国浙江这位年轻学人目前为止到过的最远的地方，此次游历无疑大大增长了他的见识，对于中国东方的这个一衣带水的邻邦，他有了更逼近的观察，从而能做出更理性的判断。归国后他与友人纵谈有关变法立宪之事，友人力主效法日本，他就认为日本与中国“端绪不同，巧拙亦竟异”，是否立宪一定要从中国的国情出发，在日本能行得通、做得好的，在中国未必就能，在这个问题上万不可生搬硬套，搞教条主义。如果说过去他就有这种认识，那么，在对日本的一番实地考察之后，必然更加深入和明晰了。

这次日本之行更重要的收获，是他和在日本的“同志们”直接接头。“同志们”的情况应该说还是比较复杂。康有为和他的同党、他的弟子们，政变后大都避难麇集于日本，而同时流亡于日本的还有孙中山和他的战友们。清当局当然不能放过他们，追捕令一直下达到驻日使馆。日本当权的高层政治家对于中国的这些反对派领袖怀有某种“深谋远虑”，他们冀望于这些刻下尚在落魄流离中的中国政治家，有朝一日获得权柄后，会因为特殊的历史关系照顾日本在华的利益，所以，在他们危难关头都不吝给予了援助和庇护。另一方面，此时日本与清政权也存在外交关系，并拥有甲午战争后攫得的现实利益，也使它不得不有所顾忌，在清政府提出“交涉”之后，康有为又只得离开日本前往第三国，以是之故，此行章太炎并未能面晤康有为。

然而，他却得以见到当时中国政治运动中的另一位风云人物——孙中山。不论后来章太炎对孙先生的看法和态度如何，说他对孙先生心仪已久，总不为过。前在《时务报》时，阅读报章得知孙中山策划起义失败，逃往伦敦又险落入清廷官府的虎口，他就问过梁启超，这孙中山是一何等样的人，梁启超答道，这个人主张搞革命，要推翻大清王朝，是个陈胜、吴广一类的人。言下似乎颇有些不屑与之为伍的意思。章太炎道，果真是要搞革命，倒也不必管他是不是上等的人才。孙中山的政治主张与康有为截然不同，他不保大清王朝的任何皇帝，而要彻底推翻清政权，并且已经联合他的同志们实施革命行动，在这一方面，章太炎似乎要更倾向于他。现在，他更因梁启超的介绍，已经有缘来结识他。

在叙述他与孙中山相见之前，还需要略提一下他和梁启超的关系。我们当还记得前在上海《时务报》共事期间，他们曾有过一段不愉快的“过节”，甚至还演出了武斗的场面，但这毕竟是年轻人一时血性、意气用事的结果。一场政变的血雨腥风之后，他们发现彼此都还是一个战壕的战友，不仅章太炎主动致信于康有为表达了对他的某种敬意，梁启超和他的朋友们，也都向章太炎为当时的不理智行为深致歉意，这一段不快也就涣然冰释了。不止是在与梁启超等人的关系上，也在以后与其他一些人的关系上，章太炎或会有如此如彼的恩恩怨怨，但他都能以大道理管住其他，不咎既往，显示出一种颇为宽宏阔大的气度与胸襟。

康有为离开日本前后，正是孙中山试图与康派商谈合作的热线时期，康有为无限忠诚于他的光绪皇帝，绝不愿意与孙中山携手，一直避而不见他。孙先生主要会谈的对象是梁启超，他们之间想必有很多往还，因而，章太炎一到横滨，梁启超就可以安排他与孙先生见面。

关于章太炎与孙中山的首次见面，有不同版本的一些说法，我们以为，这尚不能被认为是一次重要的和正式会见。对于章太炎来说，孙先生当然是闻名已久，一朝见面，颇感兴奋；而对于孙先生而言，章太炎的背景资料，他或已从梁启超处得知一二，此人的“排满”思想、独特品格和古奥文字，会给人较深的印象，但他至少暂时还不是某一个政治势力的代表，或卓有影响的人物，如他后来在“张园”率先割辫，乃至因《苏报》案入狱那样名噪一时，再加上彼此方言的不同，交谈能有多深，恐怕很难说。章太炎在给友人的信上说：“兴公亦在横滨，自署中山樵，尝一见之，聆其议论，谓不瓜分不足以恢复，斯言即浴血之意，可谓卓识。惜其人闪烁不恒，非有实际，盖不能为张角、王仙芝者也。”[1]这短短的一面之识，留给章太炎的印象是好差参半，我们不得不说，这二人虽然反清的思想一致，而其他方面特别是文化背景实在距离太大。章太炎饱读经史，即使是造反，也要以本国历史上的人物为取舍标准，而孙中山则多受西化教育，他的政治改革的理念，对于章太炎既是新鲜的，也是不易被立即接受的。又何况他们尚为初识，说话间未宜全盘披露而致“闪烁不恒”，想来也是当然的。

这一段时间，章太炎除见到孙中山这样的重要人物外，也还接触到此时在日的中国知识阶层其他人物，有些现象恐怕很难令人感到振奋，特别是有些人身在流亡之中却仍然竞名逐利，他们寄食于日本外交部官房，又贪图华侨的大量馈赠，憧憬于日后封王拜相，子贵妻荣。依靠这些人，中国的变革谈何成功，这实在是很令人心焦的。离开的时候，他写下了一首五言古诗，题目是：《西归留别中东诸君子》，“中东诸君子”，含在日的中国的以及日本的朋友，原文为：

黄垆此抟抟，神州眇一粟。
微命复何有，丧元亮同乐。
蛣蜣思转丸，茅鸱唯啖肉。
新耶复旧耶，等此一丘貉。

[1]《致汪康年函》，1899年7月7日。

铁荡开天门，封事苦仆遬。
朝上更生疏，夕劾子坚狱。
鲸鱼血故暖，凉液幻殊族。
球府集苍蝇，一滴缁楚璞。
潜翥岂齐性，缟玄竟谁觉。
吾衰久矣夫，白日噎穷朔。
仕宦为金吾，萧王志胡蹙。
江海此分袂，涕流如雨雹。
何以赠君子，舌噤不敢告。
弓月保东海，蚡冒起南越。

我们试着译成现代文如下：

黄色的大地徐徐在转动，
神州里我们只是一粒粟，
微末的生命实在不足道，
即使掉脑袋还是很快乐。
看那屎壳郎就爱玩粪土，
凶猛的鹞鹰追逐着猎物，
说什么新党呀还是旧党，
现在看去都是一丘之貉。
想当初天门缓缓打开了，
上那么多奏疏都无用处，
早上刚刚提出改革建议，
晚上就被统统下了大狱。
纵然鲸鱼的血液是暖的，
放进凉水就似变了种族，

华贵的府第集聚着苍蝇，
一滴蝇屎便污染了玉璞。
能飞的会跑的难道一样，
白的和黑的竟也看不出。
我们民族衰弱已很久了，
全被满人弄得天光全无，
如若是就想当一个小官，
这志向岂不也过于卑微。
在此茫茫海上我们分手，
禁不住我热泪顿如雨注，
我拿什么赠给各位朋友，
实在是不敢出声来告诉，
我是想驱走满族统治者，
追随领导者奋起于南国。

第四章

《苏报》案与三年牢狱

一

章太炎在日本停留期间曾给友人写信说:“鄙意必不入大东版籍,凡入日本籍者,多为所鄙弃。”[1]想来有人曾向他提出过可否考虑改入日本籍,日本方面对于他这样的饱学之士是愿意延揽的,而对章太炎来说,借此亦可以获得人身安全和物质生活的保障,毋庸多少考虑,他就拒绝了。无论在自己的国家还会面对何种迫害凶险,也无论那里的物质生活水平如何远不及日本——一个汉文化造诣很高的学者,如果合法地在日本谋得一个教席,其薪酬是可以使他过上衣食无虞的生活的——然而,正当自己的祖国尚在生死存亡的紧要关头时,这种选择既为他人所鄙弃,也绝对为他所不取。他还是回到自己母邦的土地上来。在台湾住了半年,又来日本小住了一、二个月,平生他没有离开家乡这么长时间,他还是时刻惦念自己的祖国和家乡,说他是“梦魂萦之”是毫也不为过的。

---

[1] 《致汪康年函》,1899 年 7 月 17 日。

他避难出来实属不得已为之，外面绝非久留之地，何况，他的心中还似燃着一团火，想到国事族仇，仍每每热血沸腾，不能自已。他必须回去，回到自己祖国的生于斯、长于斯的热土上去。

然而，这里等待着他的是什么呢？是日益危急险恶的国家命运，是腥风血雨的余沥，是尚未过去的“钩党”追捕的镇压风潮。

上海的街市依旧，黄浦江畔停泊着洋人的军舰，稍晚一点，我们就会看到它们是如何再次向中国人发威，依仗它们，多国部队迅即占领大清王朝的首都，并上演了一场杀戮中国国民和洗劫中国国宝的狂欢。租界上，似乎又有新的建筑物拔地而起，洋人要把他们的文明，也把他们对在华利益的无穷贪欲，凝固于此，客观上则装点出上海滩上的一种繁华。衣衫褴褛的市民游荡在各处，人人头后拖着的油松辫，在日益西化的城市背景下，显得那样伧陋。

章太炎在上海不敢公开露面，他只在几个挚友那里稍作拜访，随后，即秘密回到杭州。虽然离政变已过去了一段时间，表面上空气也没有那样紧张，清兵并未严守车站、码头绘影通缉，但是，一定还到处满布着“线人”，特别是有些原来还是朋友的人，事变之后立即见风使舵，纷纷要有所表现，以明心迹，借邀恩宠，对他们你不得不加以提防，以免落入虎口。章太炎的行踪诡秘不定，高度保密，时而住在寓居杭州兄长的家里，时而又潜回到余杭老家，友人信件则通过他人中转，是一种完全的地下状态。他先后 7 次被追捕，除了《苏报》案他主动“就捕”以外，均能逃脱，说明他于此颇有经验。

这一段秘密“隐居”，实际上是他战斗前的一次休整和准备，如果说用笔战斗也是一种战斗的话，也可以说他换一个地点在进行另一种形式的战斗。

戊戌政变之后，封建顽固派对维新派反攻倒算，甚嚣尘上，配合政治上的镇压，在舆论上，他们也罗织罪名，力图铸成“铁案”，令维新派人物永不得翻身。中国历来的变革失败之后，大抵都会如此。当时有湖南一个顽固派文人名叫苏舆的，出面编了一部《翼教丛编》的书，共有六卷之多，借多人之口，从不同角度，气势汹汹，攻击康有为、梁启超等的变法思想。其实，他们在理论上毫无新鲜货色，一派老掉牙的陈词滥调，不过是要显示他们忠于大清王朝的统治，立场非常坚定，而且，在今、古文的路线斗争中，在"康学正炽之时"，早有"符命"，敢于砥柱中流。

章太炎从心眼里鄙视这些头脑僵化的无耻文人，对他们落井下石的卑劣行径更是气愤填膺，虽然自己也是今文学派的中坚人物，他绝不愿与他们为伍，纵然已经上了清政权的"黑名单"，也还是要挺身而出来批驳他们。在杭州期间，他写了《翼教丛编书后》一文。这篇文章公开为康有为声辩，苏舆之流给康有为扣上"怀疑儒家经典"的帽子，章太炎说，前代学者怀疑乃至修正经典的甚多，并不从康有为始，这顶帽子实在算不得什么。你们要说真有什么是非，也不妨进行争论，但你们不要借"权奸"的鬼话来搞陷害，就像当年大宦官魏忠贤陷害东林党人那样。说到这些人，章太炎的语言也很辛辣而犀利："清谈坐论，自以孟、荀不能绝也，及朝局一变，则幡然献符命、舐痈痔唯恐不亟，并其所谓君权妇道者而亦忘之矣。"他们毫无操守，在政局改变前后完全是两副面孔，如今简直就是在舔那些当权派的痈痔，实在是令人作呕。

这一段时间，他做的另一件重要的事，是继续编订他的一本名著《訄书》。章太炎好用生僻的字，这个"訄"字就是人们很少见的，它的意思是"迫"——自己受到某种情势的逼迫，不得不说话。该书规制宏大，共分五十篇，内容涉及社会改造和思想文化的各方面问题，如政治体制、经济关系、法律制度、民族及宗教问题、国防、教育等等，俨然自成体系。也许直到此时之前，章太炎给一些人的印象，还不过是一个苦读经学出身的普通学人，翻看这本书，人们才会惊奇地发现，他已是一个对社会改造有如此广泛关注和思考的正在崛起的思想者和行动者。他论述社会各方面的问题，仍然一本其学者本色，不徒托空言，凭借传统，出经入史，好做思辨，同时又能力图隐现时代要求与趋向。书中收集的文章有一些是他早期战斗和思想的实录，如我们前已提及的，他在戊戌政变前发表于上海各报的一些文章：《儒墨》、《儒道》、《儒法》、《儒兵》、《儒侠》等等，有的地方做了修订，还有些文章则删去不收，显示其思想业已发生某种改变。后面我们还会提到，伴随他今后的人生和思想历程，这本书又不断被作修改，历历留下他的生命和精神印迹，要了解章太炎的思想经历，此书实不可不看。

章太炎自己当然是很重视这本书的，前在台湾，他就将此书的抄本给一些友人看过。日本友人馆森鸿阅后大加称赞说，此书"议论驱迈，骨采雄丽，其论时务，最精最警，而往往证我维新事例，以讥切时政"[1]。到日本时他还特地请梁启超做了题签，此举也很不寻常。章太炎自己很希望这本书中所阐扬的有关变革的思想能引起注意，广为流传，借以唤起更多的人关切国家和民族命运。由维新派领军人物来题签的遒劲有力的"訄书"二字，充分流露出他的这种切迫期待的心情。此书稍晚一些时候即在苏州付印，而后迅速传布。他又给当时名气很大的学贯中西的大学者严复寄了一本，希望得到高人的指教（或许希冀得到他的推荐）。严复非常看重，回信说自己正在看，同时称道他，仅是读了他寄来的几首诗，就已看出他的造诣非一般"时贤"可及了。

在这些事告一段落之后，章太炎再一次来到上海。这一次他是到由日本友人创办的《亚东时报》任主笔，同时也还在诚正学堂担任汉文教习，这些社会职业对于他也是一种掩护——他仍然在秘密地寻求同志，企求在中国社会改革的舞台上有所作为。

---

[1]《送章枚叔序》，《柚村园存稿》卷一。

就在这时候，他遇上了康有为的大弟子唐才常。唐才常是戊戌政变后中国动荡政局中一个相当出彩的人物，作为死难六君子之一谭嗣同的亲密战友，他侥幸躲过了北京菜市口的死劫。原本谭嗣同电召他进京参与政事，他刚刚人到汉口，京城政变的消息就传来了，于是，他立即返程回到湖南家乡，后又来到上海主持《亚东日报》。此人应该算是一条响当当的好汉，虽然战友已经人头落地，自己并不知难而退，仍然要把斗争进行到底。在康有为的门人中，他恐怕是第一个积极从事武装斗争的。他曾经跑到日本横滨，找到孙中山先生，会商在湘鄂及长江起兵并夺取武汉的计划，深得孙先生的支持。这正是梁启超等保皇党人与孙先生彼此谋求合作之时，梁启超等似也倾向于以武力推翻现清政权，以恢复光绪皇帝的统治地位，唐才常是这一主张最得力的推行者。梁启超对唐才常赞勉有加，设宴于东京红叶馆，为他饯行，在座的还有孙中山、陈少伯、沈翔云等人，席间大家频频举杯，预祝起事胜利，复有多多叮嘱，笼罩一派悲壮凝重的气氛，大有“风萧萧兮易水寒，壮士一去不复还”之概。果然，唐才常后来还是因起义失败死于清兵屠刀之下，想起这一幕，真是令人不胜唏嘘。

唐才常回到上海立即创立“正气会”。“会章”写道：“本会以正气命名，原因中土人心涣散，正气不萃，外邪因之而入，故特创此会，务合海内仁人志士，共讲爱国忠君之实，以济时艰。”[1]暗中寻求志同道合者，亦即所谓“党人”，章太炎正好此时在上海见到他“广纠气类，期有大功，士人多和之者”[2]，从心里对他还是相当钦佩的。当此白色恐怖之下，尽有一些士人，或奴颜求荣，或苟且偷生，却也有如此不避凶险、前仆后继者，他们真不愧是民族的脊

[1] 张篁溪：《记自立会》，《自立会史料集》。
[2] 章太炎：《自定年谱》。

梁。章太炎为此非常感奋。我们考量章太炎后来为人称誉的许多大勇行为，与他所受到的此类志士的英勇行为鼓舞激扬，应该说实在关系很大。

这个时候国内局势又出现了新的动荡，义和拳运动正在云涌风起，大师兄们挥师直抵京城，清政府对义和拳由剿转抚，并发布宣战诏书，声称与列强决一雌雄，八国联军开始大举侵犯。国家形势危殆到如此地步，章太炎不能不心急如焚。已经有相当一段时间了，苦于找不到可以依靠的力量而“与尊清者游”，他甚至不惜从自己原有的立场上让步，同意给他们所拥戴的光绪皇帝一个高贵的“客帝”地位，而不把他彻底打翻在地，在其他一些方面，也接受了保皇党人说教的某些影响，当然，他也试图在这种交流中反向施加一些自己的影响，如今看来，这一切都应该重新审视了。

国家形势充分证明，无论由谁来充任皇上，清政权都是完全不可信任、不可依靠的。清政权的核心人物只是考虑他们的一己私利，而置全国人民命运于不顾，慈禧太后因为废除光绪皇帝而立大阿哥，未获一些外国的支持，便要泄愤“灭洋”，招致列强大军压境，直逼京城，国将不国。就是光绪皇帝主持朝政又能好到哪里去，他毕竟是清朝的皇帝，须遵从他们的祖宗家法，维护他们一族的特权利益。章太炎也曾经寄希望于像李鸿章这样的汉族重臣，情势危急之时，他还给李鸿章写了一封长信，冀望他能挽狂澜于既倒，取而代之而有所作为，但越看越失望，此辈本质上只是清朝主子死心塌地的奴才罢了，并且也和这个风雨飘摇的王朝一样衰朽无力。唯一的前途，只能是把政权从清朝统治者手中夺过来，而后再考虑推行政治体制上的改革。

他的身边，唐才常已经将“正气会”改为“自立会”，并着手秘密组建“自立军”，策划在长江一带起义“勤王”。章太炎关注他们，也参与他们的一些活动，但并未进入他们的核心。章太炎的思想倾向使他们感到“异类”，不太放心。章太炎当然也有意识与他们保持一定距离。

一天，唐才常在上海著名的张园召开一个叫做“中国议会”的会议。到会的人熙熙攘攘，其中颇有一些社会名流，章太炎也出席了，大家都怀有对国家命运的强烈责任感，聚集在一起共谋挽救时局。会议主席是浩吾权，他宣布开会并说明会议主旨：“今日联会之意：一、不认通匪矫诏之伪政府；二、联络外交；三、平内乱；四、保全中国自主；五、推广中国未来之文明精华，定名曰中国议会。”经过举手表决，同意者过半。而后投票选举正、副会长，容闳和严复得票最多当选。容闳又向与会者发表即席演说，情态激昂，声如洪钟，大家意气风发，掌声雷动，端的是一个很团结一致的大会。

忽然，会场上如一阵劲风掠过起了一阵骚动，有人站起来要求发言。这人就是章太炎。章太炎身材并不高大魁伟，衣着也不华丽光鲜，一些人还不认识他，有的也只是读过他的文章，只知其名而不识其人，他说的一口余杭土话，幸而在座的江浙人士居多，也还能听得懂。他说的大体意思是，你唐才常不该一面排满，一面又“勤王”，既不承认清政府，又拥戴光绪皇帝，这样就陷入了自相矛盾之中，怎么还能成事呢，我劝你干干脆脆扔掉“勤王”的破旗，彻底与清王朝决裂吧。另有一人叫毕永年的人也站出来，大声对唐才常说，你就不要再跟着康有为跑了，跟他一刀两断，前途才有希望。立刻会场就炸锅了，毕竟康有为门下的人还很多，他们情绪异常激动，说要我们抛开光绪皇帝是绝不可以的，这样的好皇上，我们保他保定了。有资料说，之后他们反复辩论了一昼夜，但未闻有“全武行”的表现，如果确实如此，应该是中国议会史上一个很好的先例。最后，毕永年悻悻然而去，章太炎也唇干舌燥，对那帮人说，好吧，既然是这样，我就不奉陪了，我宣布脱离这个会，今天既然向诸位亮明我的主张，我这根辫子肯定是要剪的了。说罢拂袖而去。

这就是历史上著名的“张园割辫”。但是，当时在张园的会场上，他是否拿起预先准备的剪刀来割辫呢，抑或割辫是会后的事，似乎还有点存疑，但作为一个抗争性、象征性很强的行动，他肯定是向与会者做了宣布。这使得听到这话的人都登时有些被震住了。

章太炎为此写了一篇很有名的文章——《解发辫》，文中诉说：

> 共和两千七百四十一年秋七月，余年三十三矣。是时满洲政府不道，戕虐朝士，横挑强邻，戮使略贾，四维交攻。愤东胡之无状，汉族之不得职，陨涕涔涔，曰：“余年已立，而犹被戎狄之服，不违咫尺，弗能翦除，余之罪也！”将荐绅束发，以复近古。日既不给，衣又不可得，于是曰：“昔祁班孙、释隐玄，皆以明氏遗老，断发以殁。《春秋穀梁传》曰‘吴祝发’，《汉书·严助传》曰‘越劗发’。余故吴越间民，去之，亦犹行古之道也。”会执友以欧罗巴衣笠至，乃急断发易服。欧罗巴者，在汉则近大秦，与天毒同柢。其衣虽迮小，方袷直下，犹近古之端衣，惟吾左辅之日本，亦效法焉。服之盖与箸桑门衣无无异趣云。《传》曰：“齐一变，至于鲁；鲁一变，至于道。”由是萌芽，令他日得端委以治周礼，固余之志也。昔者《小雅》诗人，闵宗周危乱，发愤而作，始之以流水之朝宗于海，而终之以邦人诸友，谁无父母，呜呼！余惟支那四百兆人，而振刷是耻者，亿不盈一。钦念哉！

这段话的大意是：我今年已经33岁了，现在清政府腐败无道，弄得国事如此之糟，而我还穿着他们的服装，拖着一条发辫，这真是我的罪过啊。可是要弄一套古时的装束，也不是我现在的经济条件所允许的，况且也不可得，过去一些有气节的人士，都剪掉自己的头发，我也剪掉它，可以算是行古之道吧。正好好友带来欧洲的衣帽，于是我就立即剪掉辫发，换上这套衣服。要说欧洲的这种衣服，虽然窄小一点，方领交叠于胸前直下，像古代的礼服，我们的左邻日本也效法它，穿着它，差不多与和尚衣服趣味几乎相同。我希望从此开始，日后有一天能恢复周代的礼制，这是我的志向。唉，我们中国人有四亿之多，能想到洗去这个耻辱的人还是太少，我是为此很焦虑的。

辫子问题，在中国近代历史上成为一个十分敏感和严重的问题，说来实令人感叹不已。满人贵族以武力统治中国以后便强迫汉人编发留辫，这是一个承认不承认、归顺不归顺其统治的标志，为此便有反抗和镇压反抗的激烈斗争，所谓“留头不留发，留发不留头”，可以想见其尖锐、残酷的程度。清朝统治者坐稳江山之后，这个问题表面上似已缓和了，而实际上，仍有一些坚持民族气节的人士，临死还是“断发以殁”，宁可把问题带到阴间，也要显示坚决不从。章太炎这次公开割辫并发表宣言，是再次将这个问题推到全社会的面前，具有对清政权的极大反叛性和挑战性，他将面临什么样的严重后果是可以想见的，同时，他所展现的巨大勇气也令人钦敬。

章太炎将他的这篇《解辫发》和另一篇《请严拒满蒙人入国会状》寄给时在香港的孙中山先生，孙先生立即转给由他的战友主办的《中国旬报》。该报予以全文揭载，并加了“后记”，写道：“章君炳麟，余杭人也，蕴结孤愤，发为罪言，霹雳半天，壮者失色，长枪大戟，一往无前。有清以来，士气之壮，文字之痛，当推此次为第一。隶此野蛮政府之下，迫而思及前明，耿耿寸心，当已屡碎矣。君以此稿封寄前来，求登诸报。世之深于味者，读此文当有短其过激否耶?”这是孙中山为首的革命党人对他的这一行动所给予的激情评价。

我们当然不会忘记章太炎已是上了清政府“黑名单”的人物，官府一直没有放弃对他的追捕，特别是不久之前又出了一件事。那是本年初京城传来慈禧太后准备废光绪皇帝而立大阿哥的消息后，上海电话局总办经元善联络上海社会名流上书阻止，一干署名的人士中就有章太炎的大名，此事很令“老佛爷”震怒，下令要严办这些人，他是其中“纪录”很“不良”的一个，自然被特别注意。紧接着又是“自立军”起义事件，章太炎也被牵连进去。

唐才常的“自立军”起义计划，是在八国联军攻破北京城，慈禧挟光绪皇帝等仓皇出逃之际，即将付诸实行的。时机选择得不错，部署也还周详，但在力量的对比上过于悬殊，决定了它不能率尔成事。这一次是由著名的洋务派领袖人物，一度还赞助过康有为“强学会”的张之洞来为它执行死刑的。张之洞获知在他作为湖广总督的辖区内“自立军”准备起事的情报，立以铁血手段予以对付，“自立会”在武汉的各机关顷刻间就端掉了，唐才常、林圭等一干要犯也束手就擒，张大帅按照其典型的“中学”原则，不经审讯，于当晚处决了他们。如前所述，章太炎并未参与唐才常的密谋，但是官府仍然将他视之为唐才常的亲密同党，誓将他也一并擒拿归案，这使得他的处境顿时变得非常危险。

这一年的农历新年要到了，上海的风声骤紧，章太炎回到余杭家乡去过年。世事不宁，家乡景象也阴晦萧条不少，亲人们相见皆不胜唏嘘。章太炎在外面做些什么，他们或有耳闻，却也不去多问。八国联军打进北京，洗劫了也火烧了圆明园，接着，又要订立了更其丧权辱国的条约，眼看亡国之日一天天逼近，人人心头都感到无比压抑。正是夏历正月初一，爆竹一声除旧之时，章太炎难得和两个可爱的女儿一起，看她们穿着簇新的棉袄跑出跑进，把一串串笑声撒在自家的老宅里，积郁在脸上的阴云慢慢漾开了。就在这时仆人报告有客人来见，客人是他的朋友吴君遂派来的，因为一路走得急，内衣都汗湿了，他是受命来告诉章太炎赶快躲开，前来抓捕他的大队清兵，已经驰驱在从杭州到仓前的路上了。事不宜迟，章太炎立即动身，他匆匆出了家门，跑到几里路外的龙泉寺。说来也很有意思，十多年后，他在北京被袁世凯囚禁，一度也是在一个叫龙泉寺的庙里，何以龙泉寺和他的生命安危关系如此不解？且说这里龙泉寺的主持和他一家平时也很熟，对他身临危难不能坐视不救，马上安排他躲进一个隐秘的地方，如果不是有人告密，清兵是决不会抓到他的，后来也确实证明他未被暴露，清兵在他的老宅扑了个空，只得垂头丧气而归。

但是，在老家躲避却非久长之计，这样首先就会连累家人，这是他所不愿见到的。他匆匆告别病中的王氏和女儿，叮嘱她们勿以他为念，前者不久就去世了，一直到死都还只是顶着一个"妾"的名义。他和王氏的感情生活究竟如何，我们没有更多的资料，不正式娶妻而先娶一妾，一方面是因为家里认为他患有癫痫，不适于正式娶妻；另一方面，想来也是家庭送给他的一个"礼物"，给他留出"空间"，以便迎娶更合适或更合心愿的女子为妻。对于王氏而言，这当然是一个长久沉默的悲剧。

动身回上海之前，他请友人为他谋求一个工作，这件事很快有了回音，是到一家书局去润色译文，接着一个问题是：住在哪儿？他曾经在一位叫胡惟志的朋友家中借住过，便与他联络，提出能不能再在他家借住。胡惟志回信说不可以，因为章太炎如今已是一个公认的"危险人物"，有关他的《訄书》已有许多传言，有人说，仅凭这部书就可以定他大罪，若是留他在家住，岂不要累及自己一家，还是请你另外找地方吧。章太炎接到这封信默然许久，他为这位朋友的胆怯感到悲哀，但他也能表示理解，毕竟在清政权的高压政策下，大家都太没有安全感了。于是，他又再给另一位友人吴君遂写信，问问他那里是否可以"暂寓数旬"。如果他那里也不行，那就不去上海,另作计议了。吴君遂人称“北山先生”,曾经做过清朝的高官,因为得罪了上司而罢官,就在上海做寓公,这个人非常义气,立即答复他可以来住。

章太炎回到上海,秘密见到他的一些好友,一种不安全的空气已经弥漫在大家四周。他是一个“危险人物”,是一个随时都会被“杀头”的人物,大家望着他的时候,眼神都会有些惊疑不定,谁知道这个疯疯癫癫的家伙会给自己带来什么祸害呢?于是有人就劝他要“明哲保身”,不得再“玩火自焚”。他回答说:“我都把辫子割了,如今还说什么呢?”他的老友,那个常常“佯狂”而实际胆怯心虚的宋平子半带讥笑地说:“你只是一个手无缚鸡之力的书生,就想颠覆大清三百年的帝业,也未免太不自量力了罢,我看是明末那些遗老的魂附在你身上了。”[1]章太炎听了也只是笑笑而已。

人在患难中感受到的无私且真挚的友情是最珍贵的,暂寓于吴君遂家中,章太炎受到很好的款待。吴君遂深为赞许他的品格和志向:“结念抱冰雪,宅心高虹霓”。他也十分钦敬吴君遂,由他而想到千古名臣三闾大夫屈原,有诗云:“修门遗烬在,谁共吊三闾。”生当艰难时世,诚然有畏怯逃避,也有背叛出卖,但也有这种不顾一己安危,向朋友伸出援手的义勇行为,在满心感激之余,友人的这种崇高的精神风范,也成为他在艰难竭蹶之中刚勇精进的榜样和动力。

在往下的这段时日里,章太炎主要是为书局做一些文稿加工的事,同时又在苏州的东吴大学兼任教习。策动革命的组织指挥中心远在国外,他至多还只是在思想和文字上有一些呼应,暂时还没有何种实际的革命活动。例如,写于这一时期的著名的《正仇满论》,便是以“革命”的观点批评梁启超的。梁氏在《清议报》上发表

[1] 章太炎:《自定年谱》。

一篇长文《中国积弱溯源论》，提出中国积弱的根源在国民自身，同时也在于那拉氏把持政权，而光绪皇帝则是代表国民利益的，“忘身舍位，毅然为中国开数千年未有之民权，非徒为民权，抑亦为国权也。”[1]重弹他们保皇的老调。章太炎针锋相对指出说，这个光绪皇帝真的是“圣明之主”吗？能像梁启超说的那样“定国是、厚民生、修内政、御外侮”吗？实际上光绪私心很重，一直就为了保住自己的权位，长期以来，他“长虑却顾，坐席不暖者，独太后之废置我耳”。这才是他的要害问题。怎么能依靠他这样一个人来搞变法呢？而梁启超之所以反对革命，就是为了他的“圣明之主”，这实在是大错特错了。他把这篇文章寄给在东京出版、由革命派主办的《国民报》发表，引起很大反响。不过这篇文章更具特殊意义之点，在于它是对所谓“仇满论”的订正。章太炎绝不主张“仇满”或“排满”就是要诛杀满人，实行民族歧视或民族沙文主义，只是要求归还汉人所原有的土地，让满人回到他们原所居住之地，由其自治，并与汉人和平共处。历史发展到今天，祖国各民族已经共同和睦生活在一个大家庭中，这种主张当然早已过时，然而，在当时针对清统治者所实行的民族压迫和歧视政策，无疑是一种有气度的正义之声。

章太炎倡言“排满”、主张革命的声名，随着时日的推移越来越大，他的老师俞樾先生早已从各种渠道听说了，老先生非常生气，他认为自己是深受本朝的皇恩的，决不能有任何背叛的行为和思想，他的学生中出了章太炎这样的人，简直是奇耻大辱。章太炎在苏州东吴大学兼课的时候，恰好俞先生也住在那里，这些年一直生活在动荡不宁之中，久已不见先生了，章太炎便抽空去拜望他，刚进门还没坐下，就挨了先生劈头盖脸一顿痛骂：“你还来干什么？

---

[1] 梁启超：《饮冰室合集·文集二册》，第五卷。

我听说你到台湾去了，你很了不起呀。你不愿考科举出人头地，要当隐士，好啊，那你就像古代的梁鸿、韩康也行，你却背离父母的陵墓跑到异地他乡，这就是不孝！你还到处鼓吹满人之祸，给人写信指斥皇上，这就是不忠，不忠不孝就不是人！你这样的人就该狠狠地骂！”章太炎在先生门下七、八年，从没见过他如此厉声骂人，眼见得先生青筋暴涨，脸色发白，一声声拍击桌子，怒不可遏，章太炎眼中泪水都快溢出了，他喃喃地也为自己抗辩几句，又怕太激怒先生，只好转身出来。身后还听见先生气咻咻地说：“你不要再说你是我的学生，我没有你这个学生！”

回家之后他提起笔来写下一篇《谢本师》：

> 顷之，以事游台湾。台湾则既隶日本，归，复谒先生，先生遽曰：‘闻而游台湾，尔好隐，不事科举，好隐则为梁鸿、韩康可也。今入异域，背父母陵墓，不孝；讼言索虏之祸毒敷诸夏，与人书指斥乘舆，不忠。不孝不忠，非人类也，小子鸣鼓而攻之可也。’盖先生与人交，辞气凌厉，未有如此甚者！先生既治经，又素博览，戎狄豺狼之说，岂其未喻，而以唇舌卫捍之？将以尝仕索虏，食其廪禄耶？昔戴君与全绍衣并污伪命，先生亦授职为伪编修。非有土子民之吏，不为谋主，与全、戴同。何恩于虏，而恳恳蔽遮其恶？如先生之棣通故训，不改全、戴所操以诲承学，虽扬雄、孔颖达，何以加焉。

这在章太炎的生平中也是一篇很有意义的文章，一方面，我们可以看到当时他踏上革命之路，处境之艰难，另一方面亦可见他的立场之坚决，你老师学问再大，不改变立场，厉行操守，又怎么样？“吾爱吾师，吾尤爱真理”，真理所在，我要站在真理一边，你不理我这个学生，那就算了，我是决不会回头的。“谢本师”的意思就是向这位老师表明态度，以示决绝。至今杭州西湖畔，纪念俞樾的俞楼与章太炎的陵墓遥遥相对，似乎还象征着这一段历史宿怨是化解不了的了。

章太炎是一个秉性非常顽强的人，无论是友人的劝告也好，讥讽也好，还是师长的斥骂也好，都不能动摇其决心，他已选定革命的路走下去，在他所处的环境中，实在已成了一个引人注目的异类。在东吴大学的课堂里，他对学生侃侃而谈的，也多是民族大义，有一次，他给学生出题作文竟然是《李自成胡林翼论》，谁都知道，李自成是推翻大明王朝的农民起义领袖，早岁章太炎就有与其让清夺取中国，不如让李自成来坐江山的议论，而胡林翼则是与曾国藩齐名的镇压太平军的清军将领，并举此二人而议论之，究竟想道出什么？陆续有情报送达当时江苏巡抚恩铭处，恩铭勃然大怒：这样的乱党，怎么能让他逍遥法外？立即派人去找东吴大学的洋人校长说，这个章太炎煽动学生犯上作乱，我们要将他逮捕归案。这时章太炎正好又悄悄回到余杭老家过农历新年去了，他先是接到一份来自南京的急电，上面写着："枚急赴沪。"正猜度是何急事的时候，苏州方面派来送信的人也赶到了。看来这一次官府是采取了非常行动，势在非将他抓捕归案不可，关心他的亲朋好友都劝他赶快远走高飞，切勿迟疑，他只好立即动身，乔装打扮，再次东渡日本。

果然，他走了没多久，清军赶到他借住的上海吴君遂家，发现章太炎已杳然不知去向。

二

20 世纪初，旅日的中国人中弥漫着一种特殊的骚动不安的气氛，这当然首先是由于这里聚集着一群流亡的国内政治精英——

革命派和改良派，既有歧见，又相互激荡；既有分化，又重新组合。他们有各自的目标和步骤，也有各自的失利和困境；试探过联手，又终于分袂。其间，抑或有私心作祟，黑手插入，挑拨离间，意气用事，然而，总的说来，忧国之念，报国之心，使得在这里的中国人更容易激昂蹈厉，更容易闻风响应。

这已经是章太炎第二次来到日本了。上一次，更确切地说，是一次参观访问，是回国途中的一个节目，而这次，则是确确实实到此来避难，是到这个临时的大本营来，与各路志士会合，所以，他一头就扎进了梁启超在横滨的新民丛报社，这是他到日本的第一居所。那时，梁启超办的《清议报》因为一次偶然失火而寿终正寝，接下来创办的《新民丛报》办得更“火”，订数一路攀升至逾万，在当时已是中国报刊订数的“天量”。梁启超笔带感情的“新文体”风靡一时，不知征服了多少“受众”。离开横滨来到东京，章太炎也是住在梁氏一位同党所安排的中国留学生的宿舍里，在这些地方，他结识了许多新的朋友，并迅即融入他们的圈子和活动中。例如，一位叫秦力山的朋友，他的经历很不寻常，曾经做过唐才常“自立军”的前军统领，虽然出自康有为、梁启超的门下，却已对他们的保皇不感兴趣，反而往孙中山那边跑得很勤。

中山先生其时住在横滨，章太炎跟着秦力山常到横滨来拜访他。我们曾经说过，章太炎第一次在日本见过孙先生，但那很可能只是匆匆“一面之识”，不大可能给孙先生留下很深刻的印象，更谈不上二人的正式订交，但这一次就今非昔比，章太炎博识而古奥的文章，又加上他“张园割辫”惊世骇俗的举动，已使他名气大增，孙先生对他甚为看重，他们之间的话题很多，而且谈得相当深入，例如，他们已谈到中国的土地改革的问题，未来的“开国典制”的问题，以及定都何处的问题。章太炎曾经在他的文章中记录了一些他与孙先生的谈话内容，从文字上看，当时他们的谈话确实是“平等的、热烈的、和同志式的”。不过，我们更感兴趣的是，以一个数年前还在苦读经书的书斋中的学者，章太炎现在已具有了与一位著名的职业革命家对话的水平和能力，并在这种交往中，进一步获得了与孙先生的“角色认同”，这说明在人生的这一段经历上，他的转换和成熟是何等之快。他们所考虑和所交谈的问题，完全是未来中国政治领袖所必须面对的问题，即使是章太炎这时还未必形成囊括更多细节的系统而深入的认识，那么，在孙先生的启发和引领下，他对中国社会的思考也一定跃升到了一个新的层面，这就是在“排满”之后，他和他的同志们究竟如何面对一个新的中国和一个新的世纪。一个人一生中难得有这样的幸运和机遇，能与主导社会趋向的顶级人物深入交谈和缔结友谊，“听君一席话，胜读十年书”，这句话用在这里更切实际，在我们看来，这是章太炎此行最大的收获，和最值得关注之点。

另外，在近距离的接触中，他也更加真切地认识了孙先生和他身边的同志之为人，后来，他回忆道：“余始识故大总统孙公于东京对阳馆，及与陶成章、蔡元培、邹容、张继、汪兆铭、宋教仁之徒，援引义法，折其非违，而视听始变。此数公者，虽明暗殊情，狂狷异行，皆能艰难其身，以为表仪，蒙霜露，涉波涛，乞食囚絷（音之），而不愠悔。外有陈天华、杨毓麟，皆以感慨自裁。四方之人，感其至诚，亦会清政不纲，丧师蹙（音触）地，民望日移。于是日夜匡饬，规行义师，期于自相吊唁。”[1]他的这种认识是非常可贵的，无论这些人后来的表现如何，结局怎样，在早期这个阶段，他们确实都能一心报国，“艰难其身”。在这里他既找到了同志，也看到了榜样；既获得了认同，也汲取了力量。他说与他们在一起讨论问题，结果“视听始变”，实在是对他的内心世界发生重大变化的非常重要贴

---

[1]《小过》，《章太炎全集》第三卷。

切的描述。在他的老家和上海，在他的那些朋友圈子里，他是一个“疯子”，一个“狂人”，是一个“众人皆醉我独醒”的“孤独者”，而只有在这里，他或许会看到自己和革命志士们无论在精神境界或行为方式上的差距，对他人的赞许中未必不含有某种自审。

即使对于与自己政见并不完全相同，不久前还撰文批评过的梁启超，他也能换一种眼光来看。在致上海的友人书信中，他说梁启超“宗旨较前大异，学识日进，头头是道”。这一评价中褒扬之意是明显的，从学识上对他人予以肯定，在章太炎说来应是一种很高的肯定。困难的是，在孙中山与梁启超之间，革命派与改良派之间，存在相当尖锐的分歧，甚至有时是颇为激烈的交锋，其间还掺杂着一些复杂的人事因素，他十分感慨：“吾不敢谓支那大计在孙、梁二人掌中，而一线生机，惟此二子可望，今复交构，能无喟然！”[1]虽然不敢说中国的大计就在孙中山和梁启超的手中，但是，确实从他们身上看到了一线生机，但他们现在还相互打个没完没了，怎不叫人看着直叹气！受这种心情的支配，他对两边都寄予希望，同时和他们都保持较好的关系。

章太炎住在东京主要靠文字谋生：为《新民丛报》写些文章，和为广智书局润饰文稿。他没有其他经济来源，日常生活相当清苦，好在他早就养成了一种传统人士“崇俭自励”的精神，蔽衣蔬食，也不改其乐。此外，他并不寂寞，总有一帮朋友常聚在一起，谈天说地，纵论国事。有一天，他提议说，我们鼓吹种族革命，一定要先在民众中树立起一种历史观念，今天离明朝崇祯皇帝殉国的忌日没几天了，我们策划一下，在那天举行大规模的纪念会，让留学生们都有所震动，你们看好不好？大家齐声说好。这个会的名称，就定为“支那亡国二百四十二年纪念会”，大家公推章太炎来写《宣言

[1]《致吴君遂书》，光绪二十八年二月初九日。

书》,并立即分头联络、筹备,约定务必将这纪念会开好。

当时留日的中国学生中也分有不同派别,有主张“排满”的,也有只反那拉氏不反皇帝的,有主张政治革命的,还有主张君主立宪的,也有死硬站在清政府一边的,有些人本身就是满族贵胄子弟,联络工作最初也是在暗中进行,约有数百人答应参与,应该说此会开成功的把握已十有八九。然而,消息还是传到了驻日公使蔡钧那里,公使先生一直奉命密切关注留日学生的举动,现在竟然有人要召开这样一个分明是反大清朝政府的大会,这绝非小事。他立即电告朝廷,朝廷也甚为震怒,要蔡公使立即与日本政府严正交涉,否则将严重影响两国邦交云云。中国虽然是个战败国,外交原本无力,却因为各国在华利益相互牵制,对方往往亦不得不有些容与。稍前一点,康有为被日本政府变相驱逐,稍后一点,孙中山又被日本政府“劝说”离境,都表明当时日本政府在处理与中国维新派和革命派的关系上是根本靠不住的。

日本号称是讲民权的地方,中国留学生所要举行的这次会议,本与他们国家的政局毫无关涉,但是东京警视总监竟下令禁止,牛込区警察署通知章太炎等发起人前来接受训示,警官问章太炎,你是清国何省人?他答道,我不是什么清国人,而是支那人(即中国人)。这一回答颇令警官意外和无奈。又问:你是属于何种阶层?是属于士族还是平民?章太炎坦然答道:“我是遗民。”警官皱起眉头,以无可置辩的口气宣布,兹奉上峰命令,你们的会议不得举行。说罢就挥挥手,让手下人送他们出去。

4 月 26 日,原定的会期到了,东京上野精养轩附近军警密布,戒备森严,警方并不认为口头通知之后,中国的这些“闹事者”会偃旗息鼓,也果然从四面八方还是陆续汇聚来数百人,他们肩戴黑纱,面容哀戚,沉重的国难像愁云一般压在他们的心头,皆意欲在无尽的哀思中孕育抗议和爆发的冲动。来者不但是东京的留学生，也有风尘仆仆来自外地的。孙中山先生就带领十多人从横滨赶来，章太炎一行见到中山先生十分激动，他们相互紧紧握手致意，既然东京的警察当局严令不准集会，他们当即决定将纪念式改到横滨举行，所来的人也不必立即四散，亦可三三两两进入精养轩去做一次食客，借以迷惑警方视线。

当天下午，他们返回横滨，在一个叫永乐楼的大饭店，有将近一百人聚集在一起，完成了这次几乎流产的“支那亡国二百四十二年纪念”。会上，由章太炎宣读纪念词，他的声调嘶哑而颤抖，一半是因为近日过于劳累，一半也是因为心情过于激动和沉重，他念道：“是用昭告于穆，类聚同气，雪涕来会，以志亡国。凡百君子，婵嫣相属，同兹同瘝。愿吾滇人，无忘李定国；愿吾闵人，无忘郑成功；愿吾越人，无忘张煌言；愿吾桂人，无忘瞿式耜；愿吾楚人，无忘何腾蛟；愿吾辽人，无忘李成梁……”这一系列民族英烈的名字，犹如一面面殷红的旗帜，顿时在人们眼前猎猎飘扬，听者无不饱噙泪水，报以热烈掌声。会后，即在该处由孙中山为首的兴中会招待用餐，孙先生举杯提议为章太炎敬酒，章太炎素来亦称豪饮，但是一人敬一杯，喝了七十多杯，不觉间已酩酊大醉了。

举行这样一次活动当然是很“出风头”的事，但是，对于章太炎来说，更多的时间还是用在另一方面，即精神劳作上。统观他的一生，无论他其时正在从事何种政治活动，精神劳作——读书和写作都是从不间断的，这一点，在中国老一代政治家和革命家中几乎是共同的，他们都善于从中国的文史传统中大量获取精神和智慧资源，或者找出现实事物与传统的遥远而内在的联系，或者赋予传统以新的解读、新的生命。他们无论是何种政治家和革命家的形象，却总是抹不去背景上学者的影子。

前面我们已经提到，章太炎此时一方面在为《新民丛报》撰稿，一方面还要做一些润饰译稿的工作。令人感到更有兴趣的是，他的任务单上又添加了一项：翻译日本人岸本能武太所著的《社会学》。对于这个时期的中国人来说，“社会学”还是一门陌生的学科领域，是一种“新知”，章太炎率先翻译出版的这本《社会学》，具有传播“新学”、“新知”的意义。此前，他也曾为他人润饰过《政治学》的译稿，而这本《社会学》则是他“料简其一，译为一编”，是一部独立的译作。章太炎作为接受封建主义教育的一个传统型的知识分子，在其治学的道路上，这是一种飞跃式的进展，显示他已完全突破旧的治学的樊篱，而向具有近、现代色彩的知识分子治学范围与手段大步转移。不过，章太炎对于日语的掌握程度似乎还令我们多少有些存疑，他虽然有过居住台湾和日本以及其他与日本友人往还的经历，很留意或很专心地学习过日语，但未必会有得心应手的很自如的翻译能力，极大可能还是依靠一种可以部分借助他人口述的“意译”。此书之出版，媒体也有一番“炒作”，有的称“其译笔兼信、达、雅三长，诚译坛中之最铮铮者也”，有的则称“吾国新译《社会学》，推余杭章炳麟之《群学》为巨擘”，在扩大此书影响的同时，也给章氏的学者形象增添了几许新的色彩。

章太炎此时在治学上还热衷的一件事，是修《中国通史》。这件事要从源头追溯起，他自幼即对历史、对史籍有一种入迷般的爱好，数千年的中华历史，对于他是一个无比浩瀚的智慧的大海，他几乎本能地相信，那里有他取用不竭的思想和精神的资源。或许，他一开始并不一定很功利地要以历史为现实服务，但是，当他一旦踏入了现实斗争的阵地，历史的效用就愈益显得重要了。历史不但能帮助人们认识现实，也还能启发人们预见未来。谙熟于各种历史知识与掌故，他的文章无不以历史与现实相表里，在历史的宏远的视野中，现实的和未来的轨道似乎才格外清晰。也就在这样的历练中，他更其感到站在新的时代高度、以新的观点和见地新修一部《中国通史》的必要，毕竟旧的各种史书羼杂着太多错讹、偏见，覆盖着太厚的思想灰尘。在写给梁启超的信中，他陈述其所设想的这部新版《中国通史》，是以“典志”为主的，“所重专在典志，则心理、社会、宗教诸学，一切可以熔铸入之”。另一方面，还要以“纪传”辅之，“然所贵乎通史者，固有二方面：一方以发明社会政治进化衰微之原理为主，则于典志见之；一方以鼓舞民气、启导方来为主，则亦必于纪传见之”。典志与纪传交映互补，构成一部煌煌“通史”。对于此事，他实有足够的自信，在致另一友人的信中，他说：司马迁、班固、孔颖达、陈寿、郑樵这五位大家，都是史家中名列前茅的人，他们尚且会有所失，我们这样的人来经营如此大的修史工程，难保不会出问题，但是，我感到自己“意所储积，则自以为高过五家矣”[1]。对这部历史巨著的写作，他已思考甚多，准备甚多，当时许多其他的稿约都被他推掉了，就想集中力量来完成它。他甚至已经写出了《中国通史通例》，全盘规划出全书的体例与结构，稍后他从日本回到余杭老家时，即开始着手这一工作，那时正当酷暑，客少心静，只可惜手头资料不齐，“取精用弘，不得其道”，一时难以措手。他期待秋后再去上海，“成此大业”。

不同于其他许多职业革命家，章太炎是一位学者，如果说，他不是一直以学术活动为自己主要的社会活动方式，他也是一直在以职业革命活动和学术活动交替的方式贯串他的生涯，尤其是在职业革命活动间歇时期，学术活动便立即上升到主要地位。但他也确不同于一般的学者，特别是在他的思想上升期，他的学术事业与他的革命志向、激情与想象是交融在一起的，于此，他的学术活动也皆透现一种革命的色调。从他翻译《社会学》到欲修《中国通史》，我们都不难看到这一点，而几乎同时，他正在做的另一事，即重订《訄书》，更令人深有体会。前面我们曾经提到，这部名著有过

[1]《致吴君遂书》，1902 年 7 月 29 日。

多次的修订，留下了著者思想演变的历历痕迹。这一次是在它初版不过两年时，章太炎又对它做了重大的删革。

一部不断修改的书有它自己的生命史，《訄书》的这一次修改是它的生命史上最具活力和光彩的一段。恐怕现今已经很难有人对于出版物、对于社会公众还会如此虔诚，当然还可以做出的一种推测，是章太炎企图使他的这部原创性的作品成为中国转折时代的一部经典。无论如何，这对于个人、对于历史都是一个很负责任的行动。

这一次改定历时不短，开始的时间大约在一年之前，由于一直处于漂泊状态，也由于“手术”较大，未能顷刻告竣，此时隐居余杭老家，将其他事情暂时搁置，一派神定气闲，得以专治此事。人们要在一年多后才能看到重订本的真貌，在日本出版的这个重订本的封面，是著者的难友、已经夭折于“西牢”的“革命军马前卒”邹容题签的，我们当记得初版本封面的题签者乃是改良派的领军人物梁启超，这一改换无疑具有象征性的指向：著者已经从“与尊清者游”，转向与革命派携手并进，书中若干明显留下改良主义影响的篇章和言论皆予驱除，而更富于现实战斗性的文字要占据主要的位置，以呈现出一种新的书写姿态。

果不其然，一打开内文，你即能看到《客帝匡谬》和《分镇匡谬》两篇文章，它们都是作者已经意识到存在严重错误而必予删除的，却被加以自我批判，赫然列于目录之前——这一破例的编排方式，显然寓含着作者的深意。在一个急剧变迁的时代，人们的思想发生重大变化是势所必然的，重要的是要勇于直面它。以这种相当“个性化”的方式，章太炎向国人袒示自己曾经有过的思想迷误，以及对于这些迷误的否决态度，借以强烈地感染读者一同弃旧图新。在此特殊的氛围中，重订本几乎进行了“器官移植”式的改动：删除了 11 篇，增加了 20 多篇，其他的一些篇章也或多或少地做了修改。现在,蒙受着改良主义影响的杂音消除了,“排满”反清主张的主旋律更加高扬,特别值得提出的是,他还率先对被历代统治者奉为“大成至圣先师”、又被康有为尊为“素王”的孔子评头品足,说他删定六艺,编著春秋,虽有贡献,却也没有什么大不了的,论其道德学问并不高明,只不过是百家中的一家而已,语非过激,却也颇令尊孔派心惊,而此文一出,“孔子遂大失其价值,一时群言,多攻孔子矣”,[1]带动了后来反孔批孔的思想潮流。

三

章太炎避难第二次到日本,为时也不长,1902 年 7 月间又回到余杭家中,这个情况很可能与他在日本经济拮据、处境艰难有关,另一方面也表明当时国内追捕的风声已有所缓和,暂时不会有太大的危险。清廷虽然仍是顽固派当权,但在仓皇弃京西逃之后,他们已是大病一场,元气大伤,用《红楼梦》里的一句话说,是“内囊已尽上来了”,对于他们视为“乱党”的人物,尽管还是必欲除之而后已,然也往往力不从心,各地此起彼伏的革命活动,已使他们顾此失彼,疲于奔命,而在八国联军入侵时,骤然增强的地方割据自保的势力,以及列强在华迅速膨胀的势力范围与大小租界,均使得朝廷中枢对全国的控制力大为削弱,也为其时的革命志士的生存与活动造成许多空隙。这一点,我们在以下要叙述的“《苏报》案”中还会得到证明,这个案子中,堂堂清政府只是作为原告一方,向洋人的租界法庭控告章太炎和邹容,这真是亘古未有过的奇事。既然已经是如此局面,章太炎自然可以回到国内来继续做他要做的事。当然,他这时回家也许还有家事的原因,他的几个女儿的母

[1] 许志衡:《读〈学报〉感言》,《国粹学报》第六号。

亲——王氏夫人身体十分不好，并于不久亡故，他在料理一番家事之后，便于1903年春天再度来到上海。

上海开埠以来，汇聚了带着各种政经、文化背景的各种势力和人物，越是这样的地方，清廷的统治威势越是相对衰弱，它之成为晚清乃至民国时期中国政治活动的主要策源地，实在不是偶然的。在章太炎这次回到上海时，那里正轰轰烈烈进行着一件事，这就是“爱国学社”的开办。

所谓“爱国学社”，是一所学校，它的主办者是一批文化界和教育界的人士，其为首者，即是后来的民国教育总长和北京大学校长蔡元培，但是最初发起时，它并不是按照一定的西方教育理念和模式缔建的。情况带有某种突然性，南洋公学的学生因为与校方的冲突闹起了“学潮”，事情起因很小，只是因为一个学生将墨水瓶放在某教员的椅子上，学生受到训斥又不服，教员诉之于校方，校方历来对学生采取蛮横压制的政策，即以对师长大不敬的罪名开除3名学生。倘若是退回若干年，学生没有任何权利的观念，在“天地君亲师”的大棒下就逆来顺受了，现在可不行了，他们就“串联”起上百人，集体退学以示抗议。此事经媒体一报道，就成了街谈巷议的一件要闻。蔡元培是南洋公学的教员，又是中国教育会会长。这个会顾名思义本来就是要办新式教育的，它的发起者一批人都是当时甚为活跃的革命分子，有人说蔡元培“表面办理教育，暗中鼓吹革命”[1]南洋公学的学潮，如果不是有心策划，也是无意得之的一个机会，中国教育会的核心人物立即决定借以造成一个“平台”，组建一个新的学校即“爱国学社”，叫退学的学生不要解散，整体转入新学校来。

教育会的这些年轻的革命家们四处募集了经费，并以南京路

---

[1] 蒋维乔：《中国教育会之回忆》，《东方杂志》第33卷，第1号。

泥城桥福源里教育会会址作为校址，举行了开学典礼。学校的建制非常奇特，它以“联”为单位，每“联”约二三十人，学生自由选择加入某一“联”，公推一个“联长”，凡有兴革，多由“学联”开会议决，交主持者执行，这实际上就是后来的学生自治会，但在实行自治上，它真是彻底得多。一闻何处有学堂发生“学潮”，“学联”必发电声援。1903 年，留日学生组织“军国民教育会”，鼓吹“养成尚武精神，实行民族主义”，“学联”立即呼应，也成立“军国民教育会”，将志愿参加者分为八个小队，晨夕训练，强健体魄以应革命之需。照这种路子办下来，学社俨然就是一个革命者的摇篮。无怪乎四面八方都有一些热血青年投奔而来，南京陆军学堂闹学潮之后，40 多人即开赴“爱国学社”。

章太炎是因蔡元培之邀到“爱国学社”执教的，蔡校长久闻章太炎的大名，知道他有学问又主张革命，当之无愧是“爱国学社”的最佳教员人选，章太炎欣然就任。这个有特殊氛围的学校，对他很有吸引力，虽然他曾经表示过“作报、教学，终与众人同其熙熙，皆非吾愿”[1]，但在这里教书，完全不同于以往的经验。章太炎所教的是三、四年级的国文，他非常清楚这里校方设教、学生就学的目的，所以，“多述明清兴废之事，意不在学也”[2]。能朝夕与具有爱国和革命思想的莘莘学子相处，是一件令人相当高兴的事，这恐怕是章太炎近一些年来难得的精神上很畅快的时期。学社的学生每周都要到张园举行演说会，一大群人围拢来听学生和教员慷慨激昂地发表演说，章太炎自然是其中的主角之一，他口齿上的语言，想来必不会像他的文字那样古奥，而其渊博的学识和炽热的情绪，在此更有发挥的空间，听众中一定有不少人是为之非常心折

[1] 《致吴君遂、蒋智由书》，1902 年 9 月 8 日。
[2] 章太炎：《自定年谱》。

的。有人回忆说，他演说中总是不停地大声疾呼“革命”、“革命”，虽然现在已无法再现当时的场面以及他的情态，他的那种戆直激越的样子，似乎还能在我们的想象中跃现。仅仅两三年前，他还在这里声言“割辫”，与保皇党人抗争，力量相当悬殊，而现今他已经拥有如此多的支持者，这岂不令人格外兴奋啊！

有一个小故事更能表明他当时的心情。在上作文课时，章太炎在黑板上出了一道题目是《×××本纪》，命各人就此作一篇自传，这显然带有一种戏谑的意味，须知“本纪”是皇上的传才配叫的，玩笑开到这个地步，可见思想是何等解放了。学生陶亚魂和柳亚子在自己的“本纪”中，回顾走过来的路，为自己一度“纪孔、保皇”悔恨不已，章老师阅后立即给他们写了一封短信，全文如下：

> 陶、柳二子鉴：简阅传文知二子昔日曾以纪孔保皇为职志，人生少壮，苦不相若，而同病者亦相怜也。鄙人自十四五时，览蒋氏《东华录》，已有逐满之志。丁酉入时务报馆，闻孙逸仙亦倡是说，窃幸吾道不孤，而尚不能不迷于对山之妄语。《訄书》中《客帝》诸篇即吾往岁之覆辙也。今将是书呈鉴，二子观之，当知生人智识程度本不相远。初进化时，未有不经纪孔、保皇二关者，以此互印何如？章炳麟白。[1]

这封信句读之后并不难懂，老师对学生没有一句训诫，而只是慰勉和鼓励，并且还要把自己摆进去现身说法，说自己也曾有过一段走入歧途的经历，谁也不是生来就正确的，不信就拿我写的《客帝》这篇有错误的文章看看，你们就知道凡人的知识程度都是差不多的，千万别背上包袱。这里展现的，完全是一种革命同志式的关

[1] 《太炎先生遗札》，《制言》第六十一期。

系，此外，还令我们非常感动的，是他们师生共有的心地的纯洁和赤诚。

事实上，这里的人们的确都在为一种高尚的精神所驱动，教员任教不取分文，衣食全靠另谋职业支持，章太炎除了教书外还必须做些文字工作，粗衣粝食不必说了，住的地方，也是仅可容膝的楼上小披屋，下面就是厨房，一日三餐时，烟焰迷目，完全不能歇脚，只能拿着笔砚稿件到处找地方。

生活虽然艰苦，他也“不改其乐”。生活中有一种很大的乐趣，就是朋友之乐，正是在这里，章太炎又结识了一些好友，就中有与他结拜为弟兄生死之交的邹容。邹容是下面即将讲到的《苏报》案的另一主角，但是，我们在这里必须先行对他做一介绍，倘不是在“爱国学社”相遇，章、邹二人大概就不会有下面那样一场惊天动地的大戏。邹容是从日本回来进了“爱国学社”的，这个来自巴山蜀水间的虎虎有生气的小伙子，在日本可是闯了个大祸，他竟敢将大清朝留日陆军学生监督姚文甫的辫子不由分说地剪了，还写上“南洋学生监督留学生公敌姚某某辫”，悬挂示众。至于大打其耳光，以泄其愤，犹其余事。自称是“革命军马前卒”的他，一见《訄书》的作者，真有相见恨晚之感，他们志同道合，十分谈得来，又加以还有章士钊、张继等人，都是一帮“挥斥方遒”的新锐人物，大家意气相投，肝胆相照，就要以兄弟视之。章士钊虽然后来被章太炎的弟子鲁迅先生斥之为“老虎总长”，当做“落水狗”痛打不休，当其时却是一位颇为骁勇的反清先锋，南京陆军学堂的学潮就是他带头闹起来的，来到“爱国学社”后，他又是其中的活跃分子，《苏报》上的许多激扬踔厉的文章都是出自他的手笔。却说一日他们一起来到四明路上一家酒楼，坐下要了酒菜之后，便纵论天下大事，酒酣耳热之际，又说起结拜金兰，论岁数章太炎为长，是大哥，邹容最小，不过 19 岁，是小弟，大家相约戮力同心，报效祖国，也没有歃血、跪拜之类的仪式，谈谈笑笑之间，已觉得真是有一种手足情长的意思。

“爱国学社”与《苏报》之间结成了很紧密的关系。这家报纸原是一家报道市井新闻的小报，后来被一个名叫陈范的先生接手过来。陈范做过清政府的铅山县知县，因为教案的事被参革，对当局本就有满腹怨气，南洋公学闹学潮的时候，他在报上开辟一“学界风潮”的栏目，对学潮做跟踪报道，颇为社会关注，而报纸销售的份数也随之大增。陈范遂对该报做大幅度改革，特聘章士钊做主笔，除了继续对各地学潮做深度报道外，又大大加强了论说的分量，一时间，许多倡言反清革命的文章从这里发表，《苏报》几乎成了当时云集于上海的革命派的喉舌。

章太炎的两篇非常著名的文章：《革命军序》和《驳康有为论革命书》都在《苏报》上刊载过，这是他被系入狱的缘由。

《革命军序》是为邹容所做的《革命军》作的序。说到《革命军》，这可是中国近代史上赫赫有名的一部“大书”，它其实只是一个 2 万多字的小册子，称其为“大书”，是指它的意图和影响委实很大。它公然提出，中国革命的任务就是“扫除数千年之专制政体，脱去数千年种种之奴隶性质。”为此，它热烈地歌颂和呼唤革命：“革命者，天演之公例也，革命者，世界之公理也；革命者，争存争亡过渡时代之要义也；革命者，顺乎天而应乎人者也；革命者，去腐败而存良善者也；革命者，由野蛮而进文明者；革命者除奴隶而为主人者也。”

中国有史以来，还没有一部像它这样猛烈抨击君主专制政治、鼓吹革命、鼓吹资产阶级共和国的书，也更没有一部像它这样能将这些思想以澎湃的激情和晓畅的文字直击人心的书。当时历史的见证者鲁迅先生说过：“倘说影响，则别的千言万语大概都抵不过浅近直截的‘革命军马前卒邹容’所做的《革命军》。”[1]有一种说

[1] 《杂忆》，《鲁迅全集》第一卷。

法:《革命军》在当时一刷再刷,销了一百多万册,识者或许对这个数字要有所保留,但如果也有畅销书榜,则荣登榜首是不容置疑的。

邹容邀请他所钦敬的太炎大哥为《革命军》作序,章太炎义不容辞,欣然命笔。这篇序也是一篇好文章,它是充分肯定《革命军》的舆论先导作用的:“今容为是书,壹以叫咷恣言,发其惭恚,虽嚣昧若罗、彭诸子,诵之犹当流汗祇悔,以是为义师先声,庶几民无异志,而材士亦知所返乎！若夫屠沽负贩之徒,利其径直易知而能恢发智识,则其所化远矣。藉非不文,何以致是也!”章太炎自己做文章好用生僻字,又多用典故,古奥难懂,但他能意识到宣传革命思想的文章要能在民众中传播,必须切合“屠沽负贩之徒”的程度,“径直易知”,如此方能动员群众,成为“义师先声”,达到推翻清王朝的目标。“不文”绝不是一种缺点或弱点,相反,正是它的优点和强势所在。看上去邹容寻求的是一种文体的解放,实际上也是思想的解放,他的这种“叫咷恣言”,对于一个如铁屋般锢蔽的封建社会,无疑是一种“雷霆之声”般的巨大震撼和挑战。

章太炎的另一篇重要文章,是《驳康有为论革命书》。我们知道他对康有为这个人有过一段在思想感情上比较亲近的时期,彼时有人攻击康氏,他都会挺身而出为他辩护。但是,经历了一段思想蜕变,他对康氏又有了新的看法,尤其是革命思想的浪潮已经沛然兴起的此时,康有为仍然死抱“保皇”、“立宪”不放,接二连三抛出一些文章,坚决反对实行革命。他给国民预许下的是:“夫万国力争流血所不得者,而皇上一旦以与民,我四万万人不待流血,不待力争,而一旦得欧洲各国民自由民权之大利,此何如其大德哉。”[1]别的国家人民流血牺牲都难以得到的自由民权,光绪皇

[1] 康有为:《南海先生辨革命书》,《新民丛报》第十六号。

帝可以轻而易举地给中国人民，这样的好皇帝，我们还能不拥护吗？他经常将这类文字寄给一些商人、学生，颇具魅惑力。章太炎是个只认真理的人，他觉得不能坐视不理，于是，立即拿起笔来写了一封长信，并托人带到新加坡交康有为。这就是有名的《驳康有为论革命书》。

此信口气很不客气，上来就是一顿痛斥："夫以一时之富贵，冒万亿不韪而不辞，舞辞弄札，眩惑天下，使贱儒元恶则已矣。尊称圣人，自谓教主，而犹为是妄言，在己则脂韦突梯以佞满人已耳，而天下之受其蛊惑者，乃较出于贱儒元恶之口为甚。"说你自称是什么"圣人"、"教主"，为求一己之富贵，甘冒天下之大不韪，胡说八道，欺骗人民，在你，是为了巴结、讨好满族统治者，可是你的欺骗性，比那些守旧的文人、坏种更厉害。这封信不但指着鼻子斥责了康圣人，还痛快淋漓地"骂"了当今的"皇帝"，说他是"载湉小丑，未辨菽麦"。就是这句话，闯下了弥天大祸，大清皇帝坐了二百多年江山，从来名字都是要避讳的，谁敢呼名道姓地骂他们？章太炎此时完全站在革命派的立场上，对清统治者一派鄙视，他就是要以这种态度告诉康有为及其党羽，中国的未来希望是不能放在这样的人身上的。康有为以革命会带来流血牺牲恐吓人们，又指中国民智未开，公理未明，旧俗俱在，故不能实行民主共和制度。章太炎则针锋相对，高度赞颂革命的功用，下面的这句话也是传诵一时的名言："然则公理之未明，即以革命明之。旧俗俱在，即以革命去之。革命非天雄大黄之猛剂，而实补泻兼备之良药矣。"一句话，革命是好得很，绝非他康有为所渲染的那样令人恐惧。数年之前，章太炎曾写过一篇《正仇满论》，批驳的对象是康氏的大弟子梁启超，现在，这篇文章则是直指保皇党的总头领康氏本人，有些基本思想是一以贯之的，但这一篇堪称更系统、更全面、言辞锋利、气势雄锐、也更富有战斗力。

许多朋友读了这篇文章都击节赞赏，将它与邹容的《革命军》视为“双璧”，在印行《革命军》时便一并刊刻，于是，它的影响与《革命军》也如影随形。1903 年 6 月 29 日，《苏报》也以《康有为与觉罗君之关系》为题发表了此文的摘要，一场震惊中外的《苏报》案，由此拉开了大幕。

在很短的时间，《苏报》成了一份革命色彩很浓烈的报纸，清统治者即使昏聩得已经睁不开眼睛，也不能不注视它了。这份不久前还淹没在一大堆社会小报中的报纸，如今居然连珠炮一般发表反政府的重头文章，除了像邹容的《革命军》和章太炎的《康有为与觉罗君之关系》之外，还有《祝北京大学堂学生》、《论中国当道者皆革命党》、《读严拿留学生密谕有愤》、《呜呼保皇党》、《杀人主义》等，有的文章中公然呼喊：“望诸君自重，诸君胆壮，那拉氏不足畏，满洲人不足畏。莫被政府威吓而敛其动，莫惜诸君自由血而失全国人之希望，则学生之全体幸甚，中国幸甚。燕市之月，易水之风，敢为诸君祝曰：中国万岁！中央革命万岁！”这纯是一派造反的语言，言论自由到这个地步，早已突破了可以容许的底线。1903 年 6 月 20 日，两江总督魏光焘电禀清廷查禁爱国学社的演说活动，次日，清廷外务部即发电沿江沿海各省督抚，称：“奉旨：外务部呈递魏光焘电。据称：查有上海创立爱国会社，召集群不逞之徒，倡演革命诸邪说，已饬查禁密拿等语。……着沿海沿江各省督抚，务将此等败类严密查拿，随时惩办。”[1]随后，魏光焘又电禀：“上海爱国会演说虽禁，复有设在上海租界之苏报馆刊布谬说，而四川邹容所作《革命军》一书，章炳麟为之《序》，尤肆无忌惮。”[2]直接点了章太炎和邹容的名。

《苏报》包括章太炎在内的作者群经常活动的地点在租界，这

---

[1][2] 《中国近代史资料丛刊》,《辛亥革命》卷一。

一特殊情形是他们进行革命宣传活动的重要条件，同时，也使清政权对他们的镇压活动进行得颇为曲折乖张。租界当局与其说是有意与庇护这些清朝的持不同政见者，毋宁说更注重主张和维护他们在中国领土上的“治外法权”，而如果说他们内心里同情或支持章太炎等从事的革命活动，那就错了，事实是后来在他们的监狱里，章太炎和邹容都遭到非人的折磨和摧残，后者还丧失了年轻活跃的生命。但在一开始，他们的确曾不同意直接拘捕这些清统治者眼中的“不逞之徒”，毕竟这些人的行为言论，并不构成对租界安全的直接威胁，而后几经交涉，清政府派出的“安全”官员向上海租界会审公廨提出控告，租界的警务部门方才出票捕人。

6 月 29 日，中西警探联合行动，一大群人包围了苏报馆，但这一次他们扑了空，只抓住了报馆的账房先生程吉甫。次日，他们又来到爱国学社，在这里他们遇到了章太炎。章太炎面对气势汹汹的大队警探，倒显得相当沉着，他对他们说，我就是章炳麟，别人都不在，我跟你们去好了。

现在我们看，对这一次拘捕行动的严重性，章太炎和他的战友们估计或有不足。其他几人随后也都“顺利”归案，特别是邹容，他已经从学社的后门逃脱，并在虹口的一个外国传教士家里藏了起来，章太炎从巡捕房来信叫他主动投案，他就真的来了。警员不相信面前这个半大小子就是大名鼎鼎的《革命军》作者邹容，说你别开玩笑了，你怎么会是邹容？邹容一脸严肃道，我要不是邹容，还来投什么案。章太炎和他在这件事上都透出一种书生气，他们或者多少对租界当局，对他们嘴上常挂着的那种价值观的宣言，抱有某种轻信，觉得最后审理的结果也未必会把他们怎么样。

另外还有一种说法，是章太炎被捕实际上是有意就捕，报馆的老板陈范已经派他的儿子去给章太炎报信，本来章太炎是可以逃脱的，然而，他却偏不走，不但他不走，还带信给邹容叫他也出来投案，按章士钊的说法，是“章、邹本可扬去，故意就逮，以示风节”[1]，这当然不是说章太炎有意作秀或沽名钓誉，他极有可能考虑到，利用这一特殊机会和条件，“蓄意制造事端”，扩大反清“排满”的宣传效果。他在反击某报对他和邹容的诽谤和攻击时说：“逆胡挑衅，兴此大狱，盗憎主人，固亦其所。吾辈书生，未有寸刃尺匕足与抗衡，相延入狱，志在流血，性分所定，上可以质皇天后土，下可以对四万万人矣。”[2]当时的中国，觉悟者毕竟很少，绝大部分国民还是沉默和麻木的，怎样才能唤醒大家，将反清革命的主张传播到全社会，是章太炎这样的革命者一直考虑的问题。《苏报》案发生，对立面清政府已经出场，作为当事人的他，就很有以“相延入狱”作为主动采取的反清斗争手段的意思。另外，他在与吴稚晖论战时，解释为何招邹容投案，所说也似不合情理：“仆既入狱，非有慰丹为之证明，则《革命军》之罪案将并于我，是故以大义相招，期与分任，而慰丹亦以大义来赴。”[3]出于这种动机，而陷战友于罗网，岂不太不够意思，这不像章太炎的为人，即使如此为人，他又何能不加掩饰公之于众？较近合理的解释，是他与邹容对此可能有过秘密约定：一旦被捕，二人双双赴难，共同抗衡，“志在流血”，借以扩大影响，震动民众。而在比较直接的考虑上，他们还是并不认为租界当局会完全站在清政府一边，以此给他们定罪。

无论章太炎是不是有意追求这种效果，现在《苏报》案，以及此案中的两个主角——章太炎和邹容，已经成为社会瞩目的焦点。和他们一起被捕的还有另四个人，如上面提到的账房先生，一个叫

[1]《太炎集外文主编附识》，《甲寅》第一卷，第四十三号。
[2]《狱中答新闻报》，《章太炎政论选集》，中华书局 1977 年版，第 234 页。
[3]《再答吴敬恒书》，《民报》第二十二号，《章太炎政论选集》，中华书局 1977 年版，第 437 页。

钱积仁的不三不四的人，以及报馆老板的儿子等，他们不久也都相继释放了。真正重要的人物是章太炎和邹容，清政府对之恨得咬牙切齿，他们最希望将他们从租界押解过来，任由他们处置，那么一切就简单得不能再简单了——立即处决。为此他们曾经给租界当局开出很高的价码，愿以沪宁路权交换，并另许以十万两银作为回报。这显然是一桩相当诱人的交易，只是新闻公开使得它难以在幕后达成，中外当局对当时媒体关于此案的追踪报道均甚为无奈。

因为《苏报》案而被捕，却在一夜之间成为社会关注的新闻人物，这或非章太炎始料所及，但一旦处在这个位置上，他必定会考虑到要将这场斗争进行到底，在这场斗争中，他们的言词、行为和精神风貌都会具有广泛的影响力。身陷缧绁，失去自由，且生死未卜，但他深深感受到那么多朋友的期许和支持，自己所进行的斗争又具那样的正义性，意气更是百倍激扬。他在拘留地撰文回应《新闻报》记者对他们的百般攻击，痛斥他们不过是一些渺小的“斥鷃”和“井蛙”，无法理解革命者的“鲲鹏”之志：“……去矣，新闻记者！同是汉种，同是四万万人之一分子，亡国覆宗，祀逾二百，奴隶牛马，躬受其辱。不思祀夏配天，光复旧物，而惟以维新革命，锱铢相较，大勇小怯，秒忽相衡，斥鷃井蛙，安足与知鲲鹏之志哉！去矣，新闻记者！浊醪夕引，素琴晨张，郁素霞之奇意，入修夜之不旸。天命方新，来复不远，请看五十年后，铜像巍巍立于云表者，为我为尔，坐以待之，无多聒聒可也。”[1]在这些话中，隐含着他的宏大志向，与对生命终极价值的追求，在面对生死的考验中，他可能更多地想到了以牺牲换得社会的楷模和身后的声名。

对章太炎等的审讯开始了。这是一场非常特殊的审讯，原告

[1] 《狱中答新闻报》，《章太炎政论选集》，中华书局1977年版，第234页。

一方是清政府，被告是章太炎这些平民，审判者则是租界的殖民当局，原、被告两方都聘请了外国律师，仅仅是这样一种形式，在章太炎看来，也颇具特别的意义，甚至可以说是一种胜利。他不承认清政府的合法性，现在他已明显地在世人面前置清于“敌国”地位上，这极大地满足了他的反清主张和意识。而清王朝的鹰犬们，则实在难以咽下这口气，他们曾经策划将章太炎等强行劫持，为此调动了五百官兵，换下清兵的号褂，悄悄地埋伏在章太炎等的必经之地新衙门后面，只待一声哨响，便立即动手。然而，租界当局已有严密防备，每一次提审时，都会有一名英国巡捕陪坐在马车上，另外还有几名巡捕带剑夹在前后，街头路口也满布荷枪实弹的巡捕，清兵的密谋终未得逞。

在法庭上，控、辩双方唇枪舌剑，交锋非常激烈。控方指章太炎撰《驳康有为论革命书》，“诋毁今上圣讳，呼为‘小丑’，立心犯上，罪无可逭”。章太炎驳道：“因见康有为著书反对革命，袒护满人，故我作书驳之。所指书中‘载湉小丑’四字触犯清帝圣讳一语，我只知清帝乃满人，不知所谓圣讳。”[1]又辩道，“小丑”二字本作“类”解，亦作“小孩子”解，这算什么诽谤？贵西方的法律没有避讳之说，教学生的课本也不讲避讳，我这样写犯了什么罪，要治我的罪又有何种法律依据？审判者问章太炎的科举出身是“得自何科”，他微微一笑道：“我本满天飞，何窠之有？”[2]按余杭方言，“满天飞”的读音，近似“老布衣”，而“窠”与“科”同音，于信口嘲谑中流露出对清廷功名的蔑视。第二次审讯时，被告方的辩护律师问：“现在原告究系何人？其为政府耶？抑江苏巡抚耶？上海道台耶？”清政府派出的官吏孙建臣即答称：“章、邹等犯，系奉旨著

[1] 张篁溪：《苏报案实录》，中国近代史资料丛刊《辛亥革命》卷一。
[2] 《初讯革命党》，《申报》1903年7月16日。

江苏巡抚饬拘，本分府惟有遵奉宪札行事而已。”随即将清政府的公文出示。[1]章太炎在一旁扬声一笑，孙建臣斜睨道：“你笑什么？”章太炎道：“我笑你们堂堂大清政府，竟然跑到租界上一个小小法庭来控告几个小老百姓，这个国家已经被你们败到这个地步，怎么还有脸面立于世上？”孙建臣恼羞成怒了，他指着章太炎气急败坏地说：“我和你们无仇无怨，你们有什么快说快了！”法庭上一片哄笑，审判者连连敲锤示禁。

关于此案的审讯报道，成为当时上海各家媒体最抢手的新闻，街谈巷议，莫不以《苏报》案为主要话题。原先知道《苏报》、知道《革命军》、知道章太炎驳康有为，还只是在一部分知识精英的圈子里，现在一般老百姓也知道《苏报》案是怎么一回事了，反清逐满的思想传播得越来越广，而且革命者的气节与风范，也给人们留下了很强烈的印象。每次审讯结束，都会有许多人聚集在衙门门口等候一睹章太炎、邹容的风采，他们这些“犯人”丝毫没有沮丧、懔惧的神色，反而是神色泰然，意气轩昂，章太炎甚至还朗声吟诵起“风吹枷锁满城香，街市争看员外郎”的诗句。观者的脸上逐渐由戚然转向钦敬，看到这样的群众场面，章太炎觉得自己做出的牺牲也是很值得的了。

中外统治者其实是一鼻孔出气的，西方国家在中国有许多既得利益，清政府在某种意义上就是他们的代理人，利益的牵制和勾结压倒一切。租界的会审公廨于 1903 年 12 月 24 日宣判章太炎和邹容“永远监禁”，这一判决显然是意在满足清政府的要求，但在领事团内部则发生了意见分歧，反对的声音高涨起来，因而延缓做出最后决定。迟至 1904 年 5 月 21 日，才改判章太炎监禁三年，邹容监禁二年，皆从上年被拘之日起算，罚做苦工，期满逐出租界。

---

[1] 《二讯革命党》，《申报》1903 年 7 月 22 日。

其他四人释放。

章太炎遂以囚徒的身份从拘留地被押往上海提篮桥监狱。从此，他将度过一生中最难忘的一段岁月。坐外国人在中国设下的牢狱，似乎近代史上还没有几个革命者能有这样的经历。这位中国的大学者和革命的先行者，其时正当年富春秋，他不得不面对失去自由，且生命不得保障的铁窗生涯。如果不是有他坐过此时的所谓“西牢”，并将他的见闻和亲历载诸楮墨，也许我们今天还无法深入一层了解西方殖民主义者“平等”、“博爱”烟幕下的“西牢”的内情。应该说章太炎和邹容这样的囚徒，因为是新闻媒体关汼的人物，有很高的社会知名度，会有某种特殊性，后期，特别是邹容死后，章太炎被例外“优待”过：派去炊事班帮厨，但是，在整个坐牢的过程中，他们所受到的仍是非人的折磨和摧残，其惨酷之状，真非亲历者不可道出。就在章太炎被捕后不久，有一位他所认识的革命者叫沈荩的，落入了清廷的罗网，刽子手们奉慈禧之命，用竹鞭活活把他抽死，现场血肉横飞，惨不忍睹。而“西牢”中的情形，绝对好不了多少，为了求得更有真实感起见，我们将章太炎的这一段回忆和记述原文抄录如下：

> 自是狱卒陵籍，余亦以拳拟之，或夺其椎。固自知力不逮，亦太史公所谓知死必勇者，以是遭狱卒踶趹二次。印度人尤暴横，每举足不择腰膂腹背，既仆地，则数狱卒围而击之。或持椎捣其胸间，至闷绝，乃牵入铁槛中。以伤死者甚众，既无检尸具结之事，故恣肆无所顾忌。或时为医生检得，则罚金四五圆耳。而狱卒复造私刑为钳制计，其法以帆布为梏，反接两手缚之，加以木楔名曰软梏。梏一小时许，则血管麻木，两臂如针刺状，虽巨盗弗能胜，号呼宛转，声彻全狱，其虐较拶指为甚。凡狱囚与外交通书札，则以此钳制之，故暴戾之状，不

闻于外。[1]

请看洋人和他们的雇佣的印度狱卒，对待中国人犯何曾有一点“人道”，五百犯人，仅仅一年中，就有三分之一惨死在他们手下！章太炎和邹容是为外界关注的著名的政治犯，但这一点并不能保证他们不会惨遭毒手，社会舆论虽然有一定的制约作用，监狱当局却可以以最残忍的手段切断犯人与外界的信息通道，使外界无从得到真实情况。章太炎奋力反抗过，他立即遭到“报应”，不仅是被身材高大的狱卒狂踢毒打，还被加以私刑——“软梏”。这种刑法要比著名的“拶指”更厉害，受刑者的惨叫令人撕心裂肺，可想而知是如何恐怖。章太炎不愧是个硬汉子，在受到打骂时，虽然自知体力远远不及这些洋狱卒，他也向他们挥以老拳，奋力拼搏，其结果当然是遭到更严重的毒打，光“软梏”就“享用”了 3 次。在此情形下，章太炎能活下来，完全是死里逃生。而在当时，他们的确要考虑到“死”的问题，即使不是在内外勾结下令他们致死，以他们羸弱的身体素质，在那样极其恶劣的生活条件和极其暴虐的人身摧残下，也无法能躲过“鬼门关”。章太炎进行过绝食斗争，这个斗争并不以绝食作为“要挟”的手段，而仅仅是为了求得一死，最多也只是希望以此换得对邹容的处境有所改善。

> 狱事既决，狱卒始不以人道相待，时犹闭置空室，未入铁槛，视狱卒陵暴状，相与咋舌裂眦。余语威丹：“尔我体皆弱，又不忍辱，与为白人陵籍而死也，无宁早自为计。然以禁锢期限计之，我三年，尔二年，尔当生，我当死。”威丹哽咽流涕曰：“兄死，余不得不死！”余曰：“不闻子胥兄弟事耶？

[1] 《汉帜》第二期，转引自汤志钧《章太炎年谱长编》。

且白人内相陵逼，而外犹恶其名。余死，彼惧烦言之不解也，必宽假尔。”因复议引决事，时刀索金环毒药诸物既被禁绝，惟饿死。[1]

这两位亲密战友，争相以自己先死来换取另一人可能得到的“宽假”，饿死是当时唯一可行的方式。人谁不求生，倘若不是到了不得不求死的地步，他们何至于如此为之？然而，这一场绝食斗争，进行了7天后并未继续下去，一来不提任何复食条件，单纯为求死而绝食，容易遭到监狱当局的漠视，二来此种方式历时太长，不能达到速死的目的。复食之后，监狱提供的食物又极差，难以支持生存，章太炎知道，即使复食，也还是必死无疑，既然如此，他决定采取另一种“处之之道”。这就是前面说到的，在受到暴力对待时，毫不犹豫地向残暴的洋狱吏们英勇还击。这种还击的结果通常是被殴致死。这种方式透出一种反抗的绝望，同时，它的动力还来自他与邹容的手足般的伟大、深厚的情义。

邹容要小章太炎18岁，对于这一次因“苏报案”引起的狱讼的后果，他或者比章太炎估计得还不足，但是，在章太炎的带动下，他也一样以昂然的斗志和冒死的决心，迎接自己生命航程中的这一次狂风恶浪。还在被押候审期间，太炎就写下这首非常著名的诗给他：

邹容吾小弟，被发下瀛洲。
快剪刀除辫，干牛肉作糇。
英雄一入狱，天地亦悲秋。
临命须掺手，乾坤只两头。

---

[1]《狱中与威丹唱和诗》，转引自汤志钧《章太炎年谱长编》。

他也回赠章太炎一首诗，诗曰：

我兄章枚叔，忧国心如焚。
并世无知己，吾生苦不文。
一朝沦地狱，何日扫妖氛？
昨夜梦和尔，同兴革命军。

身陷牢狱，何时能扫荡清廷势力，就在梦中，我也和你共同投身革命军啊！——邹容的诗中流露出对章太炎大哥的赞佩和追随之心情。很显然，无论是思想或学问，章太炎都比他要成熟得多，邹容入狱是应章太炎之招来的，此后在狱中的斗争他都相当依赖于章太炎。章太炎要比他更从容地面对狱中的折磨和死亡的命运，“临命须掺手，乾坤只两头”，到最后的时刻我和你要相互搀着手，茫茫宇宙只见我们两个高昂着的头——章太炎已经预约下与他共同就义。

在狱中章太炎和他一起研商斗争策略，一起作诗唱和互相砥砺，章太炎自己攻读佛经以开拓思阈，调整心态，也给他详细讲解，拿一本《因明入正理论》作教本，对他说：“好好学这个，可以解除我们这三年坐牢之忧。”

然而，邹容毕竟还太年轻，他的锦绣年华刚刚开始，如此残酷而漫长的监狱生涯，极大地摧残了他的身心，他烦怨愤激，终于病倒了，低烧，昏昏欲睡，却又睡不着，经常半夜独语骂人，到白天又不记得，章太炎请求找医生给他治病，又遭狱方拒绝，直到病势已很沉重，这才送工部局医院就医，就在用了该医院医生的药之后，他突然死亡。这件事不能不让人怀疑有鬼，极有可能是医院方面被人买通，为清政府拔除了这个“眼中钉”。一个出类拔萃的爱国青年的生命，就如此被断送了。“平生御寇御风志（邹），近死之心不复阳（章）。愿力能生千猛士（邹），补牢未必恨亡羊（章）。”仅仅不久以前，他们还一人一句写下了这首声调铿锵、相互勖勉的诗，而今他们已分隔在阴阳两界，这是怎样一种不可接受的现实啊！章太炎抚着他的尸身悲不自胜，大哭失声。

章太炎一直以为要死应该是他为先，从刑期上，他比邹容长，另外，邹容略会英语，较易与洋狱吏"沟通"，却未想到邹容死于他之先。早先他们曾想到，与其两人都死，不如死一个，以换得对另一个的"宽假"和保全，要死，当然是他章太炎去死，现在，不是他章太炎，而是邹容死了，这是他心中始终不能释然的。也正因为邹容死得不明不白，监狱当局畏惧舆论，不得不改善了章太炎的待遇，将他调去"帮厨"，使他得以靠"近水楼台"之利，获取较多食物充饥，安然度过剩余的刑期。每当想起这一切，他会有一种负疚的心情："余之生，威之死为之也。"[1]邹容死后，他即未再有太激烈的以命相搏的绝望反抗之举，这或者是有朋友百般劝解，也是他会感到生者对于死者负有不容推卸的义务，必须秉承烈士遗志而前行，在他后来的革命生涯中，邹容的死实是一种有力的鞭策。

在提篮桥监狱服刑期间，章太炎和普通囚徒一样必须做各种劳工，先是做裁缝，后又做厨工，监狱当局想必对这个体形文弱的犯人已有了深刻的印象，知道他的"脾气"，上来会不顾一切，连性命危险也算不得什么，更何况外间又那样关注他的命运，以是之故，尔后对他也不逼之太甚，工余他便得以读书。书是外间朋友陆续送进来的，以佛经为主。我们知道，曾有过一个时期，他的朋友宋恕、夏曾佑等劝他读佛经，他读了却读不下去，而且，似乎对当时知识分子中读佛的一群甚为不满，认为太脱离现实，而现在，他却一门心思以极大的热忱来读佛家经典。其主要读本是《瑜伽师地论》、《因明论》和《唯识论》，也许正是在铁窗之下，在这样惨苦的生活境遇和生死未

[1]《狱中与威丹唱和诗》，转引自汤志钧《章太炎年谱长编》。

卜的状态中，他尝到了佛经给他的精神上带来的好处。他的读佛，并不意味他倾向于消极悲观，亟欲遁入空门，但也不像有些人说的，他是在失望于机械唯物论等等之后，刻意寻找或打造革命的思想武器，起码最初不是如此，除了监狱中精神上需要以此得到一定的排解和超脱，他还是当做做学问来对待的。在以往的求学经历中，他几乎是倾注全力于儒家经典，而对于一个中国的学者，特别是治思想史的学者，如果不精研佛学，则一定是很不完全的。过去在动荡中，在奔忙中，他即使有心也无暇来“补课”，而现在他可以了此心愿了。狱中三年研读佛经，确实令他在精神上、思想上也在学识上大有斩获，我们可以看到，作为近代的一位大学者，他的学术准备不是早年求学阶段就全部完成的，尽管他已经有了非常深厚的功底，而在他的人生每一阶段，特别值得称道的是，在革命生涯的特殊境遇中，他仍然不忘学习、学习、再学习。当然，他的学习也决不是纯为学术而学术，他自觉而认真地考虑到革命事业的需要，即使是研读佛经，他也是会将它与反清革命的大业联系起来，以至他在出狱后，即热心鼓吹建立新的宗教，要“用宗教发起信心，增进国民的道德”。大致可以说，在这样长时间潜心读佛之后，他的世界观应是发生了一种浸润性的、也是相当深刻的变化，后来有一段时间，他甚至想皈依沙门，前往印度，以求在佛学上进一步深造。

章太炎苦读佛经的同时，与外界的联系也未中断，朋友们定期来探视他，给他带来各地风起云涌斗争的信息，使他倍感鼓舞。甚至一个新的革命团体——光复会的缔建，也在他和朋友们短短接触中秘密酝酿。这位未来的光复会会长，彼时还不可能出来扛起大旗，当时朋友们咸以为，以“光复”为宗旨的这个组织，理所应当以他为主脑，不能因他尚在狱中就不听取他的意见。事实上章太炎因为“苏报案”入狱等等的英勇表现，此时已经享有很高的政治声望，这种声望正是领袖人物必具的条件。

第五章

在东京

一

三年的刑期满了。

友人们等候在四马路巡捕房门口，迎接章太炎出狱。重新获得自由的章太炎，看见了朋友们，看见了撒满阳光的街道和树木，来来往往的人群和车辆，心里有难以抑制的激动。只要想一想他在监狱中曾有过的遭遇，就能体会到“九死一生”的含义。而现在他的厄运并未到头，他的死对头清政府尚未倒台，他若在国内到处行动，仍有落入虎口的危险。租界当局规定他必须在三日内离开。总部设在东京的同盟会的代表，受孙中山先生的委托，也在迎接他的人群中，他们安排他当天晚上即乘轮船前往日本。

这是章太炎第三次前往日本，和前两次情况自然大不一样，这一次，他是作为当下一个备受瞩目的公众人物，一个革命运动中新起的偶像被欢迎、被接纳的。《苏报》案的影响力十分深远，章太炎和邹容作为此案的主角，他们所进行的种种斗争，都不仅事关他们的个人命运，而且已经成为当时反清革命运动的组成部分，他们理所应当地就是这一运动的英雄。

到达东京不多久，同盟会总部即主持召开了极为隆重的欢迎会，那一天（1906年7月15日），下起了大雨，而在东京神田町锦辉馆，约有两千多人挤满了会场，大家站在雨中，有的人爬到屋檐上，以一睹这位传奇人物的风采，并倾听他的演说。

章太炎有生以来还没有当着这么多人演讲过，但是他并不紧张，仿佛他天生就是一个演讲家，两眼炯炯有神，侃侃而谈，许多话是他在牢中早就深思熟虑的，此时也如汩汩流水一般倾泻而出，一讲就是几小时。这个演说后来整理出来，洋洋洒洒六七千字，是一篇著名的战斗的文章，也是中国近代史上一篇重要文献。

章太炎从自己早年的思想讲起，他少小时读过一些先贤的书，受到启发，萌生民族主义的思想，但是并无什么学理，直至甲午之后，接受外来思想的影响，这才有学理。他之投身反清革命，是基于这个思想基础，决非是盲目的。出狱之后，他很欣忭于革命形势发展之快，不长的时间里，队伍迅速扩大，尤其是民族主义的学理，业已“圆满精致”，十分令人鼓舞。

接下去他就讲了一段很有意思的话，是关于所谓“疯癫”的，引录如下：

> 只是兄弟今日还有一件要说的事，大概为人在世，被他人说个疯癫，断然不肯承认，除那笑傲山水诗豪画伯的一流人，又作别论，其余总是一样。独有兄弟却承认我是疯癫，我是有神经病，而且听见说我疯癫，说我有神经病的话，倒反格外高兴。为甚么缘故呢？大凡非常可怪的议论，不是神经病人，断不能想，就能想也不敢说。说了以后，遇着艰难困苦的时候，不是神经病人，断不能百折不回，孤行己意。所以古来有大学问成大事业的，必得有神经病才能做到。诸君且看那希腊哲

学家琐格拉底，可不是有神经病的么？那提出民权自由的路索，为追一狗，跳过河去，这也实在是神经病。……象我汉人，明朝熊廷弼的兵略，古来无二，然而看他《气性传》说，熊廷弼简直是个疯子。近代左宗棠的为人，保护满奴，残杀同类，原是不足道的。但他那出奇制胜的方略，毕竟令人佩服。这左宗棠少年在岳麓书院的事，种种奇怪，想是人人共知。更有德毕士马克，曾经在旅馆里头，叫唤堂官，没有答应，便就开起枪来，这是何等性情呢？仔细看来，那六人才典功业，都是神经病里流出来的。为这缘故，兄弟承认自己有神经病；也愿诸位同志，人人个个，都有一两分的神经病。近来有人传说，某某是有神经病，某某也是有神经病，兄弟看来，不怕有神经病，只怕富贵利禄当现面前的时候，那神经病立刻好了，这才是要不得呢！略高一点的人，富贵利禄的补剂，虽不能治他的神经病，那艰难困苦的毒剂，还是可以治得的，这总是脚跟不稳，不能成就甚么气候。兄弟尝这毒剂，是最多的。算来自戊戌年以后，已有七次查拿，六次都拿不到，到第七次方才拿到。以前三次，或因别事株连，或是普拿新党，不专为我一人；后来四次，却都为逐满独立的事。但兄弟在这艰难困苦的盘涡里头，并没有一丝一毫的懊悔，凭你甚么毒剂，这神经病总治不好。或者诸君推重，也未必不由于此。若有人说，假如人人有神经病，办事必定瞀乱，怎得有个条理？但兄弟所说的神经病，并不是粗豪卤莽，乱打乱跳，要把那细针密缕的思想，装载在神经病里。譬如思想是个货物，神经病是个汽船，没有思想，空空洞洞的神经病，必无实济；没有神经病，这思想可能自动的么？[1]

---

[1] 《东京留学生欢迎会演说辞》，《章太炎政论选集》，中华书局 1977 年版，第 270—271 页。

章太炎在此巧妙地回击了有人强加于他的“疯子”之说，听他这番话，应该不会有人再认为他是“疯子”，若真是“疯子”，岂能有如此清醒、明晰、深入的思考？诚然，他有过“癫痫”的症状，而即从病理上说，癫痫患者在未发作时与常人思维与行动方式也并无差异，事实上，也没有资料显示章太炎后来还有癫痫多次发作，因此而有怪异言行。他之被一些人嘲骂为“疯”者，大抵都是他的一些激烈反抗当权者的言行。在一种特定的时代条件下，“疯癫”反而是清醒的革命者在反动派或落后群众眼中的一种“特征”，他的这一意想，后经他的弟子鲁迅先生熔铸入艺术构思，就诞生了文学史上的不朽名篇《狂人日记》。

这篇演说并不只是空喊一些口号，它有激情，也有学理，而且特别强调学理，充分展现章太炎作为一个“有学问的革命家”的富有魅力的形象。

面对伫立雨中毫无倦容的听众，他不由不倾吐自己的肺腑之言，提出他的建议：“有两件事是最重要的：第一，是用宗教发起信心，增进国民的道德；第二，是用国粹激动种性，增进爱国的热肠。”

诚如前面所说，宗教问题是他近几年在狱中苦苦思考的结果，很难说他苦读佛经是缘于寻觅和求得答案，还是苦读之后方才获得确定答案。后来的论者，往往要从过于高远的角度，指证中国资产阶级如何困乏于没有适宜的思想武器，只能求助于佛学。章太炎演绎的逻辑似乎也是如此：孔教是不行的，基督教也不适用于中国，真正可用的只是佛教：“我们中国，本称为佛教国。佛教的理论，使上智人不能不信；佛教的戒律，使下愚人不能不信。通彻上下，这是最可用的。”思想武器或批判的武器，都是太政治化的概念，佛教重平等，可以用来批判和“攘逐”清政权，佛教也恨君权，可以用来号召恢复民权，如此等等，皆可看做是一种思想武器或批判的武器，而在章太炎看来，更重要的，还是佛教所可提供的人生理念、信仰和精神动力资源。这也可能是当时最感匮乏的。

他说出自己的思考和主张："我们今日要用华严、法相二宗改良旧法。这华严宗所说，要在普度众生，头目脑髓，都可施舍于人，在道德上最为有益。这法相宗所说，就是万法惟心。一切有形的色相，无形的法尘，总是幻见幻想，并非实在其有。""要有这种信仰，才得勇猛无畏，众志成城，方可干得事来。佛教里面，虽有许多他力摄护的话，但就华严、法相讲来，心佛众生，三无差别。我所靠的佛祖仍是靠的自心，比那基督教人依傍上帝，扶墙摸壁，靠山靠水的气象，岂不强得多吗？"他特别强调"勇猛无畏"几个字，搞革命必须"勇猛无畏"，而"勇猛无畏"的精神不是凭空产生的，其根源在于信仰。他一定是积累了太多的观察和感悟，一个正在"礼坏乐崩"中的社会，一个处于急剧转换期的社会，不可以在精神上没有基本维系的东西，换言之，一个社会不可以没有精神信仰，亦可以说不可以没有宗教。如果说，以往中国社会还有孔孟之道，权充一种"亚宗教"，维系世道人心，那么"孔教"被抛开之后，就只有佛教可以采用了。在他看来，即使佛教也未必尽善，而"稍有信仰，犹愈于无执持"[1]。在对佛学做过一番精研之后，他确认，佛教不同派别的经义有些要扬弃，有些可采用，从近处看，是对革命队伍的道德建设有用，从更远处看，对未来国家的文明建设更有用。

他所提出的另一建议则有关于"国粹"。这倒也并非由于他的所学在"国学"，所以自高地位，却也不能说没有一点关系。比如，关于中国的文字，他就认为别具一种力量，可以用来"爱国保种"，他之好用孤傲生僻的文字，大约就与这种想法有关。虽明知自己

[1]《答铁铮》，《太炎文录·别录卷二》。

的文章过于艰深，不易为普通人接受，也不改。语言文字之外，须予以特别珍惜的，还有典章制度和人物事迹，这些总括起来就是中国的历史，是民族种姓深植的历史。在号召进行民族革命的章太炎看来，当然是至关重要的资源。

虽然来到日本，来到了同盟会的革命家中间，但是，人们不难看到，章太炎还没有来得及换上彼时彼地革命派最流行的一套话语，将近一年前创刊的《民报》，一直在宣传孙中山所概括的“三民主义”——民族主义、民权主义和民生主义，更具体的，还有胡汉民提出的“六大主义”：“一、颠覆现今之恶劣政府；二、建设共和政体；三、土地国有；四、维持世界真正之平和；五、主张中国日本两国之国民的联合；六、要求世界列国赞成中国革新之事业。”章太炎在这篇受人关注的演说中对之只字未提，固然不能深怪于他，毕竟他与世隔绝地在监狱中被禁锢了三年，而另一方面，原有的思想基础和对未来中国社会的想象，他都或与同盟会的革命家们并不完全一致。如果有一位敏感的评论家，听了他的这番演说，应该能预言他迟早会与他们反目。

同盟会方面将章太炎作为自己人对待，他们邀请他加入组织，并延请他出任《民报》社长。在这个著名的革命政党中，这差不多已经是一个领袖的席位。同盟会的总部并无自己的办公地，位于牛込区小川町二丁目八番地的《民报》社与它合署办公。

主编《民报》是章太炎一生中非常辉煌的一个时期。有了这样一个平台，他可以尽情发抒自己的胸臆，据统计，到《民报》终刊，经他之手主编了十六期，而他自己的文章，共发表了八十三篇。《民报》所到之处，也就是章太炎的文章和思想影响所到之处。那个时代的过来人鲁迅先生曾回忆道：“我爱看这《民报》，但并非为了先生的文笔古奥，索解为难，或说佛法，谈‘俱分进化’，是为了他和主张保皇的梁启超斗争，和‘××’的×××斗争，和‘以《红楼梦》为成佛之要道’的×××斗争，真是所向披靡，令人神旺。”[1]

当初受任之时，章太炎确实怀有很大的感动和决心，在《民报》第六号上，他登有《告白》，称：“接香港各报馆暨厦门同志贺电，感愧无量，惟有矢信矢忠，竭力致死，以塞诸君之望，特此鸣谢！”此固是对贺其出狱的答复，也实际上是他加盟同盟会并主持《民报》的一番宣誓。《民报》是当时最大的革命政党的喉舌，他将如何经营它，也许他还来不及细想，然而，他一定想到，要不负重托，秉承革命党人的意志，追随革命党人的步伐，将它办好。所以，在他接手不久就遇上《新民丛报》托人“议和”一事，经受住了一次考验。

《新民丛报》曾经是一份有活力、有影响的报纸，但是由于宣传保皇派的政治主张，变得越来越顽固僵死，也越来越为人们所冷淡和抛弃。在客观上，这也要归因于形势的迅速变化，同盟会成立后，顿为中国第一大政党，革命派的声势扶摇直上，连改良派首领梁启超也承认：“革党现在东京占极大之势力，万余学生从之者过半……近且举国若狂矣。”[2]康、梁的一套主张都系陈词滥调，毫无新鲜货色，而况已为现实证明，依靠清政权搞政治革命，全然是行不通的。所以，虽然梁氏发誓要“与革党死战”，以《新民丛报》为阵地，连篇累牍发表长篇文章，对抗“社会革命”论，却不能挽回败势，反而是海内外投入论战之报刊达 20 多家，“革党”的火力异常猛烈，尤其是《民报》创刊，汪精卫、胡汉民等的反击文章笔势凌厉，《新民丛报》已是强弩之末，渐渐难以支持。梁启超遂有意“议和”，正好章太炎被任主持《民报》笔政，梁启超与章太炎有过一段交情，此时提出这个要求，或许正当其时，两家偃旗息鼓，保皇派阵营也好收拾残局，抓紧经营。

---

[1] 鲁迅：《关于太炎先生二三事》，《且介亭杂文末编》。
[2] 《梁启超年谱长编》，上海人民出版社 2009 年版，第 373 页。

实在说，章太炎并不喜欢汪精卫和胡汉民等人的文章，甚至也可以说不喜欢他们的为人。这两位都是后来国民党中的举足轻重的"大佬"，前者则已成千夫所指的大汉奸，而当时都是同盟会中虎虎有生气的少壮派。汪精卫20出头，胡汉民也只比汪大几岁，他们都在日本的学堂中学了许多西方社会和政治的理论，汪精卫专攻政治学，胡汉民长于国际法，两人写起文章来头头是道，批驳保皇党人毫不客气，说是"少年气盛"亦可，说是革命党人的战斗性亦可，言语间近于"诟谇"之处时有所见。相比之下，章太炎的文字就平和甚多。他并不觉得论战就必如此汹汹不可，如果是学理之争，尽可徐徐道来好了。梁启超安排他的同党徐佛苏在1906年7月21日出版的《新民丛报》第八十二号上发表《劝告停止驳论意见书》，以第三者的立场"摆平"论战双方，劝说停止论争，且暗示由章太炎接手主编后情况可望改变："彼报六号稍就平和，且曾申告，自七号以后归某君编辑，想今后必能逐渐恢复秩序。"《民报》是同盟会的机关报，必须反映领导层的基本立场、态度和方针，章太炎并不能违背，在他主编的《民报》的版面上，还是陆续登出了精卫的《与佛公书》、弹佛的《驳〈停止驳论意见书〉》，严正地表明坚持论争、不予调和的态度。

梁启超实在是非常希望从论战中脱身，遂又遣徐佛苏出马，找同盟会中的要人宋教仁以及章太炎游说，宋教仁已表态说可以考虑，章太炎亦倾向于此，既然论争之己方已占优势，对方主动求和，何必逼人太甚。同盟会虽然成立时间不长，他毕竟是外来的，比较起与在《民报》社出入的那些活跃分子的关系，他与梁启超的关系毕竟更深一些，观点虽然有分歧，甚至有时尖锐对立，而对梁氏其人，他或多少存有一些好感，在他看来，康有为才是保皇派的总头子，梁启超作为康有为的学生，一定有许多难言之衷，他还是事事须听命于康有为的，不久前他与革命派私下商议合作事宜，几乎已谈到相当成熟阶段了，康有为获知后，梁启超不是被狠狠痛斥了一顿吗？

事情提交到同盟会领袖孙中山和黄兴那里，他们都不同意停战，很有一些“宜将剩勇追穷寇”的意思，《新民丛报》如果确有真理，那为何不继续辩论下去，也好有个水落石出。论战刚刚拉开序幕，一场有声有色的戏剧正在上演，怎么就匆匆落幕？何况论争的意义并不只在于压倒对方，更重要的是扩大革命派思想理论的影响，号召和动员更多的人参与到这一场斗争中来。章太炎没有固执己见，在这个问题上和他们唱对台戏，《民报》上继续发表批驳改良派的文章，他自己也撰写了不少文章，说明他对领导层的意见是认同的。

说到他在《民报》上发表的文章，有一个相当可观的数目——先后共有约80多篇，这些文章刊载在十多期《民报》上，差不多每期都有几篇，我们可想而知章太炎会有多忙，他的绝大部分时间和精力都必须投入于编务和写作，而为了写作，他还需要大量阅读。

需要阅读的东西实在太多，过去或者是因为一直动荡不定，或者是手边无此类书，他久欲一窥西方哲学思想的堂奥而不得。他深知作为革命阵营中的一个思想者和宣传家，手中所有的思想理论武器还很不够用，在此之前，他依凭的基本上是其渊博的中国文史和佛典知识，而在新学、新知方面还甚为有限。现在，革命形势的需要，业已将学习的迫切性提到了令人感到难以回避的地步，即便不是更新自己原有的知识结构，他也亟需以新的更具世界性和时代性的话语来与人对话，更不用说他还有锻造思想武器，探索建国、兴国道路的任务。在这一点上，章太炎也体现出他正是这样一种传统的人文知识分子：他非常注重的是一种人文理想境界的追求，对于他而言，首要的是解决宇宙观和认识论这样的最具根本性的问题。

这一段时间，他博览群书，比较突出的是阅读了大量西方哲学著作：古至希腊爱利亚、斯多葛诸学派以及苏格拉底、柏拉图、亚里士多德、伊壁鸠鲁诸名家，近至康德、费希特、黑格尔、叔本华、谢林、尼采、培根、休谟、贝克莱、洛克、莱布尼兹、穆勒、笛卡尔、斯宾诺莎等各家代表性著作，这样一个长长的名单，连带一个宏大的学习规模，以及必须投入的充沛精力，足以令人惊叹。我们还不清楚他当时的外文阅读能力，想来只能通过日译本，而此时他的日文阅读能力一定是大有进步。

章太炎对西方哲学还是初次接触，但是他毕竟不是一个小学生，而是一个已经具有深厚学养和人文视野的大学者。大学者面对浩瀚而综错的知识领域自有气度，他一定不是生吞活剥，食之不化，不是顶礼膜拜，盲目追从，在这一学习过程中，章太炎充分展现了他的目的性和自主性，对于这些西方先哲一一予以审视，或有所择取，或有所批判和扬弃。

他最感兴趣的是德国哲学家康德和叔本华。康德的先验论的主观唯心主义哲学与他所信奉的佛教唯识论的主观唯心主义颇为相投，而叔本华推崇意志，将意志视为世界之本质和一切，也甚获其心，他说："宇宙本非实有，要待意想安立为有。若众生意想尽归灭绝，谁知有宇宙者？"[1]说这话时，他已不止是运用唯识论，更有康德和叔本华的哲学后援。但他也并不完全服膺于他们，如康德以世界为不可知，他就很不以为然。

尼采也是他所感兴趣的一位德国哲学家。尼采的"超人哲学"标榜一种超群脱俗、勇往直前的内在精神，对于冲决羁绊、参与革命是非常值得汲取的，在阐述自己的道德理念时，章太炎也特地提及他说："然所谓我见者是自信而非利己。犹有厚自尊贵之风，尼

---

[1]《建立宗教论》，《章太炎全集》卷四。

采所谓超人，庶几相近。排除生死，旁若无人，布衣麻鞵，径行独往，上无政党猥贱之操，下作懦夫奋矜之气，以此揭橥，庶于中国前途有益。”[1]既说明何者可取，又说明何者不可取，判别很清楚。

这一时期的读书和写作，在章太炎的学术生涯中占有非常重要的地位，中国近现代的学者，鲜有像他这样涉足如此广袤的哲学社会科学领域，并力图依据中国的需要构筑庞大的思想体系的，无论他的体系还是如何的不成熟，他的思想是如何庞杂，仅此一种努力，已将他与中国传统人文知识分子区别开来，使他的学术事业着上了时代的色调，以至于有人还将他视之为“新中国之卢骚”。

很少资料能表明章太炎当时在东京的具体生活情形，不过，我们相信他担任《民报》的社长，实际上并无可观的收入，同盟会完全依靠海外华侨的资助，绝大多数人从事革命活动纯属奉献。《民报》作为一家媒体运行，自不能没有一定经费，而所能配给章太炎等工作人员生活消费的，只是极微薄的一点，章太炎住在报社，常常不能“举火”做饭，只能买一种米饼充饥，他爱抽烟，却只能抽廉价劣质的烟，穿衣也极简朴，回国后，他还珍藏一件在东京穿的自制大褂，宽袖大襟，粗布质地，半似和服，又近中装，很能显出他当时的生活风貌。人们在《民报》的编辑部（也是他的住地）见到他，总是忙忙碌碌于阅改文稿，或者与来访的朋友们热烈交谈，有时亦见他埋头读书或闭目坐禅。他与那些西装革履的官费或自费留学生的情态完全不一样，与同盟会的其他骨干分子看上去也似有差异。在他人的眼里，他似乎有点怪，正像他的文字，既是那样渊雅古奥，佶屈聱牙，又有一种献身的宗教热忱，一种勇猛的时代精神，这一切似乎很不调和，然而又凝聚于他的一身。章太炎早年受过汉学经师摩顶放踵、刻苦自励的作风的熏陶，又度过了这么多年躲

[1]《答铁铮》，《章太炎全集》卷四。

避追捕、颠沛流离的日子，特别是三年备受煎熬、死里逃生的铁窗生涯，使他早已习惯于过一种清贫简朴的生活，而且他深知清贫俭朴、刻苦自励，对于养成革命者良好道德之重要。章太炎是当时革命党人中考虑道德问题最多的一个，或许是他耳闻目睹的参加革命者道德低下或不道德的事实太多之故，对革命队伍中道德状况，他深以为忧。如果人们道德水准低下，争名逐利者多而冒死进取者少，革命如何能成功？他之所以反孔，就与这方面的考虑有关。他指出："儒家之病，在以富贵利禄为心"[1]，除了"湛心荣利"，还容易引发的是奸诈欺伪、文过饰非、哗众取宠、见风使舵等等。"用儒家之道德，故艰苦卓厉者绝无，而冒名奔竞者皆是"[2]。他曾经写了一篇《革命之道德》专门论述这个问题，在他看来，道德的问题不光只决定革命的成败，还与国家民族的命运攸关："道德衰亡，诚亡国灭种之根极"[3]。未来的中国，如果全民的道德素质低下，又如何能自立于世界民族之林？

章太炎十分沉溺于自己这种思想，他想，要解决社会的道德问题，只有靠宗教，中国社会也有宗教，便是儒教、道教和佛教，然而，中国并不能算宗教国家，各派宗教有盛时也有衰时，儒教严格说来还不能算宗教，人们心中并无宗教观念和信仰。他最推崇佛教，设想在佛教的基础上构建新宗教。对佛家各个支派的精义他并不一概认可和采收，他最心仪、谈论得最多的，便是法相唯识宗，他的著名的"依自不依他"的命题就来自此派的经义。按照此派的经义，"万法惟心"，世上的一切俱是心造的幻影，人的主观精神的力量无敌于天下，持此可以冲破外界一切羁束，不被富贵利禄所诱引，亦不为艰难困厄所屈服，从事革命大业特别需要这种精神。我们后

[1] 《诸子学略说》，《章太炎政论选集》，中华书局1977年版，第289页。
[2] 同上，第291页。
[3] 同上，第309页。

人站在今天的立场或者会以为大谬不然，指其为唯意志论，为主观唯心主义，而在当时这无疑是积极有为的。

东京时期的章太炎甚至可以说相当沉迷于佛家思想，他信奉的是大乘佛教，平时在住所，读经修行，坐禅入定，在《民报》上他还发表一些佛味十足的文章，大张佛声。这曾引起一些人的反感和批评，有人认为它这是将《民报》的宗旨改了，他很不服气，反驳说："《民报》所谓六条主义者，能使其主义自行耶？抑待人而行之耶？待人而行，则怯懦者不足践此主义，浮华者不足践此主义，猥贱者不足践此主义，诈伪者不足践此主义。以勇猛无畏治怯懦心，以头陀净行治浮华心，以唯我独尊治猥贱心，以力戒诳语治诈伪心。此数者，其他宗教伦理之言，亦能得其一二，而与震旦习俗相宜者，厥惟佛教。"你六条主义再好，也是靠人来实行和弘扬的，如果人的道德素质太低，能行吗？他之所以宣讲佛教经义，目的是"以是相导，令学者趣入法门，以自磨砺，庶几民德可兴，而六条主义得人而弘其道，谁谓改《民报》作佛声者？[1] 话虽如此说，在一份革命派的机关报上连篇累牍地发表宣讲佛教经义的文章，毕竟不太合适，再说有些文章也散布了佛教的虚无消极的思想，例如他曾写过一篇文章宣扬"五无论"，即"无政府、无聚落、无人类、无众生、无世界"，他以此作为人类的最高理想，这显然过于消极而离奇，说明他在极力提倡法相宗的"自尊无畏"精神的同时，也不可能完全避免佛教虚无消极思想的熏染。

《民报》的这位新任社长的奇异言行所引起的惊异和反感，逐渐拉开了他和同盟会中一些人的距离，坦率地说，他和他们的口味和步调并不完全一致，那些满脑子西方政治观念的年轻革命党人，读他的那些古奥生僻、谈禅说佛的文字，既读不懂，又多少感到不

[1] 《答梦庵》，《章太炎政论选集》，中华书局 1977 年版，第 395—396 页。

对劲，而后来，他们总算读出一些差异了。原来，章太炎始终固守他的“光复”的理念不放，当初，他和他死去的同案难弟邹容的关系那样“铁”，为其写《革命军序》时仍然不忘强调：“同族相代，谓之革命；异族攘窃，谓之灭亡。改制同族，谓之革命；驱逐异族，谓之光复。”而现在，他还是高唱这一论调：“吾所谓革命者，非革命也，曰光复也。光复中国之种族也，光复中国之州郡也，光复中国之政权也，以此光复之实，而被以革命之名。”[1]另一句话说得更直白：“吾侪所志，在光复宗国而已。光复者，义所任，情所迫也。光复以后，复设共和政府，则不得已而为之也，非义所任，非情所迫也。”[2]其实还有没说出口的话，那就是他对于同盟会的一些主张并不十分赞同，比如，关于实行“代议制”或“议会制”，他就很不以为然，在一篇题为《代议然否论》的文章中，他历数了西方实行“议会制”的许多弊端，提出中国不可重蹈覆辙，走西方的老路。他念念不忘我们的国粹，以为古代的一些制度都是好的，社会没有阶级，人民很自由，连土地制度也“合于社会主义”，因而应在“光复”之列。

诚然，章太炎有自己的一套想法，但在大方向上，还是与同盟会的其他领导人竭力保持一致，在他编辑的《民报》的版面上，各种批判改良派、宣传革命派主张的文字可谓“锋发韵流”，这里除胡汉民、汪精卫讲国际法和政治理论，还有朱执信倡言社会主义，廖仲恺介绍虚无党与无政府主义，汪东阐扬革命纲领，宋教仁介绍帝俄1905年革命等，《民报》发行量节节上升，一时影响很大。除有一段时间章太炎患病交由他人编辑，经他主编的《民报》十多期，占总期数一半以上。

不久以后，就发生了《民报》封禁案。

---

[1]《革命之道德》，《章太炎政论选集》，中华书局1977年版，第309页。

[2]《官制索隐》，《民报》第十四号。

二

事情的缘起自然是因为《民报》的传播，已经越来越构成对清政权的威胁，尽管它办在海外，却依然源源流入国内，在许多人手中传阅，那些号召反清革命的文字毫无顾忌，清廷为维护其统治而玩弄的所有政治伎俩都被剥落外衣，赤裸裸地暴露在世人面前，眼见得有更多的人投身到革命潮流中来，还有什么比这更危险的呢？清政府遂正式照会日本政府，要求封禁《民报》。1905 年 11 月创刊时所报的《民报简章》是经日本外务省许可的，但日本政府并不想在这件事上得罪清政府，被激怒的清政权如果与野心勃勃的美国加强联盟，必对日本不利，又何况清政府还贿以厚利。据说这些利益包括间岛[1]的领土、抚顺、烟台的煤矿和新法铁路，这无疑是一个特大的“礼包”。清政府的特使奉天巡抚唐绍仪在赴美途中特地访问日本，这一笔交易即在幕后达成。

1908 年 10 月 20 日，章太炎刚从外地返回东京，就被传到牛込警察署，警察署长递给他一纸命令，命令书上写道：

《民报》发行人兼编辑人章炳麟：

明治四十一年十月十日发行《民报》第二十四号，有人告发，违背新闻纸案例第三十三条，遂依同案例之第二十三条，停止其发卖颁布。且记事如《革命之心理》、《本社简章》有与同一主旨事项之记载皆被禁止。合将内务大臣命令相达如右。

明治四十一年十月十九日警视总监龟井英三郎

[1] 在今中国延吉一带。

章太炎看罢真是怒火中烧，《革命之心理》一文，哪里有一字一句与那个三十三条相犯？是败坏风俗吗？没有。是扰乱秩序吗？没有。至于说《民报》鼓吹反清革命，鼓吹三大主义，都是《简章》中写明，并为日本外务省认可的，以前不禁而现在禁，这不是出尔反尔吗？你日本自称法治国家，又置法律于何地？他两目怒睁，向警察署署长提出诘问，而这位署长只是一副公事公办的样子，频摇其头说："唔，没有办法，这事关于外交，不关法律……"

从警署回来，同盟会总部和《民报》社的许多人得知此事，赶来商议对策，气愤之下，大家骂清政府，骂日本政府，骂唐绍仪，章太炎尤其激动异常，有人倾向于稳健一点，静待一段时间，再请人从中做些斡旋，看事情可否能有转圜，章太炎则认为对日本政府一定要据理力争，即使不能收回成命，也不能让它今后与清政府勾结肆行无忌。许多人都赞成他的意见，决定将这个命令书退还给日本当局，同时，直接致书日本内务大臣平田东助，以示最强烈抗议和拒不执行此无理命令的严正立场。

章太炎立即提笔起草致平田东助的信，上面写道：

内务大臣鉴：

《民报简章》六大主义，前经贵内务省认可，今未将此项保证退还，突令不许登载于此《简章》同一主义之事项，本编辑人兼发行人不能承认，特将此纸缴还。贵内务省如以扰害秩序为嫌，任贵内务省下令驱逐，退出日本国境可也。

《民报》编辑人兼发行人章炳麟白。十月二十一日。

此信词句可谓斩钉截铁，很符合章太炎"宁为玉碎，不为瓦全"的性情，倒令日本官方难以措手，于是，内务省又饬令警署"恳切晓喻"。警署再次传唤章太炎到署，拿内务省的公文给他看，章太炎还是一副毫不驯服的样子，说："我就是不接受你们的命令书，任阁下上告长官，说我反抗命令好了。"警察署长说："你不接受命令书，也不可反抗命令，况且前次你已领取过了，命令已经生效。"章太炎知道将命令书封还已无用，便回来再次致书内务大臣，严词指斥日本政府背信弃义，"以《民报》之革命宗旨与满洲政府所赠利益交换"，声称本报并不非在你日本办不可，也可以到美国去办，由此密切与美国的关系，令你日本感到威胁。

据说此信发出的第二天，有一个名叫高桥孝之助的日本人到《民报》社来要买报看，章太炎告诉他说《民报》已经被封禁了，高桥露出很惊讶的样子，章太炎又给他看警署下达的命令书，高桥看后说："这不是日本政府的本意，是清政府派唐绍仪用间岛、抚顺、新法的利益作诱饵换取的，作为国家的外交政策，也是不得不如此罢。"章太炎听他这样说，便知此人是所为何来了，于是大声道："贵国政府所为，非官吏之行为，乃是娼妓之行为，谁能相信娼妓会是没有三心二意的呢？"高桥见势不妙，便悻悻而退了。章太炎在写给内务大臣的第三封信上揭露了此事，声称自己是不会受权术笼络的，不要再派这些"纵横之士"来游说。

日本政府是执意要封禁《民报》的，按其命令书所示，但凡与《民报简章》所载的"六大主义"相关的文字都在违禁之列，除非《民报》改变宗旨，否则便永被禁止。如若改变宗旨，《民报》等于失去灵魂，存在又有何意义？章太炎的态度是坚持抗争，既然如此，就拼个"鱼死网破"，打一场官司，揭穿日本政府的真面目。

日本地方法院审理这个案子的结果，是章太炎的《民报》社败诉，这自是意料之中的事，而在审讯过程中，则是章太炎处处占着上风，下面这一段文字至今读来还令人神旺：

> 我语裁判长，扰乱治安，必有实证，我买手枪，我蓄刺客，

或可谓扰乱治安,一笔一墨,几句文字,如何扰乱? 厅长无言。

我语裁判长,我之文字,或扇动人,或摇惑人,使生事端,害及地方,或可谓扰乱治安。若二三文人,假一题目,互相研究,满纸空言,何以谓之扰乱治安? 厅长无言。

我语裁判长,我言革命,我革中国之命,非革贵国之命。我之文字,即鼓动人,即扇惑人,扇惑中国人,非扇惑日本人,鼓动中国人,非鼓动日本人,与贵国之秩序何与? 厅长无言。

我语裁判长,言论自由,出版自由,文明国法律皆然,贵国亦然,我何罪? 厅长无言。

我语裁判长,我言革命,我本国不讳言革命,汤、武革命,应天顺人,我国圣人之言也。故我国法律,造反有罪,革命无罪,我何罪。厅长无言。[1]

章太炎诚不愧是见过大阵仗的人,法院对他进行了三次审讯,他毫不示弱,愈战愈勇。最后法院宣判《民报》禁止出版,罚金 115 元。章太炎拒交罚金,乃被警署拘留,罚服劳役 115 天,多亏朋友们立即凑钱,将他解救出来。

《民报》是革命派阵营最有影响、功绩最大的一个媒体,作为该报任期最长的一位社长,章太炎所进行的这一反封禁的斗争,写下了它最后光辉的一页。

三

章太炎为《民报》的命运而奋力抗争之时,孙中山先生不在

[1] 《章太炎先生答问》,转引自汤志钧《章太炎年谱长编》,中华书局 1979 年版,第 283—284 页。

日本。

章太炎与孙中山之间,已经有不愉快的事情发生。

实在说,他对孙中山一直有着比较复杂的情感和心态。孙中山是人们公认的革命领袖人物,在当时革命阵营享有很高的声望,对此章太炎早有认识,第一次到日本时,他就以能面见孙先生为幸,第二次到日本,他更与孙中山过从甚密,孙先生也给予他隆重的欢迎和接待。他们之间做过非常深入的、同志式的长谈,尽管可能会有一些不完全一致的意见,总体上说相当投契,孙中山关于建国的方略,尤其是平均地权的设想,对章太炎启发很大,他也将谈话要点载入《訄书》。章太炎在上海被系入狱后,还为日本人宫崎寅藏所写《孙逸仙》一书题词:“索虏猖狂泯禹绩,有赤帝子断其嗌,揜迹郑、洪为民辟,四百兆人视兹册。”将孙中山比为汉高祖,冀望他追随郑成功、洪秀全之后,率领四亿中国人,击中清王朝的要害,取而代之。章太炎出狱再次来到日本,孙中山不仅予以盛大欢迎,而且俾以重任,可谓肝胆相照。在一段时间里,应该说相处得还是相当和洽,彼此的住处相距不远,经常在一起商谈同盟会和《民报》的各种事宜,有时也要讨论更加宏大的题目——建国的方略。彼时同盟会的《革命方略》即有章太炎参与制定,其内容涵盖革命的纲领、未来的军政、军民以及对外关系等等,章太炎作为一个具有深厚文化修养的革命家和宣传家,肯定对这一文件的形成会提供许多有益的意见。1906 年 12 月 2 日《民报》创刊一周年,庆祝会上,孙、章二人同台发表热情洋溢的演说,所持观点亦非常合拍。

但是,在另一面,章太炎的心里也许并不曾完全泯除对孙中山的某种成见,毕竟他们的出身、经历和教育背景不同,又来自不同的地域,有着不同的人际“圈子”,同盟会原就是由兴中会、华兴会和光复会等不同的团体联合而成的,其间派别色彩一时也难以消尽,山头的暗影还依然存在,章太炎对孙中山的猜疑和反感,即在此背景下滋长起来。

孙中山一直是清政府必欲除之而后快的“眼中钉”，当年恨未能在英国擒住他，如今又如何能容他在日本大肆进行革命活动，1907 年初，清政府驻日本大使杨枢奉清廷之命，要求日本政府驱逐孙中山，日本政府出于自身诸种利益考虑，依从其要求，对孙中山下了驱逐令，一面也不愿太得罪中国革命党人，私下资助孙中山 7 千元钱做旅费。在他离境之前，又有一位日本股票商人赠送了 1 万元，孙中山从此款中留下 2 千元给《民报》。或许是章太炎期望过高，闻知此事后，他勃然大怒，认为孙先生是吞没此款用于消费，而《民报》经济上正极为窘困，国内发行被封杀，销量锐减，印刷费、纸张费等无从支付，报社员工房费、饭钱也没有着落，常常是“枵腹从公”，身为革命领袖，岂能坐视不救呢？章太炎和张继等人在报社的屋子里拍桌打椅，声称孙中山此举太不像话，应该撤掉他同盟会的总理职务，章太炎还将屋子里挂的孙中山的相片一把撕下来，在上面批上“卖《民报》之孙文应即撤去”一行字，尽情发泄其心中的怒气。

这场风波闹得愈来愈大，所卷入的不明真相者也日益加多，酝酿要召开大会撤换孙中山，推举黄兴为总理，看上去是因为经费问题上的误会所致，实际上还是内部派别或门户之怨隙借机爆发。

接下来的事情，就更加深了章太炎与孙中山之间的这种不和。

离开日本后，孙中山多次组织在中国国内发动武装起义，他委派日本浪人萱野长知回日本购买军械，对购军械之事，作为接近指挥中心的一员，章太炎一直以为应求精良，不可粗劣，却于偶然之间，听说萱野所购军械早已过时，不堪作战，情急之下，遂与宋教仁以民报社的名义发电给在香港专责转运军械的冯自由，嘱其告知孙中山不可购这批军械。购买军械乃绝密之事，岂可见之于明码电报？章太炎等人显然失于疏忽，孙中山为之气愤不已，事关参与起事的同志生命安全，他绝不能容忍这些人胡闹，而在心里，他对前不久由章太炎等掀动的东京“倒孙”风潮已十分不满，决定派胡汉民回东京总部，对章太炎等采用纪律处分手段，禁止章太炎和宋教仁干预军事问题。同盟会内部的这一裂痕就此更趋扩大了。

再说《民报》被日本政府封禁后，章太炎心中自是万分愤懑，忽然一日，有人拿来一份新出的《民报》给章太炎看，版面上注明系在法国巴黎出版，而明眼人一看即知是在日本印行的，只是编辑人换成了胡汉民和汪精卫，而此二人正是孙中山的嫡系，且早对章太炎办报及文字作风流露不满的。章太炎顿时觉得似是被人从背后捅了一刀，何况还是自己阵营中的人，这等于是假手于日本政府的封禁，将他主编和社长的职权剥夺，事先他却还完全不知情。他立即起草了《伪〈民报〉检举状》一文，印做传单散发，将他与同盟会中孙中山一派的矛盾公开化。此文用词甚为尖利苛刻，怒气难遏，其中特别谈到《民报》经费困难问题，深责孙中山见危不救，考以事实，其中误解颇多，但他其时正处在极度困难状态下，因误解而生怒气，亦情有可原，这一段文字写来真是心口如一：

> 然自去岁以来，报社乏用，印刷局人登堂坐索者屡矣，尚赖同志之力，一一弥缝，未至破产。逮及《民报》被封，裁判罚金一百十五元。报社既虚保证金又无由取出。鄙人本羁旅异邦，绝无生产，限期既满，将以役作抵罚金，身至警署，坐待累绁，犹恃一二知友，出资相贷，得以济事。夫身当其事者，亲受诟辱则如此；从旁相助者，竭蹶营谋者如彼；而身拥厚资豢养妻妾之孙文，忝为盟长，未有半铢之助，不自服罪，又敢诋毁他人，此真豺虎所不食，有北所不受。

我们后人不必来论断此中是非，认真地说，正如孙中山先生所批评的，不过是为了数千元的事，章太炎的火发得如此之大，甚至迁延到对孙中山的人品攻击，确实是过分了，其实，更深层的还是同盟会内的门户与派别成见植根已久之故。由此角度观察，孙中山一派对由章太炎主持的《民报》渐渐由亲而疏，不暇顾及，乃至不经公议，突然出新版《民报》以代之，也是有若干责任的。

另一方面，章太炎来到东京，加入同盟会阵营并出任《民报》社长这一重要职务，就其愿望而言，是满腔热忱地投身反清革命，冀图建立由汉族自己统治的中国，当然，也未尝没有传统人文知识分子风云际会、建功立业的志向。在他前此的经历中，还缺少在一个组织中为一个共同目标协调行动，甚至是起组织作用的经验或者教训，他的个人期许和志向，虽然并无什么狭隘卑污的利禄欲求，却也会为旧式文人的过于自负、排斥异己、褊狭狷急等倾向所左右。

东京羁旅的物质生活是清苦甚至是相当贫苦的，然而，比起来更难以忍受的，还是人际关系的复杂环境。在民报社内外，章太炎已经结交了一批新朋友，这些朋友中，既有与他在反清革命上志同道合的志士型人物，如后来被袁世凯暗杀的民国总理人选之一的宋教仁，从有关的记载上看，他二人的过从甚密，都对孙中山和黄兴存有某种怨隙；以及后来成为烈士的光复会的首领之一的陶成章（焕卿），他们之间也曾一度亲如手足；还有一批仰慕和追随他的弟子和晚辈，他们不仅在反清排满的思想上深受他的影响，而且在学问传承上也自愿师从于他，在弘扬国粹的同一话语系统中，他们之于他，也是亦弟亦友，这里有后来非常有名的周氏兄弟——鲁迅和周作人、钱玄同、许寿裳、汪东、黄侃、龚宝诠等等，在下面讲到“国学讲学会”时，我们还将提到他们，他们许多人与他的之间情谊，都在很长的时间的交往中得以保持，胜于他在政界的无数朋友。作为古文经学的大学者章太炎，异常重视他的治学成果和经验，一旦发现这个领域中有可观造诣的俊才，他都珍惜备至，并急于引为同道。他与后来令他陷入非常险恶的人际关系漩涡的大名鼎鼎的刘师培，便是在这种心态下订交的。

刘师培是以前在上海办“爱国学社”时即已结识的，这个来自江苏仪征、家学很好的年轻学人，和章太炎自己一样，早年打下坚实的国学根底，而且在古文经学的治学路数上，特别是对《春秋左传》以及训诂学的研究，与他有相同的趣向。章太炎真诚地希望，能与他在革命和治学的道路上互相砥砺切磋，共同前进。就任《民报》社长后，他即致函邀刘师培夫妇来东京，刘师培偕夫人何震翩然而来，章太炎真是满心欢喜，为此还搬出民报社，与他们同住另一住所，以便朝夕相见。这在章太炎与人交往史上实是少见，一份爱才、怜才之心倾注于刘师培之身，尤为浓厚。以刘师培嫁祸于章太炎之烈，得罪章太炎之深，后来他因政治上种种反动行为而受革命党当局究治时，章太炎仍出面死保他，明言留此人治学于国有益，仅由此观之，在章太炎，实不是一般的情结。

我们这里不是全面考察刘师培的人品思想，应该说，在此次东京之旅期间，特别是在章太炎的身边，他致力于《民报》的撰述，先后也写了一些意气风发的鼓吹排满的文章，如《普告汉人》等，仅从题目上，即可看出与章太炎的“排满”复汉的民族主义思想如出一辙，故均受到该主编很高的评价。20 世纪初的东京，正是西方各种思潮腾涌之地，麇集于此的成千上万的中国留学生、志士、学人，或志在救国，或立意趋新，本身思想毫无坚实根底与批判功力，于目眩神迷之际则任意汲取，极易堕入某种理论迷思。于此期间，刘师培忽而倾倒于盛行一时的无政府主义思潮，热衷于与张继、幸德秋水等开办“社会主义讲习会”，发表演讲，连章太炎亦卷入其中，纷纷以激昂热切的语言抨击立宪，也抨击一切国家政府形式，以无政府为理想之境界。

有人说刘师培是因信仰了无政府主义遂放弃反清革命，转而投靠清大吏，此间曲折似乎还有待澄清，或有更深的人脉情节，已经堙没无闻，但肯定的事实是，他稍后确实与两江总督端方暗中挂上了钩。当章太炎由于诸事不遂，一度意气沮丧，流露欲出家往印度研求佛经时，他即悄悄提议说："那你为何不向端方那里筹些钱作为资费呢？我知道，他那里有这样一笔用于资助学术的钱……"

即使我们从最坏的方面想，章太炎也不会想到为获取这笔钱，卖身为他所最敌视的清朝政府作"侦探"和"内奸"，倘使他出此下策，他必还可选择更"辉煌"的"前程"与更昂贵的代价。而他当时对刘师培的提议竟然默允了，只能是由于在经济上实在走投无路；或者在他的观念上，这种无任何卑污交易的与清朝官吏个人的关系，并无碍于他的反清立场；甚至可以推测，在一个具体的时代环境中，人与人的关系还很难绝对壁垒森严，某些丝丝缕缕的人性层面的东西，也会涣散或模糊理性的认识与立场。然而，章太炎迈出这一步，即使不是失足，也是不太稳重，给了刘师培发力推动的机会，于是，就有了刘师培致端方的一份密信，盖谓如端方大老爷能给章太炎一份固定资助，使其能在印度求经参佛，那么"以彼苦身励行，重于言诺，往印以后，决不至于有负于明公"。细心读信的人自然能看出，章太炎并未有允诺以某种条件作为报答，此处只是写信人刘师培的推论，毫不足作为断定章太炎沦为"侦探"、"内奸"的证据。然而，时值同盟会"内乱"已起，章太炎、陶成章等人因经费等事由，对孙中山大肆展开攻难，这种攻难演至令孙中山和拥孙一派忍无可忍的地步，遂起而反击。作为此次反击的重磅炸弹，即是所谓章太炎投靠端方、出卖革命的信件。孙中山对此定下的调子是，以此来"证明太炎之所为，庶足以破其言之效力"[1]，要彻底

---

[1] 《致吴稚晖函》，《孙中山全集》第一卷，中华书局2006年版，第430页。

轰毁章太炎在革命阵营中俨然“泰山北斗”的地位和形象。

这枚“重磅炸弹”的提供者，即是这位刘师培。有记载说，刘师培与章太炎之间因为家事而反目。这里闪出了一段市井通俗小说常见的情节：章太炎偶然间撞见了刘太太与人私通的场面，出于尽朋友义务的考虑，他告知了刘本人和他的母亲，奇异的是，刘师培不去责难他的风流冶荡的夫人，反而对章太炎怒目相向，甚至要夺其性命，令人不禁要对其夫人的反诉能力为之悚然。事后，章太炎迅即搬出了合住的住宅，但事情远远没有就此终结。一度是最好的朋友的刘师培，伙同他的太太，加入了孙系搞臭、搞垮章太炎的“跨国”活动，章太炎写给刘师培的五封涉及向端方求款赴印的信件，被影印寄往巴黎、美国和香港各报，并迅速见诸报端，赫赫有名的反清的大志士章太炎，顿时成为一些人笔下的“满洲鹰犬”。

这里要特别提到的，是当时正在巴黎主编《新世纪》的“党国元老”吴敬恒（即吴稚晖）。吴在上海“爱国学社”任教员时即是一位活跃人物，“爱国学社”许多学员皆为其追随者，呼朋引类，气焰颇高。这类人极容易为人侧目，章太炎知道他的一些不太光彩的“老底”，如“康有为门下之小吏，盛宣怀校内之洋奴”之类，对他好慕虚荣、迹近钻营的行为颇有点鄙薄。到他和邹容因《苏报》案被捕入狱，却听得人说吴实为真正出卖他们的人，对之真恨到骨里。在章太炎所著的纪念邹容的《慰丹传》中，即以确凿不移的口吻，指认吴曾向率兵前来捕人的清吏俞明震“献策”，以捉拿章、邹二人替代自己，此事引起了章、吴之间一场有名的论战，章太炎是举世皆知的《苏报》案的受害者，涉嫌助官的吴敬恒极力洗白自己，处于很不利的地位。吴亡命海外后加盟同盟会，并受委在巴黎编辑《新世纪》报，与孙中山系关系甚好，章太炎发布其叛卖行为，想来也有“一石二鸟”之意，否则从大局出发，此举似宜更慎重。章、邹是否为吴“献策”出卖，真情已不可求证，控告只凭传闻，也令人感到不可全信，但在革命阵营中使用这种“大杀伤力武器”，虽未必由章太炎开头，却不是好的垂范，尔后，他自己也被对方指为“侦探”、“内奸”，就是“一报还一报”了。正衔恨在心的吴敬恒，接到同盟会一号人物孙中山的指令，要以章太炎为向端方求款赴印致刘师培的五封信，发动一场“搞臭”章太炎的斗争，自然喜出望外，立即破门而出，催马叫阵，推波助澜，不遗余力。

这是一场革命阵营中真正的混战，除了伤害彼此的感情外，双方都不会有更好的收场，就章太炎而言，当他以某种狭隘的心理和不冷静的态度对待别人的时候，他自己也被置于极易受攻击和诋毁的地位，致使伤痕累累，并倍感愤恨悲凉。我们或会惊异于这样一位坐牢3年出来，以激情鼓吹革命著称的大英雄，未几竟然会灰心到要出家当和尚，此固然是他在深研佛经时，难免蒙受其消极出世的思想熏染，而若是他所置身的人际环境，鼓舞多于打击，支持多于离弃，也或者还能坚持初衷，不作此想？他的弟子黄侃解释道，他是“睹国事愈坏，党人无远略，则大愤，思适印度为浮屠”[1]，令章太炎此时心绪变坏的，当然更直接的还有上述纷至沓来的人事风波。

四

当章太炎被人诬为“内奸”、“侦探”时，他的好友陶成章为他辩诬说：“彼居东京，每日讲学，所出入者止学堂，何有官场特派员？”[2]诚然，当时东京认识章太炎的人，所见到的就是这样一位纯然的学者，《民报》被封禁，他所能做的事就是讲学和写作。

---

[1]《太炎先生行事记》，《制言》第四十一期。
[2]《致柱中、若愚手札》，1909年。

章太炎在学问之道上，或许比他在从政上更加自负，当年在上海提篮桥监狱中以绝食拼死抗争时，他所首先想到的是，“支那闳硕壮美之学，而遂斩其统绪，国故民纪，绝于余手，是则余之罪也”[1]。类似的思想，在后来他被袁世凯羁囚再次绝食抗争时又重述过，他似乎很喜欢这样的表述：他就是汉学或者说是中国固有文化的代表，如果失去他的传授，那么这种文化就告断绝。章太炎在国学修养上确实渊综广博，在俞樾、孙诒让等老一代大儒陆续谢世之后，环顾神州，应是无出其右者。以他进入《时务报》前专心致志多年的苦读和钻研，而后多年在致力于革命宣传之余仍手不释卷地学习，他的读书量应是惊人的大，何况他自身所有的特殊的颖悟力和记忆力，都是足以造成他成为近代汉学最后一个重镇的实力所在。

召集学生，传授学术，一直是他放不下的愿望。在他此次到东京后不久，他就发起“国学讲习会”，设置科目，延请教师，借东京神田区大成中学讲堂定期开讲，预科授文法、作文和历史，本科则授文史、学制、度学、宋明理学、内典学等。到《民报》被封禁之后，即有更多的时间和精力用于讲学。这种讲学活动比较多地集中于他的一群弟子中，很有点像孔子与他那些有名的弟子的关系，其中又出了像鲁迅、周作人、钱玄同、黄侃等这些文化名人，他的东京讲学就成为教育史上的一段佳话。

当时的情景还在多人回忆中被形象地加以描述：

> 每星期日清晨，步至牛込区新小川町二丁目八番地先师寓所。在一间陋室之内，师生席地而坐，环一小几。先师讲《说文解字注》、郝氏《尔雅义疏》等，精力过人，逐字讲解，滔滔

---

[1]《致柳亚庐书》，《章太炎政论选集》，中华书局1977年版，第250页。

不绝。或者阐明语原，或者推见本字，或则旁证以各处方言，以故新谊创见，层出不穷。即有时随便谈天，亦复诙谐间作，妙语解颐。[1]

一间八席的房子，当中放了一张矮桌子，先生坐在一面，学生围着三面听，用的书是《说文解字》，一个字一个字的讲下去，有的沿用旧说，有的发挥新义……太炎对于阔人要发脾气，可是对学生却极好，随便谈笑，同家人朋友一样，夏天盘膝坐在席上，光着膀子，只穿一件长背心，留着一点泥鳅须，笑嘻嘻的讲书，庄谐杂出，看上去好像是一尊庙里的哈喇菩萨。[2]

这种讲学活动的直接成果是培养了几个后来在国学研究上很有造诣的学者，这些人固然未必是听了他几节课就此成为名家，但或蒙其在治学思想与路数上指点门径，或感受其治学作风与态度，而后复刻苦攻研，遂卓然自立，这一时期亲炙章太炎的教诲，是他们终身难忘的。另一方面的成果，则是刺激了他的学术创造力，使他接连写作了好几部很有学术价值的著作，他自己说："及亡命东瀛，行箧惟《古经解汇函》、《小学汇函》二书，客居寥寂，日批大徐《说文》，久之，觉段、桂、王、朱见俱未谛，适钱夏、黄侃、汪东辈相聚问学，遂成《小学答问》序一卷。"[3]除《小学答问》外，《新方言》、《文始》、《国故论衡》、《齐物论释》等都写于此时。

讲学和著述——也许只有在这样的生存方式中，他才感到了神定气闲，感到了自己生命价值的真正实现。对于所涉足的学术领域，他很有规略，自称："近所与学子讨论者，以音韵训诂为基，以周秦诸子为极，外亦兼讲释典。盖学问以语言为本质，故音韵训诂

[1] 许寿裳：《纪念先师章太炎先生》，《制言》第二十五期。
[2] 周遐寿：《鲁迅的故家》，人民文学出版社1957年版，第184页。
[3] 章太炎：《小学答问序》。

其管籥也；以真理为归宿，故周、秦诸子其堂奥也。经学繁博，非闭门十年难以斠理，其门径虽可略说，而致力存乎其人，非口说之所能就，姑且暂时弗讲。”[1]我们不能说他对从事政治活动没有兴趣或全属迫不得已，但他的本色就是学者，他的优长又特别显于学术，一旦政治活动中受到阻力和挫折，他就会向往和回归学术。一个别的政客飘然下野，会有几多无奈和凄凉，而章太炎则不然，学术领域是他真正的王国，他在此会有“得其所哉”之感。又何况他还高张其学术研究与爱国保种与反清斗争的关系，这使得他讲文字、讲诸子、讲历史都倾注着一种人文关怀，并据此升华出一种昂扬之气。他当时的学生之一鲁迅后来在回忆文章中说：“前去听见也在这时候，但又并非因为他是学者，却为了他是有学问的革命家，所以直到现在，先生的音容笑貌，还在目前，而所讲的《说文解字》却一句也不记得了。”[2]颇能表达这种真实自然的感受。

在东京的后期，章太炎被推举为光复会的会长。

光复会最初成立于1904年末，同盟会成立时即以团体加入，章太炎是它的创始人之一，还在上海坐牢期间，该会的主要领导人蔡元培等在探监时，就频频与他讨论过有关光复会事宜。在某种意义上，章太炎乃是此会的精神导师，他反复宣传他的“光复”理念，即他所致力追求的首先是异族相代的“光复”，而不是同族相代的革命：“同族相代，谓之革命；异族攘窃，谓之灭亡。改制同族，谓之革命；驱逐异族，谓之光复。今中国既灭亡于逆胡，所当谋者光复也，非革命云尔。”这一理念并成为一部分人士的共识。光复会以“光复汉族，还我河山，以身许国，功成身退”十六字为誓词，即体现这一理念。追溯起来，章太炎、陶成章等与同盟会孙系人士的矛

[1] 《致国粹学报社书》，《章太炎政论选集》，中华书局1977年版，第497页。
[2] 鲁迅：《关于太炎先生二三事》，《且介亭杂文末编》。

盾，固然纠缠于种种具体事端，乃至于人品臧否，而最根本的，还是从结党缘起和目标就不完全契合，此也即人们常说的“一民主义”（民族主义）和“三民主义”确有差异，同盟会的名称很好，正因有部分是可相合的，故不妨碍同盟，但又因存在差异，到一定条件下，便会扩裂隙而为鸿沟，导致分崩离析。

同盟会内闹起了矛盾，矛盾且愈演愈烈，孙中山率领一部分人南下，并以“中华革命党”的名义活动，陶成章对章太炎说，我看孙中山这人，也难得和他一起共图大事，我们主张光复，本来就在同盟会之先，何不分开设光复会？章太炎自然一拍即合，其他在东京的一些光复会的旧人和同盟会中不满孙中山的人也都附和，这样在1910年初又重建了光复会。

重建后的光复会，除在东京设总部，又在南洋设“行总部”，扩大在各地华侨中的影响，并积极筹备在江浙一带发动武装起义。作为会长的章太炎虽然参与全盘的擘画，而具体执行者还是陶成章、李燮和等人。陶成章对会中一位同志说：“太炎先生既为总会长，可借以联络各埠，弟意自联络成后，可将太炎公改为教育会会长，方为合宜。盖彼之能力，在此不在彼，若久用违其长，又难持久矣。”[1]而此时章太炎者也还是很安守本分，正如他后来说说的：“仆以下材，同人谓是故旧，举为会长，遥作依归，素不习南州风俗，惟知自守礼教而已。”[2]他自知自己的长项和弱项在何处，并不以会长的名义到处活动，只是“讲学如故”。

---

［1］《致临时大总统书》，《章太炎政论选集》，中华书局1977年版，第557页。
［2］ 陶成章：《致石哥书》，1910年元月。

第六章

走向共和?

一

辛亥革命爆发时,章太炎尚在东京。听到消息后,他立即准备启程回国。1911 年 11 月 15 日,他回到上海。上海业已起义成功,革命派的旗帜到处飘扬。报刊上刊登了章太炎回归的消息,并有热情洋溢的欢迎词:

> 章太炎,中国近代之大文豪,而亦革命家之巨子也。正气不灭,发为国光,文字成功日,全球革命潮,呜呼盛已。一国之亡,不亡于爱国男儿,文人学士之心,以发挥大义,存系统于书简,则其国必有光复之一日,故英雄可间世而有,文豪不可间世而无,留残碑于荒野,存正朔于空山,祖国得有今日,文豪之力也。[1]

---

[1] 《民立报》1911 年 11 月 16 日。

将“祖国得有今日”归之于“文豪之力”，显然过甚其辞，然而革命的成功是长期宣传、酝酿的结果，就此而言，章太炎确实是有功的，只要提一下当年邹容的《革命军》一书和章太炎为之所作的序，以及随后轰动中外的《苏报》案，对于人们的振聋发聩的作用，当革命的胜利局面已经打开之际，对于章太炎这样的元勋予以特别的敬意，是完全可以理解的。

对于辛亥革命突然爆发并获得成功，章太炎既感到意外，又深为鼓舞，以往国内多少次起义均告失败，即在不久之前广州黄花岗起义，便又留下了七十二烈士的义冢，令人为之伤痛不已。现在，总算在清王朝统治壁垒上打开了一个大大的缺口，而且，接连地又有数处胜利的消息传来，一片分崩离析之声已经盈盈在耳了。以章太炎在民众中的声望，以他在昔日同盟会与今日光复会中的地位，他当然应该在未来中国的政局中发挥作用。当时上海起义中两股力量的领袖——被推为沪军都督的陈其美，与退居吴淞成立军政分府的光复军总司令李柱中，都与章太炎曾有过较好或较深的关系，他此来便是以做“调人”自居，协调起义力量的一致行动的。

人们常批评章太炎搞分裂活动，而这时他却显出很大度，很有大局观念，以至于有些事会让人觉得有点蹊跷，例如，他还在返国之前就给陈其美发去一电称：“探悉大革命家孙君逸仙已于前日乘轮回国，不日即可抵埠。请贵处派员妥为招待，以便与之协商北伐攻宁之策，俾得早定大局，以苏民困。”[1]陈其美的沪军，属同盟会中部总会的势力范围，陈其美等或对孙中山有些不满情绪，但由章太炎以命令口吻嘱其“派员妥为招待”，似乎有点“越位”。我们觉得这可能是做一种政治姿态，此前他与孙中山反目，相互“恶

[1]《致沪军都督电》，《章太炎政论选集》，中华书局1977年版，第523页。

攻”，几至水火不容的地步，现在都回到国内来了，最低限度还要见面，不如先行表示大度，捐弃前嫌，借以获得好的观感。章太炎是读书人，自以为老练的政客会嘲笑他太“书生气”，或太多“书生之见”，其实也未必尽然，我们看他后来在各派政治势力间斡旋，频频发电，出谋划策，其中或不免多有“馊点子”，但如不是“以成败论英雄”，则也未必尽为迂阔之谈，陈腐之见。中国的这一类传统人文知识分子，出经入史，都是时刻梦想一朝“为君王师”、治国济世的，政治上的经纶谋略，乃至纵横之术，肚子里装了不少。况且章太炎现在已非昔日，身边还有他人的“外脑”，一起商讨聚议，从全局讲，他们要制订步骤，一致行动，而就光复会一方讲，也要在各派竞逐中力争多得分。

章太炎一到上海，即跑到李燮和（柱中）的吴淞司令部住了几日，当时一家属同盟会的报纸刊载消息，说他与李议决向某某富翁借银60万两，作招募民兵2万人的开办费，另是待克复南京后，将吴淞军政分府迁移地点。他立即声明，以正视听，指出向某富翁借银完全是毫无根据之谈，他本人极反对这种做法。至于劝告李柱中部，勿与陈其美部内斗，不要把上海作为“练兵之地”，这个意思他是有的。上海起义胜利后，一下出了五个都督，他们各不买账，如何应对这局面？章太炎确实适时发挥了他的作用，他首先说服同属光复会的李燮和放弃都督的称号，只称总司令，解决了上海的一大问题，同时，还让大家奉“反正”过来的原江苏巡抚程德全为江苏都督。

这一段是章太炎一生中少有的政治上很有成就感的时期，他曾经为一群军事要员所簇拥，亲自前往南京郊外尧化门观军，颇有领袖人物战地视察的声势。当南京被攻克之后，他立即与宋教仁、黄兴联名致电参战各军表示祝贺：

南京光复,谨贺。目下因敌兵有南下江北之信,且浦口贼敌未灭,林都督又已公推为出征临淮总司令,故众意推苏州程都督移驻江宁,为江苏都督,一以资镇守,一以便外交,谨闻。

这与其说是贺电,毋宁说是一份委任状,这时的章太炎已事实上居于反清大本营的领导地位。在接下来的战略部署上,他力主以武昌为首都,援救武昌,而与黄兴的北上主张对立,双方发生相当尖锐的冲突。即使从现在的眼光看,他的意见也是颇有道理的。武昌是首义之地,当时正遭到清军的猛烈攻击,但起义部队仍在顽强抵抗,宁死不屈。以武昌作为临时政府的所在地的重要地位而言,以其对于全国民众的巨大心理影响而言,武昌不保,则革命的全局也难保。汉阳失守之后,黄兴辞去总司令职,来到上海,他对武昌采取完全放弃的态度,认为"赴援无益",而力主兴师北伐。南方军队衣裳单薄,难抵北方的寒冷,同时北方北洋军军事实力强,南军与之相比众寡悬殊,仓促北上,无异于自投虎口。

平心而论,无论章太炎后来如何,此时恐怕并无什么故意与黄兴闹对立,借以削弱其权势的意思,他与黎元洪也尚无一面之识,还没有对黎的由衷拥戴之情。在讨论到黄兴和黎元洪的职位如何摆的时候,有人提出黄兴当大元帅,黎元洪为副,黄兴自己也有此意,他极力反对,觉得事情总应该讲些道理,既然已经认武昌为中央,怎么可以又违背它?既然你黄兴已是黎元洪都督委任的汉阳总司令,怎么能"以部将先主帅",自己又当大元帅?会场上气氛紧张,许多人不开口,还有人借故溜之乎也,江苏有个军官叫顾忠琛的,竟然拔出刀来冲着众人说:"你们为什么犹豫不决?我们是军人,不能容你们这样下去!"这时,与会的代表才举手推举黄兴当大元帅,章太炎即起身大声喝道:"武昌是首先起义的,你们到底把黎都督放在什么位置?"于是,会上这才推举黎元洪当副元帅。江苏都督部总务厅的军事负责人章驾时听说后勃然大怒道:“南方率先起义,有两方面立了大功,一是武昌发难,一是攻下南京,武昌是以黎元洪为首领,南京则靠程德全出了大力,黄兴凭什么当一把手?如果这样,我就调兵打你黄兴。”黄兴也有些怕,就要让位给程德全,程刚刚“反正”,控制不住局面,也不敢接受。上海都督陈其美立即派了 40 人组成“禁卫军”,保护黄兴。

以上是章太炎回忆中的当时的一段斗争现场情形,其实这里应是隐略了很多的细节,黄兴被推为大元帅,必是与会者中同盟会党人居多数,以是之故,一些虽不同意而“识时务者”才溜之大吉,章太炎意识到黄兴一派拿走了领导权,遂亟亟拉起黎元洪的大旗以对抗,而章驾时的威胁,也未尝没有与章太炎意见一致的人从旁鼓动。

此时围绕领导权的斗争已经异常激烈,黄兴非为自己争大元帅的位子,章太炎也非为自己争一个什么位子而反对黄兴,在这个人类政治活动最为敏感的问题上,谁也不是傻瓜,当时必有许多各种形式的私下密议和策划,只不过不可能留下任何资料了。

也许最令章太炎没有料到的是,这种还能容他在此类问题上有“话语权”的机会,也迅即没有了。那是在孙中山到达上海之后。章太炎这一段在上海与黄兴“指挥大局”时,孙中山尚风尘仆仆在国外奔走,寻求外国政府对中国革命的支持,既然已有黄兴先期到达上海坐镇,他自然也很放心。回到国内后,按照既定方针,他当然不会羁留于广东,于是,就在 1911 年 12 月 25 日来到上海。抵达之时,受到盛大欢迎,这也是不待章太炎预先叮嘱安排的:此地本就是同盟会的势力范围。

到上海的第二天,孙中山就召集同盟会最高干部会议,由核心层讨论政府组织形式及总统人选,这就已经没有章太炎的什么事了。章太炎此时完全是异己势力,不仅被排斥在外,而且受到严厉批判。会上通过的《中国同盟会意见书》中，有一段说："吾党偏怯者流，乃唱为'革命军起，革命党消'之言，公然登诸报纸，至可怪也。此不特不明乎利害之势，于本会所持之主义而亦瞢之，是儒生阘茸之言，无一粲之值。"[1]明眼人一看即知，这是不点名批章太炎的。说章太炎不明"利害之势"，不理解同盟会的三民主义，都未免轻看了他，事实上，章太炎颇了然于利害，他所提出的所谓"革命军起，革命党消"，就是针对同盟会的。无论从势力或影响而言，他所居于要位的光复会，都无法与同盟会匹敌，前一段他们与孙、黄等人的矛盾发展至猛烈攻击，又从同盟会分离出来重组光复会，这个裂痕短期内是无法修补的。或许是章太炎早已领教同盟会中对异己力量的威压与排斥，他必须要有应对之策。这个"革命军起，革命党消"，就是说现今形势已变，你同盟会可以不必存在了。这当然是同盟会的领袖绝对不可认同的。他们说这是"儒生"的蠢话还是客气的，较早一些时候黄兴就直截了当称章太炎是"神经病"，是"疯子"，"疯子"的话难道还有人去理会吗？

作为一个享有很高声望的全国性革命运动的领袖人物，章太炎决非没有自己的政治见解，而且几乎任何一个从事政治活动的知识分子都不会自认是低能的、人云亦云的。章太炎回到上海后不久就发表了他对时局的宣言。

刊登在刚创办的《民国报》第二号（1911 年 12 月 1 日）的《宣言》共九则：

其一，主张民主共和国的总统制度，宣称："今日承认武昌为临时政府，但首领只当称元帅，不当称大总统；各省都督，亦不应称总统。以总统当由民选，非可自为题署。北方未定，民众未和，公选之事未行，则总统未能建号，元帅、都督，皆军官之称也。"

---

[1]《孙中山全集》第 1 卷，中华书局 2006 年版，第 578 页。

其二，主张地方军政统一的原则，宣称：“各省只应置一都督，其余统军之将，但当称司令、部长，与民政官同受都督节制。”

其三，主张建设真正共和政府，实行议会制度，宣称：“今虽设中央政府，兵事未已，所布犹是军政，虽民政官亦当受其节制。各处咨议局议员，只当议及民政，无参预军国建置之事。逮北廷既覆以后，建设真正共和政府，然后与议员以大权，未晚也。”

其四，主张尽早建立革命政府，由黎元洪任大总统。宣称：“方今惟望早建政府，速推首领，一则内部减一日之棼乱，外人少一日之觊覦。”认为黎元洪、黄兴可以任元帅和副元帅；大总统要在清朝倾覆以后，由国会选举，等待孙中山回国任职是不恰当的，何况，孙中山“长于论议，此盖元老之才，不应屈之以任职事。”又荐举宋教仁为内阁总理，“观其智略有余，而小心谨慎，能知政事大体”，是可考虑的人选。

其五，主张革命军要保护知识分子：“今者文化陵迟，宿学凋丧，一、二通博之材，如刘光汉辈，虽负小疵，不应深论。若拘执党见，思复前仇，杀一人无益于中国，而文学自此扫地，使禹域沦为夷裔者，谁之责耶？”

其六，主张阁员应由总理提名，不由地方推举，宣称：“今日应由首领委任内阁总理，总理组织内阁各部。如是，权不外制，举不失才，庶于时局有济。若各都督以私意选举，彼此牵制，虽管、萧不能任总理之职也。”

其七，主张在武昌设立革命临时政府。宣称：“近见某报以武昌危急，欲于上海设临时政府，鄙人决不赞成。”认为上海政府之说一成，则援鄂之必自懈。武昌不守，江左也不能安定。

其八，他不赞成浙江都督汤寿潜推举自己为阁员，主张“阁员之选，当一任中央政府；若诸府争举，则意见滋生，而纷争自此起矣。”

其九，提出革命政府内阁成员人选，宣称："鄙人本非在位，今以一人之见，品藻时贤：谓总理莫宜于宋教仁，邮传莫宜于汤寿潜，学部莫宜于蔡元培；其张謇任财政，伍廷芳任外交，则皆众所公推，不待论也。海陆军主干者，军人中当有所推，非儒人所能定。若求法部，惟有仍任沈家本，为能斟酌适宜耳。"

平心而论，这些主张对当时的时局而言，决无如何过分不妥或保守、狭隘、迂阔之处，尽管相当长一段时间来，他所追求的只是建立一个由汉族人主持的自己的国家，对于这个新的国家的国体，还似乎在犹豫和探索之中，民主和共和的理念还不是那样清晰，对议会制，他曾予以非议，是走法国的路，还是走美国的路？他都不以为然。而现在处于建设新国家、新政府的关头，为大局着想，也只能实行议会制，由民选产生国家领导人，真正体现人权和民主，这正是共和的基础。无论他被人认为有多少封建思想，或如何留恋封建的礼俗和文化，而这才是一个分水岭，在这一点上他并未停留在排满反清的立场上原地不动，而是和时代，和当时的革命潮流合拍前进的。

遗憾的是，同盟会总部不再给予他有在决策机构发表如是主张的机会，在上海举行的同盟会的高层会议随即决定由各省代表选举总统，17 省代表有 16 票投给孙中山，章太炎不在代表的行列中[1]，纵然他不同意孙中山当总统也无济于事。1912 年元旦，孙中山到南京就职，临时政府成立，政府成员的名单中，原来有章太炎担任教育总长，但是未获通过，最后确定的是由蔡元培出任。这件事对章太炎或许又是一个刺激，即使孙、黄考虑他的社会影响，有意对他作一"安排"，同盟会中的阻力仍然很大。

---

[1] 按他自己的说法，是他认为都督府的代表不由公民选举，就无权选举总统，所以他"力辞"当"代表"。见《复孙中山书》。

章太炎自己也多次表示他无意于谋一官职，他给自己定位在“民党”，在“言论机关”，也即是在野发表意见，当然，他也还是很不服气，在他看来，革命是靠多年宣传鼓动而成功的，这多年的宣传鼓动中，他出了大力，立了大功，论资历，论功绩，都不应该无视他的存在。后来袁世凯授他二等勋位，他深为不快，拿自己与孙中山比，说：“中山但有鼓吹而授大勋，吾虽庸懦，鼓吹之功，必贤于中山远矣。当庚、辛扰攘以来，言革命者有二途：软弱者与君主立宪相混，激烈者流入自由平等之谬谈，弟《驳康有为书》一出，始归纯粹，因是入狱。出后至东京，欢迎者六千人。后作《民报》，天下闻风，而良吏宿儒亦骎骎趋向矣，此岂少年浮躁者所能冀，亦岂依违法政者所敢为耶？”[1]老实说，他是连孙中山也不大放在眼里的。

章太炎毕竟是有影响的反清运动的领袖人物，是名震海内外的革命先驱，临时政府中没有他的席位，也总应该有个安排，于是，孙中山就聘请他做枢密顾问，聘书文字写得很典雅：

> 执事目空五蕴，心殚九流，撷百家之精英，为并世之仪表，敢奉国民景仰之诚，屈为枢密顾问，庶几顽懦闻风，英彦景附，昭大业于无穷，垂型范于九有，无任向往，即惠轩车，以慰饥渴。

所谓枢密顾问，是有名无实的一个位子，在孙先生这边，话说得很漂亮，其实有他们的意图，章太炎心知肚明，他自然也不能做得过于小气，一口回绝，临时政府派专人来接，他也就敷衍地去了一趟，后来就不去了，说反正上海到南京交通方便，信函来去，半天即可，不必常驻南京。稍后，他又写信给孙中山，正式辞去这个职

---

[1]《与王揖唐书》，1912年12月23日。

务,话也同样说得很漂亮:“昨承驰书延引,猥以不材,厕身枢密,恐縻县官廪禄,名义所在,不敢承命,随时献替,乃所以尽国民之职分也。”[1]意思是让我做这个官,恐怕会浪费俸禄,所以我不敢接受,至于随时提些建议什么的,那是国民应尽的义务,没有问题的。

南京临时政府成立的那天,章太炎正坐在“中华民国联合会”成立会的主席台上,这个联合会主要由一批江浙人士组成,章太炎被推举为正会长。现实的政治斗争很能教育人,他原来很反感于政党政治,在回国之前还写过一篇《诛政党》的文章,矛头是指向立宪党人,但也流露他对政党、政客的厌恶,声称“朋党之兴,必在季世”,“天下之至猥贱,莫如政客”,而现在他也积极介入了政党政治。这个联合会即后来的统一党之前身,它成立的宗旨是:“联合全国,扶助完全共和政府之成立。”对于南京临时政府,当仁不让地负起监督、批评之责。联合会下设《大共和日报》,由章太炎任社长,如此也有了更多的话语权。例如,对于临时政府改正朔为阳历,他就批评说:“凡事当决于民议,不决于是非,仆非反对阳历,乃反对用阳历者之不合法制。”[2]又批评:“临时政府成立以来,宪法未定,内阁既不设总理,总统府秘书长官乃真宰相矣。”[3]这些意见不能说没有道理,但毕竟万事刚刚肇始,各种条件尚不成熟,听起来未免有些过急。联合会还曾致书大总统孙中山,要求限制当时由各都督府代表组成的参议会“越权妄作”的行为,并立即通过民选,产生新的参议院,孙大总统答复说:“目下光复各地,军政犹布,地方未靖,即欲召集省议会选举议员,机关、手续,俱无从着手。”“民选议会,当俟北虏破灭后议之。”[4]章太炎意在伸张民

[1] 章太炎:《致孙中山函》,1912 年 2 月 13 日。
[2] 《宣言》,《大共和日报》,1912 年 1 月 8 日,转引自汤志钧《章太炎年谱长编》。
[3] 《时评》,出处同上。
[4] 《临时大总统复中华民国联合会书》,引自《辛亥革命在上海史料选辑》。

权,孙中山也并非虚与委蛇,在大的方面他们是一致的,故也无继续争论的必要。

争论最大的是定都的问题。南京临时政府的领袖们主张定都南京,尤其是在孙中山辞去临时大总统的职务,而由袁世凯担任后,为了制约袁世凯,令其遵守《临时约法》,不致依仗其在北方的强大实力,背叛共和,更加坚主建都南京,迫袁到南京来就任,但老奸巨猾的袁世凯就是不肯就范。章太炎原来主张以武昌为首都,南京为陪都,这时则转而主张定都北京,而且是这方面主张最力者。他自有他的理由,在他看来,北京是最适合做首都的地方,从地理位置上说,"以全邦计,燕京则适居中点,东控辽、沈,北制蒙、回,其力足以相及";从当时形势来看,若迫使袁世凯南来,"则北方失所观望",外有日、俄强敌窥伺,以求一逞,内有清朝的宗社复辟势力,蠢蠢欲动,这是极不安定的因素,处理不好,还会有很大的后患[1]。他的意见不能说没有一定道理,也不能说就是为支持和迎合袁世凯而提出的,但因正在袁世凯坚决不肯南来的节骨眼上,至少客观上是帮了袁的大忙。

1912年2月14日,南京参议院正式开会讨论建都地点,会场气氛活跃,投票者28人,主北京者20人,主南京者5人,这个表决结果令孙中山非常生气,立即又交参议院复议,复议的结果颠倒了过来:主张建都南京的19票,主北京的为6票。章太炎的"倔"劲上来,不依不饶,又以中华民国联合会的名义致电参议院:"贵院决议临时政府建都北京,天下公论。政府驳令复议,务望坚持。"[2]再次致电则说:"都城地点,贵院为政府所牵制,舍北取南,帝党有死灰复燃之势,强敌有乘机侵略之虞。况立法为行政

[1] 《致南京参议会论建都书》,1912年2月13日,《章太炎政论选集》,中华书局1977年版,第562页。

[2] 《时报》1912年2月21日,转引自汤志钧《章太炎年谱长编》。

所侵，不能保其独立。民国开此恶例，尤可寒心，望诸君以去就力争，保全天职。”[1]公然鼓动参议员们以“走人”表示抗议。

临时政府方面，则有黄兴出马，发出《为主张建都南京驳庄蕴宽等电》，电文说：“袁公虽与清廷脱离关系，尚与清廷共处一城。民国政府移就北京，有民军投降之嫌，军队必大鼓噪。”“临时政府既立，万不能瞬息取消。清帝既退其统治权，统一政府未成立以前，当仍以南京为临时政府，自应受之于政府所在地，更无移政府而送其接收之理”。[2]章太炎再发出《驳黄兴主张南都电》说：“袁公已被选为大总统，大总统之所在，而百僚连袂归之，此自事理宜然，何投降之可能。”“袁公既被举为临时大总统，则名实自归之矣，何必移统一政府于金陵，然后为接收耶？”[3]唇枪舌剑，你来我往，争论十分激烈。现在回头去看，黄兴等的主张着眼于当时与袁世凯的关系为多，袁氏力图维护其统治势力，定都南京也其奈他何，一国的定都似不宜如此作为权宜之计，而章太炎更关注于全国的安危与大势，定都北京有利于控制全局，特别是保障北方广大地区的安定，这一点也为后来的事实证明。至于说向袁世凯妥协、为袁世凯帮忙云云，则当时政府举袁氏为大总统，已造成此种局面在先，就不能以此独责章太炎了。

引起章太炎激烈批评的另一著名的案例，是汉冶萍抵押借款案。新生的民国政权困难重重，最大、最急迫的问题是没有钱。章太炎忽听说孙中山拿汉冶萍公司作抵押向日本财阀借款，并答应日方合资经营，非常气愤，立即表示强烈反对，他写道：“大冶之铁，萍乡之煤，为中国第一矿产，坐付他人，何以立国？公司虽由盛宣怀创办，而股本非出一人，地权犹在中国，纵使盛宣怀自行抵押，尚

---

[1] “公电”，《民立报》1912 年 2 月 21 日。
[2] 《民立报》1912 年 2 月 24 日。
[3] 《章太炎政论选集》，中华书局 1977 年版，第 565 页。

应出而禁制，况可扶同作事耶？”“以执事之盛名，而令后来者指瑕抵隙，一朝蹉跌，自处何地？及今事未彰布，速与挽回，是所望于深思远计之英也。”[1]

孙中山也诚恳地向他解释，前方部队正在浴血作战，而没有军饷就没有粮草、弹药，“每日到陆军部取饷者数十起，军事用票，非不可行，而现金太少，无以转换，虽强迫市人，亦复无益”。情况业已到了军士有可能哗变的地步，“弟坐视克兄之困，而环观各省，又无一钱供给，以言借债，南北交相破坏，非有私产，无能为役。似此紧急无术之际，如何能各方面兼顾”[2]。孙先生未尝不知道此举损害国家主权，有碍个人声名，影响不好，然而就像冬天将衣服拿去典当，只好先解决饥饿的问题，总之，实在是走投无路，不得已而为之的。虽然如此解释，章太炎的意见也很令孙先生震动，加上来自其他方面舆论压力很大，终于废止了此举。

章太炎此时以在野党自居，对临时政府起监督之作用，有论者批评他是“找茬”、“拆台”、“闹纠纷”，其实是不谙或不习惯于资产阶级政党政治的一种看法，无论他内心怀有多少个人或派别恩怨情绪，还要看其立论是否合法合理，是否有可取之处，否则，一切不同意见都会因派别不同被拒之于门外，或以所谓反对“新政”而被打压。

在这方面，孙中山还是表现出足够的雅量的，他没有对章太炎的批评置之不理，而是能接受的则接受，能解释的则解释。一次有人竟然冒用南京政府内务部的印信，发一电报给各家报馆，说章太炎有功于袁世凯，袁世凯准备让他当教育总长或最高顾问，请他火速“晋京陛见”。这显然是对章太炎的一种恶意攻击，但这样一封

---

[1] 《布告反对汉冶萍抵押之真相》，1912 年 2 月 9 日，《章太炎政论选集》，中华书局 1977 年版，第 560—561 页。

[2] 转引自汤志钧《章太炎年谱长编》，中华书局 1979 年版，第 387 页。

电报何以能盖上内务部的印信呢？孙中山接到章太炎的“投诉”后，甚为重视，立即着手进行调查，并亲自回复，表示对此种“鬼蜮”行为的严厉谴责。

当然，毋庸讳言，因党派不同而致的政见分歧乃至政党斗争是客观存在，在有些地方还非常激烈，以至于发生了一系列令人痛心的严重事件。

光复会的副会长陶成章就在这种背景下被刺杀了。陶是章太炎非常亲密、相知很深的战友，同时也是同盟会中一些人深为忌恨的宿敌，章太炎反对孙、黄，或会因其是一介书生而稍稍见谅，而他则是从事实际组织活动的实力派人物，如不及早除之，必有大患。这一点，被人们视为书生的章太炎倒是看出来了，当陶成章自设光复军总司令部于上海招兵买马时，他就曾婉转劝说陶，现在江南的战事已经结束，你招兵买马，师出无名。大丈夫应该有远大的志向，不必跟他人在蜗牛角这么大的地盘上争权，武昌那边情形还比较危急，你应从汤寿潜(浙江都督)那里要上千把人去支援，想来他也不会拒绝。这样你既可以避开他们的威逼，又可立功，贪恋这里不走，肯定会对你有生命危险。[1]但是陶成章没有听他的话。临时政府成立后，汤寿潜被委任为交通总长，章太炎、陶成章和陈其美被他推荐“代理浙事”，章太炎则力荐陶成章代理浙江都督，他致电杭州方面说：“英士志在北伐，炳麟愿作民党。焕卿奔走国事，险阻艰难，十年如一日。此次下江光复，微李燮和，上海不举；微朱价人，南京不下，而我浙之得力于敢死队者甚多，是皆焕卿平日经营联合之力。且浙中会党潜势，尤非焕卿不能拊慰。鄙意若代理浙事，得诸公全力以助，必为吾浙之福。”[2]这种呼声对于企图攫取

[1] 见章太炎《自定年谱》。
[2] 《致杭州电文》,《时报》1912年1月8日。

浙江都督位子的陈其美实在不利，尽管陶成章致电各界力辞都督之任，他终难逃死劫，杀机已动的陈其美遂派刺客蒋介石于1912年1月14日在法租界广慈医院将他谋杀。

陶成章不死于清政权之手，而死于同盟会党人之手，这是何等令人悲愤的事情啊。章太炎满含悲痛之情写信给孙中山，请他考虑到光复会与同盟会共同的斗争目标以及它为反清革命大业所立下的功勋，制止正在各地特别是广东愈演愈烈的对光复会党人的迫害事件：

> 纵令一二首领，政见稍殊，胥附群伦，岂因自相残贼。仆以吴、楚之人，教令不能行于南国，迩以中华民国联合会事，精力俱殚，不遑远及。执事挺生岭海，习其旧常，登高一呼，众山皆应，惟愿力谋调处，驰电传知，庶令海隅苍生，咸得安堵。[1]

孙中山也认为这样对待“同一战壕的战友”是不妥的，他特别致电广东都督陈炯明，讲了与章太炎完全一致的意见：

> 两会欣戴宗国，同仇建虏，非只良友，有如弟昆。纵前兹一二首领，政见稍殊，初无关于全体。今兹民国新立，建虏未平，正宜协力同心，以达共同之目的，岂有猜贰而生阋（音希）墙，为此驰电传知，应随时由贵都督解释调处。[2]

孙先生是一个很有领袖襟度的人，他能从大局出发看问题，决

[1] 《致临时大总统书》，《章太炎政论选集》，中华书局1977年版，第558页。
[2] 引自《孙中山全集》第二卷。

不记仇挟恨，党同伐异。章太炎对他的心态是相当复杂的，一方面始终成见甚深，甚至反对甚力，举孙当临时大总统，他就不同意，他固执地认为："孙君长于论议，此盖元老之才，不应屈之以任职事。"[1]另一方面，在紧要关头，他还是希求孙先生的援助，他认识到孙先生功名卓著，在国内外有巨大号召力，同时为人也确实"长厚"，即后面这一条，实在是很了不得的。他后来见袁世凯，谈了一席话，说起张之洞，袁连死去的人都不容，就使他暗暗心惊，觉得此人心胸褊窄。所以批评归批评，他与孙先生有时也还是能做一些沟通的，在《复孙中山书》中，他特别披露自己的心曲，说我之所以这样批评临时政府，实在没有私心，是完全为了你，为了国民，房屋倒塌，我们都会被压，革命失败，我们都要遭殃，我不能怕别人说我反对"新政"就不作声，你也不会以新政为名禁止别人批评，我所做的批评其实都是"平议之常"，是救弊，是补台。像现在这样的特殊转换时期，正是"承满政府腐败之余"，坏人兴风作浪的时候，我们更不能不高度重视监督、监察的工作，我这人虽然很笨拙，也经历过许多变故，是生是死就不在乎了。

二

章太炎回国以后，他的人际环境已有很大的变化。虽然他在临时政府中并无权位，以他的声望和影响，也还堪称有"势"，自然有不少人趋附于他，周旋于他，身边的人中，固然还有光复会的旧友，更多起来的，却是清朝的旧官吏和立宪派分子。他后来的一位患难中可以依托的挚友汤寿潜，即是此时的一位"新知"。汤寿潜长太炎约 10 岁，中过进士，热心于清朝的立宪，据说还参与过杀害

[1] 《宣言》,《民国报》第 2 号，1911 年 1 月 4 日。

秋瑾,辛亥革命爆发时,他是浙江咨议局的议长,随即被举为军政府的都督。章太炎对他印象很好,认为他行事老成可靠,两人非常投契,汤公去南京就职时,也特别推荐章太炎代理浙江省的军政大事。另一位是大名鼎鼎的清朝状元张謇(季直),此人也是立宪派的一员大将,在章太炎担任党魁的统一党中,他是一个有力人物。此外,像曾任过张之洞幕府总文案,也是立宪派中坚分子的赵凤昌,一度与章太炎过从甚密。

在一个政权更替的动荡时代,不可能禁止为旧政权服务的人重新选择立场,也不可能要求革命阵营中的人,人际关系纯而又纯,若是如此,南京临时政府组成人员成分就很复杂,更应严加甄别。但是,毋庸讳言,章太炎身边麇集了太多此类人物,实在是多少有"同声相应,同气相求"的缘故,而且,反过来,他们所造成的氛围,也会深深地笼罩、浸润他。当然,他们大多是同乡,或都是江浙人士,俗话说的"下江人",或会有一些共同的利益诉求,但更主要的,还是对于孙中山为首的同盟会革命派,隐隐抱一种对抗姿态,成为一种"识别"标志。在以孙中山诤友的身份进言时,我们的确不能怀疑章太炎满腔报国赤忱,然而,有时他又那般暴躁过激,其中肯定夹杂着以同盟会革命派为对手的在野派的某种敌意。例如,他曾经大骂同盟会:"气焰犹盛,暴行孔多"[1]指责临时政府说:"南京政府既设,一党专制,惟务阿谀,毂(音谷)转云旋,今又复于清时旧贯。"[2]"南京政府既成,任用非人,便佞在位,私鬻国产,侵牟万民,无一事足以对天下者。"[3]这些话就说得太重、太过。一件流传甚广的事情是:1912 年 2 月 22 日,在南京的四川籍革命党人举行四川革命烈士追悼会,孙中山等政府首脑莅会致祭,

[1] 《致梁启超书》,《章太炎政论选集》,中华书局 1977 年版,第 598 页。
[2] 《参议员论》,《章太炎政论选集》,中华书局 1977 年版,第 572—573 页。
[3] 《消弭党争书二》,《太炎最近文录》。

章太炎横插一杆，送上一幅挽联，赫然写着："群盗鼠窃狗偷，死者不瞑目；此地龙蟠虎踞，古人之虚言。"这就几乎引起在场人士的公愤，毕竟孙中山为首的革命党人还正在为民主共和的新生中国而全力奋斗，纵有一些问题，尚不致像他所痛斥的那样。

章太炎就是在这种背景下从事他的政党活动，袁世凯被推举为临时大总统后，中华民国联合会改为统一党。3 月 2 日改党会议召开，"到会者二百人，章太炎君报告开会宗旨与联合会成立以来之历史及所以改为统一党之理由。熊秉三演说政纲，张君季直演说组织政党。黄君云鹏演说社会政策与社会主义之区别。遂投票选举理事五名：章太炎、程雪楼、张季直、熊秉三、宋遁初。又每省选评议院二名，当场选出十省。"[1]

章太炎在会上演说道：

> 本党前此名联合会者，因各省独立，恐形势涣散，不能统一，故设立此会，但尚未宣布政纲。数月以来，政府未成真正政府，故本会亦鲜大事可记。而对于建都、借债各问题，或明电力争，或暗中阻止，对于时病，盖已多所挽回。现在沪、宁两处，俱有政团发生，除社会党外，如民社、国民协会、共和统一会、国民共进会等，宗旨大约相同，本可合而为一，即仆亦甚望其并合。无如事实上微有阻碍，故一时不能即合，然将来必可联合也。……本会本部会员现已达七百余人，南方各省大抵皆已设支部，北方亦可渐次扩充，当此区夏廓清，真正政府必当出现，故应此时期改名为统一党。至本党宗旨不取急躁，不重保守，惟以稳健为第一要义。[2]

---

[1]《统一党之成立》，《民立报》1912 年 3 月 3 日。

[2]《大共和日报》1912 年 3 月 3 日。

他是这个党真正的核心，由他宣布的统一党的宗旨是："统一全国建设，强固中央政府，促进完美共和政治"，这也是他自己的政治企图和抱负。在这一方面他并不显得保守和落后。此时的章太炎，完全以一个积极的政治家现身，在中国亘古未有的政党政治舞台上，欲扮演一个重要之角色。至于他所创立的这政党，在思想与政治背景上，以同盟会为对照、为对峙，则原是政党政治中的题中之义，似也不必深责。

但是，章太炎所组建的政党成员成分比较复杂，组织也比较松散，他竭力提倡奉行"无故无新，惟善是与"，其实前一半是做到了，不管新旧人物都可以进来，而后一半则未必做到——许多不善之辈也都乘机混进来了。特别是一些昔日的立宪党人和腐朽官僚，摇身一变，借组新党要大捞一把。

统一党虽经由会改党，尚在组建、发展过程中，党内就有人急于与其他一些小党团合并成立共和党，章太炎明确表示反对，那时他人已到了北京，留在上海的分部负责人张謇，就擅自召开大会又一次"改党"，将统一党与民社、国民协进会、民国公会、国民党等合成为共和党，选举黎元洪为理事长，章太炎、张謇、伍廷芳、那彦图为理事。这种"强迫结婚"式的拼合遭到章太炎的抵制，他声称"此假合并之名，而无合并之实"，而且越分侵权不合法，虽然自己被举为理事，但不予承认。他并非反对合并，而是主张合并需有共同的基础，不可一意追求人数众多，强造声势，"大凡一党之精神，不在人数之多寡，而在分子之健全，即令统一党员散至二人，亦可独立"。这真是组建政党的至理名言。张謇说章太炎是"槎枒特甚"，意思是"事儿"特多，并感叹"文章之士"不能当"政治家"，其实错矣，这样的问题上，恰恰证明章太炎是颇有政治家的见识的。

也许更令张謇们惊心的是，章太炎还产生了这样一重觉悟："仆在南方，于《大共和日报》中极斥同盟会办事不合，以南方政府之专横也，而穷途失志辈骂同盟会者，则为争官争衣食计。公私之辨，较然易知，岂能以政党为官僚派开辟门径哉！”更进一步：“今日南方政府已消，同盟会亦鲜可诋之处，时有张弛，则对付不同。且同盟会之弊，不过暴乱，而老立宪党及官僚派，则为巧言令色足恭者。暴乱易灭，腐败难医。……然则立宪党、官僚派之害，过于同盟会远矣。”[1]正是在建党合并的斗争中，他看清了立宪党人和老官僚的面目。

张謇等人不顾章太炎的反对，将捏合而成的共和党本部设在北京，他们声称：“非有绝大之党，不能有统一之政府出；非有统一之政府，不能有统一中国出。”实际上他们的目的不过是拼凑成人数众多的大党，以与国会中的同盟会争夺席位。共和党甫出，即与同盟会势同水火，展开了激烈冲突。

面对这种党争，章太炎痛心疾首：“国家新造，人材未兴，内阁则人不一意，相互连持；议员则工诃（音荷）在官，拙于定策。国门以外，赋税几许？官制何如？土田安在？几无有过问者。”“光复以来，号称平等，而得志者，惟在巨豪、无赖。人民无告，转甚于前，茹痛含辛，若在囹圄。”[2]他所要求于他的统一党的是要“代达民隐”，即是真正反映人民的真实情况和心声，标榜统一党“于政策则有相竞，于势位则无相争”，在“党争”中，处于“中流”的地位。现实的情况是，统一党也不可能是铁板一块，有相当一部分人倾向或要求与其他党合并，事情闹到这样的地步：他们议决以党的名义开除章太炎。这个党事实上处在分裂的状态。

章太炎反对在合并中让统一党“自行消亡”，不能说没有其他的考虑，即从公心而言，要对政府负起言论监督的责任，没有自己

[1]《统一党第一次报告》，转引自汤志均《章太炎年谱长编》，中华书局1979年版，第409页。

[2]《统一党暂行总理章炳麟宣言书》，《时报》1912年6月5日。

的政党，或由自己控制的政党，不充任一个政治力量的代表，就不可能有足够的话语权。他此时还完全没有从这个早期的政党政治中“出局”的想法，在某种程度上还非常想有所为，他在给一个地方党支部的信中说：“要之势位竞争，有心人必不能满意，吾党惟有持满不发，以待来年，国会之选既多，自能出人头地。”[1]他兴致勃勃地设计次年的国会总统选举：“大约明年国会之剂，十三分中，同盟会占六，统一占四，共和占二，无党者占一。”[2]

民国的权柄虽然已经转移到袁世凯的手中，章太炎仍对孙中山、黄兴怀有很深的成见和戒备之心，他要以统一党联合共和党，形成相对优势对抗同盟会，“非统一党与共和党一致，则同盟会一致选孙，势遂无敌”[3]。在他看来，这样一来，后果极其严重，以致可能导致中国的分裂和被列强瓜分。

7月下旬，他由北京到武昌见了黎元洪，这位他心仪已久的民国二号人物，留给他极好的印象，他二人交谈甚欢，素以强梗著名的他竟然也听从黎副总统的劝告，答应接受共和党的理事一职，而他也恳请黎副总统担任统一党的名誉总理，黎当然也愉快地接受了，于是两党“交叉相倚，以为联合之图”，事情似有了颇为完美的结局。

这一年的5月，章太炎来到民国新的首都北京，这应该是他第一次进京，也是第一次见到袁世凯。以往的批评总要说章太炎反孙亲袁，对袁世凯抱有幻想，帮他的忙等等，这个时间有多长？即从讨论定都问题起到宋教仁案发生，他通电反袁，满打满算，不过一年左右。而在此期间，袁世凯刚刚被推举为临时大总统，他的真

---

[1]《致江西统一党支部函》，1912年6月30日，转引自汤志均《章太炎年谱长编》，中华书局1979年版，第413页。

[2][3]《致伯中书一》，1912年8月12日，转引自汤志均《章太炎年谱长编》，中华书局1979年版，第414页。

面目尚未揭开，以他的实力、地位、声望，正被许多人看好，孙中山为首的领导核心虽然对他不放心，却也让位交权，毕竟是时势使然。就章太炎而言，与孙、黄夙怨甚多，而与袁氏却尚是零接触，他抱定的宗旨是，尽言官之责，无论你谁在台上，优游讽议，建言献策，如此而已。我们不能因为袁世凯后来种种倒行逆施，乃至窃国称帝，苛责在这个短暂期间包括章太炎在内的众多人士有接近袁氏的趋向。彼时彼地，许多人士的心中，中国不分裂，不打内战，南北统一，有一个愿意接受民主、共和理念的强人来领导，终究是一大好事。

1912 年 3 月 10 日，袁世凯在北京宣誓就任临时政府大总统之后，章太炎曾做过《致袁世凯论治术书》，文中表达他对袁氏的殷殷期望："励精图治，酬报有功，慎固边疆，抚宁南服，以厝中夏于泰山磐石之安，而复一等国之资格。"[1]这些都没有什么错，其中特别是强调了边疆问题，这是他一直关注的重点，之所以极力主张定都北京，也是基于对边疆问题的忧虑：强敌压境，边疆大片土地随时有丢失的危险。中国的统一、安定，实在太重要了。国家和民族的利益高于一切，作为当时一位高层政治活动家，这是章太炎从事一切政治活动的基本出发点。

继而，他又向新任大总统提出："当今急务，盖有数端：以光武遇赤眉之术，解散狂狡；以汉高封雍齿之术，起用宿将；以宋祖律藩镇之术，安慰荆吴。大端既定，然后政治可施。"[2]这里指点的，也都是当时政权建设中甚为尖端的问题：辛亥起义以来蜂起的包括起义队伍在内的各路人马，清朝政府留下的大量的官吏和公职人员，以及武昌和南京方面反清、倒清的有功组织和人员——所有这些方面人员的妥善安置，都关系着国家的统一和安定，都是中央

[1][2]《章太炎政论选集》，中华书局 1977 年版，第 584 页。

政府不可忽视的"大端"和急务。就"治术"而言，袁世凯久历官场，位居中枢，经历和经验不可谓不丰富，尤其于玩弄权术更是一等一的人物，还何劳他章太炎点拨？不过，章太炎一方面出于对大局的责任感，另一方面，也确实怀有一种强烈的自负，他自认为出经入史，谙熟于历来兴亡的经验教训和治平之术，当然可以将自己摆在"国师"的位置上发言。

他几乎是很快进入情况，不久，又致电袁世凯具体商榷官制，说："中枢初建，必赖骨鲠胜任之人，非以位置阘茸，安慰反侧也。乃闻设官分部，数至十二，已开虚縻廪禄之端，商榷阁员，每下愈况。京外官僚中，非无清刚晓练之士，何取著名鬻国之曹××（指曹汝霖），发难首功者，非无稳健智略之人，何取弄兵潢池之陈其美？物议哗然，人心将去。""愿饬唐总理访求物望，询于老成，无故无新，惟善是与，杜奔竞者夤缘之路，削参议院干预之权，然后人无幸进，国有与立。"[1]他的意见未必全对，但未出十年，曹汝霖再次在五四爱国学生的打倒卖国贼怒吼中落荒而逃，而陈其美暗杀政敌陶成章，手段极其卑劣残忍，又如何能重用？用人确实不能以人划线，以派划线，只是要真正做到"惟善是与"，实在太难了。对于袁政府以官位安排私人、庸人，增加职数，耗费国库的钱，他的这番话则不啻是当头棒喝。

进京之后，据说他曾两次会见袁世凯，或者说蒙大总统两次接见，谈了一些什么不得而详。大总统在就职之后，已任命章太炎做政府高等顾问，此次得以相见，对这位革命老英雄当然很客气，优礼有加，一来自己要树立一种"礼贤下士"，特别是与反清阵营中的代表人士尤为亲善的形象，二来他也深知此人身居政党领袖地位，

---

[1]《致袁世凯商榷官制电二》，1912年3月，《章太炎政论选集》，中华书局1977年版，第585页。

又好“放言无忌”，社会影响甚大，宜设法收揽利用之。想来两人并无太多很投契的共同语言，章太炎自居饱读诗书，又有反清光复的老资格，依他平时的性格，见了大总统，也就不待敷衍，将他对时局的意见，特别是用人之道宣讲了一番。大总统虚与委蛇，不时打打哈哈，旁边有人看了就对他很生厌，据说当时担任总长的袁氏的大管家赵秉均，就背地里骂他是“老学究”。

应该说，章太炎这时候是真心希望袁氏政府能把中国的事情做好的，他在7月间到武昌见了黎元洪副总统，非常开心，说：“见黎公之风采，非特主持公道，且能遇事立断，真足与项城伯仲，以二公左提右挈，中国当不致沦亡。”[1]他虽然还是不断就国家大事发表自己的意见，却不似对孙、黄领导的南京临时政府那样，那时他对同盟会的派别怨恨情绪还太浓厚，对于孙、黄等人不信任或很瞧不上，而现在对袁则确实是苦心孤诣，建言献策。

我们已经说过，这时袁世凯的真面目尚未暴露，他对以袁世凯为首的北京临时政府的这种倾向和态度，主要还是出于对国事的责任感。绝非如一些人所诋毁的那样：他是个毫无理智、不顾一切的“疯子”，恰恰相反，他具有相当清醒的理性，知道在南北已经统一的形势下，应该如何完善、巩固中央政权，并使之建立一套民主制度，以合理运转，将中国导向真正的独立、自由和富强。

袁政府的第一任内阁总理唐绍仪，因为在任命直隶总督的问题上，与袁世凯产生分歧而辞职，这个危机的深层原因，还是在于党争。加入了同盟会的唐绍仪，其内阁中，同盟会党人占了一半，从而引起袁世凯的猜忌。唐总理要任用王芝祥为直隶总督，袁总统则对他另有任用，将他派到南京去做宣慰使，协助解散军队，并

[1]《致江西统一党支部函》，1912年8月7日，《章太炎政论选集》，中华书局1977年版，第620页。

不待总理副署，即行宣布，唐总理知道干不下去了，只好离任。这件事令朝野震动，它所提出的一个大问题是：今后的内阁究竟如何组成？要不要再有政党内阁？章太炎给予的答案是："吾意政党内阁，在今日有百害而无一利，两党交构，亦有轧轹之忧，乘兹废置之间，以建无党总理，犹足以持危定倾。各部总长，虽数党杂糅也，调和于无党总理之下，则意见销而事举。"[1]

处在当时的情势下，可以有若干方案：一是建立以同盟会为第一大党的责任内阁。这不但是袁世凯所不会允许的，同盟会内部也会进一步裂变，产生新的党争；二是两党（多党）轮流执政或共同执政，这就是章太炎所说的不断摩擦、"轧轹"下去，闹得什么事也干不了；最后，也就是他所提的这个方案，由一个无党派人士担任总理，但，这样就能行么？在这个有几千年封建传统，刚刚结束帝制的中国，只能由历史来回答这个问题了。

三

在政治上颇有一番抱负的章太炎不能满足于"优游讽议"，在一旁提提意见，他希望能做点实事，有所建树。

当时的革命派领袖们将权力交出后，纷纷转向实业，孙中山受袁世凯的委任做全国铁路督办，他要以 10 年的时间，筹款 60 万元，修筑 20 万里铁路，造福于社会和人民；黄兴也步其后尘，担任汉粤川铁路督办。他们这种毅然退出政治、致力实业的举动，既是表明自己的志向和襟怀，也对前革命党人起到一种表率和引导作用。袁世凯就任总统后，曾给章太炎一个政府高等顾问的虚职，这个职位带有较浓厚的参政色彩，孙、黄都转投实业了，他也不便继

[1] 《内阁进退论》，《章太炎政论选集》，中华书局 1977 年版，第 608 页。

续挂此虚衔，仿孙、黄同例，大总统拟安排他去做"仓场总督"，也就是管管漕粮收贮的一些事情，这就很容易让人想起玉皇大帝命孙悟空当弼马瘟的故事来，老袁也是想把这位常常"疯疯癫癫"，以造反著称的革命元老笼络住。但是，章太炎没有接受这个差事，却承允了后来提议的"东三省筹边使"一职。

在做决定的时候，他并非不知道这一职务所有的权限和职责，并非不知道这不是凌驾于三省总督之上总揽大权的高官，"筹边"的意思还是重在边疆的建设，对此他既有兴趣，也有干劲。他原本是一个地地道道在书斋里讨生活的书生，这种想法想必是产生于他投身反清革命之后，正是后来，他的目光越出了他的家乡，而关注于全中国的广袤疆域。他特别重视中国东、西部的领土完整，日、俄两个强敌的窥伺和野心，令他十分忧虑。革命成功之后，从事实业建设，特别是在东三省，以实力建成捍卫自己的长城，符合他的愿望。

在拿到委任状后，章太炎不顾隆冬时节的严寒，立即走马上任。听说章太炎要来当筹边使，东三省的当权者们从心里是抵制的，他们的担心是，他来后会不会分享他们手中的权力？奉天和吉林的总督电问袁世凯，筹边使的权力究竟有多大？他们的关系怎么摆？袁世凯复电说："该使不过筹办边陲实业，所有一切内政、外交、行政不在其权限内。惟该使系由中央委任，应受上级之待遇。"[1]这才使他们放下心来。

章太炎到任后，吉林总督勉强来敷衍了一下，即再不照面。他虽然极为恼火，却也无可奈何。筹边使署设在长春，他的身边只有一个调查员，一个书记员，一个庶务员，景况极为寥落，后来陆续添到十来个人，经费又奇少，每月只有 2 000 元，要做事是十分困难

[1]《筹边使筹备边事》，《顺天时报》1913 年 1 月 28 日。

的。这个差事应该说多半是他自己找来的，他一定对于困难有思想准备，在他所写的一份实业计划书中，他重述自己的决心道："炳麟本革命党人，从前所以出生入死者，只为政令之苛残，民生之憔悴耳，今者持节临边，期偿始愿，以鹰鹯搏击之心，副云霓救旱之望。"[1]他形容自己是一只正在搏击的雄鹰，要做成几件造福于人民的事情，只有勇敢地去战胜困难。

章太炎是一个研究经学的学者出身，做起文章来用字生僻，古奥难懂，在别人眼中，无非是一个迂夫子式的人物，其实他自己决不这样认为，而事实上他对经世之道颇有研究，也可以说有一套。在离京赴任前夕，他就在饯行的会上宣布说："鄙人此次进行手续，第一统一币政，其次兴矿，其次开垦。"[2]从现实条件出发，他认识到："兴利之道多端，若屯垦铁冶，皆艰阻未易猝举。铁道亦多隶外人，虽欲新辟无由。要以利水道、平钱币为主。"[3]他做事有条不紊，根据轻重缓急和难易程度排出了次序，首先就是抓钱币和水利。

钱币问题，用今天的话说就是金融问题，与民生大计最为相关。而它之作为一个问题，在当时的东三省也最为尖锐。现在的人已经无法想象，那时该地使用的货币有多么混乱，什么官帖、纸票、铜圆、羌帖、老头票，各种中国币、日币、俄币都混合使用，物价不断上涨，货币贬值，"纸钱满街，实与诈欺取财无异。"[4]受害最大还是普通老百姓。章太炎冒着从未经历过的严寒天气，往来于长春和吉林两地实地调查，查见："三四日中，银价日涨一吊，自八

[1] 《东省实业计划书》，《章太炎政论选集》，中华书局1977年版，第626页。
[2] 转引自汤志钧《章太炎年谱长编》，中华书局1979年版，420页。
[3] 《东三省政要序》，《太炎文录》卷二，转引自汤志钧《章太炎年谱长编》，中华书局1979年版，第428页。
[4] 《东省实业计划书》，《章太炎政论选集》，中华书局1977年版，第627页。

吊到十一吊而后止。民间怀钞票者，皆失利三分之二，道路怨咨，商场冷淡。”[1]他的心情十分沉重，眉头揪得紧紧的，究竟如何应对这种情况呢？

他思虑良久，提出要开办东三省银行，逐渐统一币制，短期内完全统一纸币可能还做不到，但终归会产生一定效用。为此必须请求北京中央政府，从外国借款中拿出一部分来，解此燃眉之急。报告打上去了，他心中仍非常着急，不停催问，竟似泥牛入海，一直也无下文。如果不是亲身居住在东北，日日目睹民生的艰难状况，他或许还不会有这种心情，而现今，他实在觉得不早一天解决这个问题，真太对不起东三省的人民了。

另一个大问题是兴修水利。东三省有辽河、黑龙江、松花江等大河，水利资源丰沛，如果善加利用，必能带来巨大的社会和民生效益。这一点他过去就听说并注意到了，来到东北，他又征询此地人士的意见，并去做一些实地考察，开始酝酿建设的蓝图。他设想在伊通州和怀德县之间，开凿一条运河，沟通辽河和松花江，其间不过100多里距离，耗资不大，却能获取很大的回报："斯道一通，帆轮辐辏，流转不穷，屯垦则易以集人，林矿则易以出口，庶地无广漠不治之忧，货无积滞不销之患，其为利泽，深矣远矣。"[2]这个计划并未能实施，因为他派人又去进行勘查，结果发现两河之间，确有一块高地，以当时的财力和技术手段，难以打穿。

无论这些计划能否付诸实施，我们都能看出章太炎当时是何等投入，仅仅两、三个月时间，他已着手构想并实际操作一系列的实事，除了上述若干大的工程，小至绘制吉林和黑龙江的地图，他也亲自延聘专才，务求其精。此外，还又筹办《筹边日报》和"筹边

[1] 《东省实业计划书》，《章太炎政论选集》，中华书局1977年版，第627页。
[2] 同上书，第628页。

研究会”，更要从外缘上扩大筹边作为一项事业的影响，以推动其发展。以往我们看他讲佛法，论虚无，此时可还有了，没有，一点也没有了。他对于同盟会党人的杯葛和攻讦，此时可还有了？没有，也一点没有了。这可谓是他的爱国主义精神高度升华的一个时期，“听其言而观其行”，一个人无论他讲过什么，惟有这种自觉自愿的行动，最足以显示他的真正的内心境界和情怀。

与之恰成鲜明之对照的，正是袁世凯政府的那班高官和地方军阀，他们正千方百计地争权夺利，借以营私自肥。袁世凯和他的高级幕僚们将章太炎打发到冰天雪地的东北去，并非真心指望他“筹边”，原也以为这个好发议论的家伙，就此知难而退，息事宁人罢了，不承想他会如此认真，又是上“计划书”，又是从东北跑回来要开发款，还“面谒大总统，痛陈东省官吏之庸碌无能，且到处遇事掣肘各情”[1]甚至对在东北很有权势的高官陈昭常一再弹劾，然而，他如何能得到他所希望的支持和援助，回答他的只有推诿、冷漠和奚落。这一切仍然未能动摇他的决心，像自古以来许许多多为民请命的志士仁人那样，他以满腔赤忱诉说于社会：“官于一方，即于一方人民情同休戚，负贩乞儿皆吾肺腑……惟贪污官吏有似殷顽，本革命之初心，自不能与之浮沉上下。所自愧者，志有余而权不足，乃无以对两千万人民也。”[2]

在东北这个令人难忘的严寒冬季，他的这一份心肠是何等炽热炙人啊！

剑骑临边塞，风尘起大荒。
回头望北极，轩翮欲南翔。

---

[1]《回京后之章太炎》，《顺天时报》1913年1月29日。
[2]《东三省近事零拾》，《大共和日报》1913年2月26日。

墨袂哀元后，黄金换议郎。
殷顽殊未尽，何以慰三殇。

这首题为《癸丑长春筹边》的五言诗作于1913年4月，我们仍用现代文试译如下：

剑骑马来到遥远的边塞，
看风尘卷起在荒漠大地上，
不得不再回头望望极北方，
马上要展开翅膀向南飞翔。
那些人刚刚还悲痛于清亡，
又用金钱混进新朝的官场，
坏种们至今没有清除干净，
如何能安慰英烈们于天上？

这时候发生了什么非常事故了吗？是的，在上海，发生了宋教仁被刺杀的惊天大案。

宋教仁是同盟会重要领袖人物之一，在东京的岁月里，他和章太炎过从很密，在许多问题上，他们意见很相投，彼此有一段永难忘怀的战斗情谊。宋教仁年轻，能干，有大志，是为章太炎属意的堪做民国总理的最佳人选。这时候，正是他踌躇满志，欲在民国政治舞台大展拳脚之际，在他的筹组努力下，同盟会改成了国民党，业已在年初的大选中一举胜出，有望由他出来组阁，然而，他太轻忽了袁世凯的意愿和心计，他不知道，袁世凯和他的同伙已经将杀手伺伏在他的身后，在上海火车站，正当他与送行的友人们挥手告别时，罪恶的枪声响了，他倒在血泊之中。

这件事震惊了全中国，震惊了章太炎。他曾亲眼目睹年轻的邹容死于清统治者和西方殖民者的魔爪，也曾见到自己亲密的战友陶成章，死于同一阵营中的怨敌的暗杀，现在又看到了如此一位有为的年轻政治家死于非命，他实在是悲愤莫名，这是一个怎样黑暗的时刻啊！他立即拿起笔来写下《宋教仁哀辞》，辞曰：

> 炳麟不佞，七年与君子同游，钧石之重，夙所推毂。如何苍天，前我名世。殂殁之夕，犹口念鄙生，非诚心相应，胡彨感于万里哉！即日去官奔赴，躬与执绋，拜持羽扇，君所好也。若犹有知，当见颜色。

他深情回忆与宋教仁长达7年的交往，清楚地记得宋教仁喜欢手持羽毛扇，要亲自到他的灵前为他持扇，感念于他在临终前还喊过自己的名字，多么希望这位英姿飒爽的弟兄在天有知，能再赐一见。虽然是短短的几句话，却是凝聚着心头多少倾注不尽的血泪啊。

宋案的侦讯不久有了迅速的进展，凶手就擒了，由凶手武士英而至在沪的指使人应桂馨，再至北京的授意者洪述祖，一直就追溯到了袁世凯的心腹、当时的总理赵秉均和袁世凯本人。一份份密电电文具在：真正的主凶就是袁世凯！无论如何掩饰和狡赖，他的真实面目还是曝光了。他就是前面章太炎诗中所指的“殷顽”[1]的总头目。

袁世凯心狠手辣，是绝不可再信任了，然而他此时还手握重权，位居大总统之尊，究竟应该如何处理与他的关系呢？章太炎觉得此实关系大局，未可莽撞行事，他托言有事，离开东北，回到南方，专程来到武昌，面见黎元洪商议了一番，在他的心目中，黎元洪

---

[1] 殷代不服从周朝统治的遗民，借指前清留下的顽固派。

是当时中国最堪担任大事的人,他很希望黎能出来收拾天下,取袁世凯而代之。宋案的发生已经令黎惶惶不可终日,生怕袁氏杀手的下一个目标锁定为他,听章太炎的劝说,岂不是将他往死路上领?据说,他当时并不接话,而只是把话题岔开,一再地问章太炎:你对“个人婚姻问题”到底做何考虑?也不能再拖下去了,我来替你做个大媒如何?一副煦煦仁厚的样子,显得很有人情味。再谈到正题,实在躲不过去了,便口气舒缓地说,那你就先去京城看看。

宋案发生之后,章太炎就不断有一些对袁氏政权不利的言论发表,他甚至公然提出要袁世凯退位,并矢言不再担任总统。在武昌期间,还致电给袁世凯,要求他除去“四凶”。这“四凶”是:时任国务总理的赵秉均,政府秘书长梁士诒,陆军次长陈宧和京都警备司令段芝贵,即由职位观之,这四人都位居要津,是袁世凯的心腹,他告诫袁世凯,如不除这四个小人,你就是再英明伟大,也是不行的。他还有意地“分化”他们说,本来宋案、借款都没有你的事,他们偏偏散播谣言,目的是掀起风潮,由他们出来调和,借以自重,这些小人实在太坏,你还不该果断采取行动吗?

这本是古来就有的“清君侧”的办法,袁世凯岂能不知,他所做的回应是避而不谈此事,反而郑重地请章太炎来北京,授给他二等勋位。章太炎对于授给他勋位的事,原本心情就比较复杂:一来革命成功,他这样的有功人员,论功行赏,理所当然,对于生者和死者,都是一种交待,不必矫情不受;二来只授给他二等勋位,他很不服气,觉得自己的功劳决不在孙中山、黄兴之下,如果他们得大勋位,自己只得二等,那就决不接受。然而,这次通知他进京授勋,他就很痛快地跑去了。在袁大总统想来,给他一点甜头,或能拉拢住他,至少少发不利于自己的议论;而在章太炎,则是借授勋要当面与他“理论”,至少“劝说”一番。

当然授勋的经过,一切如仪,章太炎向来不衫不履,不重修饰,这次也换上一套簇新的洋装，打上领结，头戴圆顶礼帽，胸前挂上亮闪闪的勋带，人也顿时精神奕奕。来到勤政殿上，大总统对他嘉勖甚殷，并致祝贺，他也一再申谢，同时回首革命历程，不胜感慨。礼毕之后，他还希望屏退他人，与大总统略作叙谈，以下的谈话就渐次又露出了他的本色，话题主要围绕宋教仁案、向四国银行大借款，以及任用奸人、小人等，甚至联系袁世凯近来诸种表现，责问他是不是有意称帝，讲到激动时，他的声音抬高，语气尖利，咄咄逼人，几乎像是吵嚷，而大总统虽则有些心惊，也还是默默听着，竭力显示大度、平静。事后章太炎曾对人说，那天袁世凯还是显得很有涵养，一直没有发作，可以想见，他也知道自己的话说得如何过急、过重。只是他不知道，此类政治家多和一般人不一样，他们胸有甲兵，会暂时隐忍不发，只待后来再刀剑齐下收拾你。

从北京回到上海，国民党上海交通部举行茶话会，邀请章太炎出席发表演说，在这个会上，他以凝重的语调，说了如下一番话：

> 兄弟亦主张革命之一分子，当南北统一时，深恐革命派以从前急进主义，演种种激烈手段，或妨害国势之进步，曾随时自加监督，忠告民党同志。而一年以来，从各方面观察，又将民国人物一一比较，觉吾民党，终算是有良心的，自始至终，尚不违背“国利民福”四字。所最堪叹息者：一，民党当日不应退步，遗留腐败官僚之根株；二，民党不应互相猜忌，争先利用不良政府，使彼得乘机利用政党，此民党失败之总因。今日追悔，亦属无益。就民党一方面说，惟有化除意见，联合各省起义同志为一气，合力监督政府，终有政治改良之一日。惟现在国法公理，扫地以尽，民国欲不亡，恐不可得。政府党日日言某省独立，某省独立。又方与俄人定约，断送外蒙。夫中国革命，本由各省独立始，推倒清政府，改建民国，据兄弟看来，即

各省独立，仍是吾民国之领土。政府甘心误国，领土让与外人，即永久不能收回。由是言之，政府误国之罪，较各省独立之罪加十倍、百倍。且政府养兵不用以对外，而专用以对内。昔日袁氏以清军烧抢汉阳，今日袁军又欲借故烧杀九江。窥其用意，宁可以民国赠与朋友，不愿以民国交与家人，共和前途，实无希望可言。最近发生改组短期内阁问题，国民党恐人材不敷用，进步党亦恐人材不敷用。若互相让步，互相牵制，最终必是纯粹的袁派官僚组织内阁，厉行专制，国民党不适于生存，恐进步党亦不适于生存。但吾民党，当日以数十同志渐增至数百、数千，卒能推翻专制，改造共和。今日民党已达十万众，果能始终一致，猛进不衰，则种族问题既解决，政治问题终必解决，最后五分钟之进行，尚望吾民党注意。[1]

这是一番出自肺腑的话，它表明，由于事实的教训，章太炎对于自己以往的政见有了深刻的反省，并萌生了新的认识。过去有人讥刺梁启超，惯以今日之我战胜昔日之我，如果不是有意投机，并无主张，那么处此急剧变动的时世，许多事物是一时未能认识到的，新起的变化又太多，不断修正、改变原有的认识，既是必然的，也是可取的，否则就成了胶柱鼓瑟，顽固不化了。章太炎“觉今是而昨非”，勇于修正自己的立场，由拥袁而反袁，并能深刻地认识到“昔日为民权激战时期，今日为民党与官僚激战时期。一进一退，均关系共和之真伪”，正是一种非常可贵的精神。

此时，他还没有遽然辞去东北筹边使的职务，毕竟这还可借以为人民做一点实事。他还有所期待，前一段费尽周折与法商洽谈，

[1] 《国民党上海交通部茶话会演说辞》，《民立报》1913 年 6 月 11 日，转引自汤志钧《章太炎年谱长编》，中华书局 1979 年版，第 436—437 页。

双方已达成合作的意向，对方答应借款，设立东北筹边银行，现在只等政府方面盖印批准了。这种漫长的等待本来已令他十分焦灼、恼火，多次催促，依然是被推以尚待研究，终于，财政总长梁士诒来电了，电文称：“法商以日、俄之故，不愿承办，特转达。”

阅此电文他不由得怒火中烧，一把将电文撕个粉碎，分明是梁士诒从中阻挠，数月以来所苦苦等待的竟是这个结果！在奸人当权、忌疾甚深的政府控制下，还何谈为东北人民做什么实事呢？他立即提笔写下“辞呈”，决然“奉身而退”：

> 炳麟从政以来，除奸无效，从昏不能。宋教仁无辜被戕，大借款损失过巨，麟岂不知奸宄，但以司法不可妄参，国命不可自蹙，故隐忍不言耳。迩者实业银行借款，已有成言，而梁竖士诒怵法商以日、俄之衅，从中破坏。忌疾如此，更何一事可成。即日辞差，冀遂初志，恳乞将东三省筹边使开去，死生之分，一听尊裁。[1]

如果是一般的辞职也就罢了，这份辞职信中是将当道的权奸痛骂了，岂能不触怒他们，而章太炎就是这个脾气，他说了，是死是活，由你们罢，我不在乎——他已经毅然踏上了与袁世凯政权决裂的道路。

四

世间的事有时也像小说家编织的情节，正当急鼓繁弦、金戈铁马之际，忽而又穿插一段日丽风和，轻斟款唱。

---

[1]《电辞东三省筹边使》，1913 年 6 月 18 日。

1913年6月间，愤然辞去袁氏政府的差事后，46岁的章太炎结婚了。

清末投身反清革命的许多志士，不但勇于舍生取义，视死如归，生活上也是非常坚忍刻苦，厉行节操的人物，章太炎即是其中很突出的一位。许多接近过他的人在回忆中都指出，他在衣食住行上都很简朴，从不讲究享受，也没有传出过有关他的什么男欢女爱的绯闻。

前面的叙写中我们已经提到，还在诂经精舍求学期间，家里曾为他纳过一妾，两性关系中，他被证明一切正常，陆续有三位千金顺利诞育。这三个女儿都以非常古僻的汉字命名，寄托着他对古国文化独特的情趣。但在那位始终未扶正的王氏如夫人谢世之后，长达10来年的时间里，他一直未再择偶。当然，三载囹圄，数年避难，清政府未除，何以家为，是他不能考虑此事的主要原因，不过，众多友朋也经常关心，热心作伐，他一概淡然置之，毕竟心里已有自己选偶的理想和标准，只是佳偶难觅罢了。如今革命成功，也到了应该解决这个问题的时候了。湖北有他大批的崇拜者，他对湖北也有特殊的好感，每次来到武昌，都有朋友向他半开玩笑地夸说湖北的女子好，他也乘兴在湖北的报纸上刊登一则征婚启事，声称要娶一位识文断字、讲新文明的湖北女子为妻，一时传为佳话。

不过，这位大龄征婚者最终接到的绣球，不是湖北女子，而是他的家乡的一位出色女子所抛。在他的《自定年谱》中有非常简洁的五个字记述，曰："汤夫人来归。"

汤夫人名国黎，浙江桐乡人，她有很好的学识修养，曾经主编《神州女报》，并主持神州女校的教务，是近代最早的妇女活动家之一。以她的教育背景和姿质，与章太炎无疑是相当匹配的。像章太炎这样一个历经劫难的革命志士，如果说在其他方面还都不能称意，而今能有一桩如此美好的婚姻，岂不让人深觉值得庆贺？

1913年6月15日，是大喜之日，上海爱俪园披红挂彩，车马辐辏，前革命党的许多领袖人物都陆续到场了：孙中山、黄兴、陈其美、蔡元培……真是冠盖云集，极一时之盛。当时这些人物有一大好处，无论章太炎骂他们如何之狠、之恶，情急时真恨不得将他灭了，但转过身来又会与他笑脸对待，他们有时也会骂他是“疯子”，话固然难听，却也不妨作易于开脱、见谅的托词。大关节处，他们还是会认可章太炎的品质与为人。此刻见到新人，旧怨统统抛开，衷心地贺喜之外，有的还免不了打趣几句。新郎不用说自是脸上一派喜气，身着崭新西式黑呢礼服，雪白的衬衫上打着颇具灵气的领结，只是皮鞋可能选大了一点，据说人多时踩掉了一只，慌乱中一只脚又没能顺利套进去，弄得颇为狼狈，大家纷纷传为笑谈。章太炎本来就是一位诗人，际此盛典，岂能无诗？婚礼既毕，到一品香酒楼宴客时，他即席赋诗一首，诗曰：

吾身虽绨米，
亦知天地宽。
振衣陟高冈，
招君云之端。

意思是说，我虽然渺小凡庸，也知道天地宽阔，抖擞衣服登上高岗，向在云端的你招手。对他来说，新娘正像是天上的仙人，可想而知，他是何等爱慕和欣忭。

按照中国的礼数，此时新人尤其要万分感激媒人，他又赋诗道：

龙蛇兴大陆，
云雨致江河。

极目龟山峻，
于今有斧柯。

诗中景象宏大，使人联想起他这一辈老革命党人的生活背景，正是气势磅礴的反清和共和大业，远望龟山高耸的武昌，那里是首义成功之地，而今又有媒人作合此美好姻缘，他此时的心情真是陶陶然之极。

然而，正当章太炎的“世纪婚礼”举行之时，盘旋在南北中国上空的政治风云却越来越暗恶，就任临时大总统的袁世凯，权利欲望一直未能完全餍足，面对企图制约他和反对他的各种势力，特别是前同盟会的势力，他磨刀霍霍，准备更大规模地使用杀伐手段，为此他不惜以牺牲主权为代价，不经议会程序，向外国银行大举借款，以充作发动内战的军费开支。尽管反对声浪高涨，他的主意已定，和所有的独裁者一样，他们都是实力至上主义和铁血政策的信奉者，深信在夺取绝对权力的道路上，谁也不能挡住他的脚步。

摊牌的时刻已经到了。

孙中山和他的同志们决定背水一战，兴兵讨袁，1913 年 7 月 12 日，江西都督李烈钧在湖口举义，历史上著名的“二次革命”爆发了。

章太炎听到消息非常振奋，他毫不犹豫地站在反袁势力的一边，立即发表《宣言书》(1913 年 7 月 16 日)，谴责袁氏政权“政以贿成，为全国所指目，而厉行暗杀，贼害勋良，借外力以制同胞，远贤智而近谗佞，肆无忌惮，不恤人言”，指出这样的政府遭到普遍的反对是必然的，如果它还“怙恶不悛，任用狼虎”，那么“义师所指，固当无坚不摧”，它就一定要遭到覆亡。同时他也希望起义军队要“为国司直，不为利回”，注意分辨亲日的分裂势力和清政府的复辟宗社势力，不可与他们联合，并特别不可危及黎元洪所在的湖北的安定。

这个宣言的发表，说明章太炎对袁世凯的认识已经发生了根本性的变化，的确，仅在一年多以前，他还对袁世凯抱有很大的幻想，那时候，有人也对他说，袁这个人是有称帝的野心的，你们要防着他，他不信，他想，要称帝谈何容易，“非战胜强邻，得其土地重器，固不足以极威望而驯民志”[1]，他袁世凯没有这个资本！然而，事情后来的发展，越看越不对了，他袁世凯没有什么本钱，野心却大得很，他手持屠刀，一步步径直朝着皇帝的金銮宝座走去，章太炎最初的目标只是要推翻皇帝，而辛亥革命的最重要的成果是不但推翻了清王朝，还从根本上结束了绵延数千年的帝制，作为反清革命先驱的章太炎自然也是这一重要成果的坚定的捍卫者，他看得很清楚，在当时的国际形势下，“项城不去，中国必亡”[2]走回头路，开历史的倒车，是根本没有前途的。现在是已经到了危急关头，到了必须发动新的一次革命挽救中国命运的时候了！

7 月 26 日，他又发表了《第二次宣言》，这个宣言中，他在原先提出的“四凶”之外又加上 3 人，即当时担任袁世凯秘书的王揖唐，任国务院秘书长的陈汉第和任国务院总理兼财政总长的熊希龄，一共是“七凶”，这些人，无论南军胜利或是北军胜利，都在该杀之列。这些袁世凯身边的帮凶令他深恶痛绝，在他看来，这一次革命既然是一次政治革命，那么只要是危害革命的，都应该坚决铲除。

发表这个宣言之时，江西起义部队已经被袁军击溃，在力量众寡悬殊的形势下，“二次革命”很快就烟消灰灭，孙中山、黄兴等领袖人物再次逃亡国外。像历史上所有革命运动遭到镇压以后一样，参与和附和革命者都被视为“乱党”和“暴徒”，受到当局搜捕。

---

[1]《敬告对待间谍者》，《章太炎政论选集》，中华书局 1977 年版，第 570 页。

[2]《致伯中书八》，1913 年 7 月 3 日。

章太炎的此时处境实际上是很危险的，他对此不可能没有察觉。但是他并不准备像在前清时代那样流亡海外，他认为中国既然已经从清政府的统治下光复，自己没有理由再向外国求得庇护。这时，他还没有完全放弃对民国政治的希望，新建的共和党让他看到了一线曙光。

早先他是反对代议制和政党政治的，后来民国的共和政治体制建立，他就“成事不说”了，并且也转向从事政党政治，经过这一段时间的观察，还是觉得政党对于中国不是有益的，甚至说“中国之有政党，害有百端，利无毛末”[1]，但是其他的政党不撤销，他所在的党自然也不能撤销，而且事态的近一段发展，让他还觉得犹有可为。

不久前举行的国会选举中，国民党获得参、众两院的多数票，为应付此种形势，共和党、统一党、民主党合并为进步党，但不出一月，这种捏合即告破裂，原统一党和民社的部分成员组成新共和党，举章太炎为理事。这件事令他颇为兴奋，他对这个新共和党成员评价颇高并寄予厚望，迅即致函该党本部说：“不意诸君子愤发其所为天下雄，将率群才，云蒸龙变。卷葹拔心而不死，秋菊晚岁而愈馨，遡听风声，欢喜踊跃。……所愿众志成城，贞固干事，不屈威武，不挠利权，则群伦自坍，风雨不已，斯精色自开。”[2]在当时中国的政治舞台上，当然还是需要借助于一个有着统一意志的群体的力量，现在孙中山和黄兴都已败走海外，民国共和政体的躯壳还在，惟有借重政党的力量，阻遏袁世凯权力政治的无限扩张。想到这一切，章太炎愈加感到自己肩头责任的沉重。

是的，他不能走。非但不能走，他还要直入政治漩涡的中心地

---

[1] 《与副总统论政党》，《章太炎政论选集》，中华书局1977年版，第648页。
[2] 引自《致共和党本部函》，《章太炎选集》。

带——到京城去。北京的共和党本部已有急电来，说是那里形势有些孤危，亟盼他能去亲自主持党务，给处于惶惑动荡中的党员们以信心支撑。又说国民党意欲与共和党联合，需要他去商谈定夺。

他将自己的决定告诉新婚的妻子时，汤夫人相当惊诧，他对神色沉郁而悲壮的夫君说："你已经多次公开发表宣言反袁，袁世凯岂能饶得了你，你这不是自投虎口吗？"

章太炎道："事出非常，义不容辞，明知虎穴，我也一定要去了，你不要太担心，我若没回来，你不要回浙江，免得发生意外，对我有牵制。"

章太炎一生中有过多次非常英雄主义的行动，像张园割辫、《苏报》案入狱、东京反封禁等等，前面是刀山火海，他也敢闯，了解他以往的历史，这一次"偏向虎山行"的行动之于他，也就不难理解了。

最能表明他当时心境的是他留下的这一首诗：

时危挺剑入长安，
流血先争五步看。
谁道江南徐骑省，
不容卧榻有人鼾。

这首诗想来袁世凯当时还未能得睹，否则定然大惊失色，他固然是卧榻之旁不容他人酣睡的赵匡胤，决不会听从南唐后主特使徐铉的宽容请求，而今，却有一个效法战国时代著名使臣唐雎的人，挺剑大步来到了，他要以"伏尸二人，流血五步"的"自杀"行动，申说他维护尊严、万死不辞的决心哩。

第七章

“在贼中”

1913 年 8 月 11 日，章太炎来到位于北京化石桥的共和党总部。化石桥这个地名，现在已从北京的地图上消失了，当年的确还有过一个小桥，横跨在溷浊暗黑的污水河上。共和党本部占据了离小桥不远的一个不大的院落，章太炎到达的那一天，院子里曾经有过一阵不小的躁动，一位大名鼎鼎的人物，在这样乌云压顶之时，就要出入于此，在他出现之后，将会发生什么？周围的人，多少有些惴惴不安地期待着。

也有几个人是异样的高兴，别人都不知道，是他们暗中设下了陷阱。原来在袁氏政权的此次镇压风暴中，章太炎已经进入了他们的视线，此人公开反袁，放言无忌，决不可放在他们的掌控之外，但是怎样才能让他顺顺当当地“入瓮”呢？有人就向袁世凯献策，找共和党内的人，以党内急务为名骗他到京。这件事做起来并不难，共和党内被物色上的两个小人，很容易就得手了，章太炎到来之日，也是他们从袁氏政府领到的银洋哗哗落袋之时。后来虽然他们也败露了，受到共和党的除名处分，但是一切已经晚矣，章太炎成了袁世凯的陷阱中挣脱不得的猎物。

然而，初到之时，章太炎对这一切仍懵然不觉。他甚至对于所见到的共和党某些振兴的气象深感鼓舞，除了支部越来越多，还有不少议员也加盟共和党，他不由得想到自己："骥老伏枥，志在千里，况吾犹未老耶?"[1]他的心中，再次升起对于中国民主共和政治的希望，以他的春秋鼎盛之年，竭尽一切努力，或许还能有可为。然而，现实是严酷无情的，他的这种希望，很快就如泡沫一般被彻底击碎了。他到达的当天，京都的警备部队已经按照最高当局的指示对他实施了全面监视，有四个戎装的军警日夜守卫在他的驻地，至于便衣之多，就更无可指认。据说，章太炎是在一次乘马车去友人处时，军警寸步不离，才发觉自己处在这样严密的"保护"下，他当时气愤至极，便拿起手杖赶他们走。但这是根本无济于事的，被手杖击痛的军警暂时还"打不还手"，而在没有接到上峰指令之前，也决不会离开其"岗位"。不用多少考证，章太炎知道自己已经被软禁了。

章太炎后来在一封家书中，说袁世凯实际上算不上是一个奸雄，只是"腐败官僚"的"魁首"，这话有一定道理，却也未尽然。袁世凯的身上有很强烈的"奸雄性"，他懂得审时度势，以不同的手段对待不同的人。章太炎是名高望重的光复先驱，国学泰斗，他手中没有武器，不同于参与"二次革命"的党人，将他或关或杀，都会激起舆论巨大反响，对自己极为不利。但是，他也不能放，放他回归南方，就是放虎归山，他就不再只是一人，而会聚集起许多人与自己作对。上策自然是能诱其为自己效劳，但恐怕一时未必能做到，比较现实的，就是对他施行变相的羁押，限制其人身自由，对外还可以"保护"为名，显示一个仁厚的形象。长期的羁縻必然摧折他的心性，或能使他改弦易辙，投到自己帐下；或者不堪忍受，终于一命呜呼。这都是他乐于看到的结果，而不必由自己背负骂名。秉

---

[1]《家书》，1913年8月26日。

承他的旨意，京都警备司令手下的官兵，才例外对这个傲气十足的文人予以忍气吞声的“礼遇”。

章太炎住在共和党本部右院的一间斗室中，平时少有客来，心情非常郁闷。他曾经设想过自己要以无畏的气概去说服袁世凯，“流血先争五步看”，看来也只是一厢情愿的想象而已，袁世凯的本质暴露得越来越赤裸裸，他是不会被说服的，在通往独裁的道路上，他越走越远。另一方面，“天高皇帝远”，要见袁世凯谈何容易！章太炎到京之时，全城已处于戒严中，枪杆子君临一切，打压反对派对于袁世凯来说变得非常简单易行。在给汤夫人的信中，章太炎不断以极为愤懑沉痛的口气报告：

> 此间警备犹严，一切政论，无由发舒。选举宪法诸大端，无非在军人掌握中耳。[1]
>
> 北方政党情形，气已肖索，国会徒存形式，莫能自主，盖迫于军警之威，救死不暇，何论国事。前所逮捕议员，近闻已枪毙五人，神龙作醢，灵龟刳肠。吁！实吾生所未见也。[2]
>
> 当今之时，苟夙隶革命党籍及开国有功者，自非变节效媚，无不在嫌疑中，非独吾一人也。[3]
>
> 京师冠盖之区，暗如幽谷，……大抵北京当事者，皆二三无赖下流，内阁虽修饰名誉，而匡救之力甚少。近则军警又宣告两院九大罪，且欲逼迫宪法草案，延总统任期至七年，且许连任矣。议员已全无力量，恐不能不受其威胁。共和党名为中流砥柱，人数既少，亦不能济此横流也。[4]

[1]《家书》，1913年9月14日。
[2]《家书》，1913年9月18日。
[3]《家书》，1913年10月2日。
[4]《家书》，1913年10月9日。

> 近因解散国民党议员，都下人情惶乱，闻湖南所杀革命党，皆非此次创独立者，而即辛亥举义之人也。诚如是，则吾辈安有生路。[1]

这些文字是中国近代史上一个非常时期的最切近的见证，也真实呈现出章太炎被羁囚的最直接的背景。

无数志士仁人前仆后继努力缔造的中华民国，就这样断送在一个独夫民贼的手中，岂能不激起他的无穷愤恨？在他居住的斗室中，他像一头被困的猛兽，心如鼎沸，坐卧不宁，常来谈话的只有党部人员吴宗慈等三人，他与他们谈时局，斥政府，谈话既穷，继以狂饮，醉则更骂。有时他又在窗壁间到处写上“袁贼”二字以泄愤，有时则在许多纸张上大书“袁贼”二字，埋而焚之，大呼：“袁贼烧死矣！”被当时朝夕伴同他的吴宗慈记述的这些细节，具有很大的真实性，非常符合章太炎当时的心情和他固有的性情，须知他还不止是一般的狷狂名士，便是更加“狷狂”地表露心情的行为，他也会做得出来。他就曾经打算模仿明代方孝孺的故事，手执丧杖，身穿麻衣，痛哭于国门，以哀共和之将亡。

虽然没有正式关押，但外面有虎狼守门，当局禁止他离开北京，这与关押在实质上是一样的。他非常想念新婚燕尔的妻子，每封信中几乎都要叮嘱她保重身体，注意衣食起居。他多么希望能尽早回到她的身边，相伴她度过常人的岁月，但是这一切看来还很遥远，他不知道这种羁押的日子何时是头。有一次，他的心情极度恶劣，在信中提到自己几乎有自杀的念头：“吾处此正如荆棘，终日无生人意趣，共和党亦徒托清流，未能济事。……展转思之，唯有

---

[1] 《家书》，1913 年 11 月 8 日。

自杀,负君深矣。”[1]这引起汤夫人和朋友们的大惊,赶紧写信来劝慰,事后,他也颇感内疚解释说:“前书自言求死,乃悲愁过当之言。昔人云:人生实难,其有不获死乎?吾亦非惧祸而为此言也,蛰居一室,都不自由,感激侘傺之余,情自中发,乃欲以此快意耳。内念夫人零丁之苦,外思蛰公劝戒之言,亦不能不抑情而止也。”[2]

对于他后来漫漫三年的羁押生涯而言,这还仅仅是开始。他也还不断地进行交涉、抗争,提出可否让他去青岛常住,或者移居国外,不再过问国事,但是上面都像一个巨大的黑洞,毫无回应。曾经有人带信来说,大总统有意让他担任国史馆馆长,未知尊意如何。他明白了袁世凯的意思,立即写了一信回答:

> 炳麟以深山大泽之夫,天性不能为人门客。游于孙公者,旧交也;游于公者,初交也。既而食客千人,珠履相耀,炳麟之愚,岂能与鸡鸣狗盗从事耶?史官之职,盖以直笔绳人,既为群伦所不便。方今上无奸雄,下无大佞,都邑之内,攘攘者穿窬摸金皆是也。纵作史官,亦倡优之数耳。[3]

这是已经到了什么时候?他的口气竟还是那样尖刻、峭厉,说袁世凯及其追随者连“奸雄”、“大佞”也够不上,他们只不过是一些“穿窬摸金”的盗贼,把给他做“史官”说成是“倡优”之辈,明白宣告自己不慕荣华,决不会昧着良心,替你干些“鸡鸣狗盗”的勾当!

当然,退一步说,他可以考虑接受做一点“考文苑”[4]的事,这主要是从事语言文字和学术上的一些项目,这类事“在民而不在

[1] 《家书》,1913 年 9 月 23 日。
[2] 《家书》,1913 年 10 月 17 日。
[3] 《致袁世凯书》,1913 年 11 月 22 日。
[4] 相当于研究院。

官”，需要解决一笔经费，他如是对袁世凯说，你大总统要是还没忘记自己的祖国，不想让“国性”与你的这套政治一起衰亡，你让我做这些事，我这人就是再狂，也会从命，不然的话，你把我一人扣起来当作你的功业，将践踏祖国文化作为显示你有力量，我又有什么可惭愧的呢？

这件事终究还是未谈成，表面上是经费数额多少不能一致，实际上还是袁世凯并无心让他做这件事，如果不是考虑种种因素，早就要以另外的手段来对待他了，怎么还能让他如此得遂心愿？纵使袁世凯故作大度，他的心腹梁士诒、陈宧等辈，都是章太炎多次声言必杀之以谢天下的，他们都恨不能置章太炎于死地，又岂能如此优容他？

袁世凯以暴力手段强迫国会选举自己做了大总统，随即又下令解散国民党，取消国民党议员资格，政治空气与气候一样，一天比一天更加寒冽，初来时所见的共和党的某种振兴的气象，早已消失得无影无踪。政治已经一无可为，那么往下还能做什么呢？一段时间里他还读读书、作些诗，他喜欢研求医道，也翻翻医书，聊以度日，但时间一长，内心的痛苦仍然难以排遣。

正如我们前面已经谈到的，章太炎是政治家，同时他又是一位大学问家，这是他与其他许多政治家不同之处，在从事政治活动时，他会不忘以学术为武器，而在政治活动不能进行下去时，自然也会重新拾起学术，并以之为自己主要的社会活动方式。于是，就在共和党本部的轩敞的会议厅里，他和身边常来常往的几个弟子开办起了“国学讲习会”。章太炎一直认为，文化是重要的，舆论宣传也是很重要的，辛亥革命的一朝成功，他就常归之于以他为主力的长期“摩荡人心”的反清宣传。国粹——国学——国性，是他诲人不倦的主题。现在他再次走上国学的讲坛，尽管手边没有大量的资料可供翻阅，浩博宏富的腹笥也已足够他左采右撷，旁征博引，听众在惊叹之余更深为折服，据说，混迹于听众中行监视之责的袁世凯派来的暗探，也觉得讲课很精彩。

然而，作为这次讲学活动“点睛之笔”，还是他手书的一张赫然贴在门口的通告，该通告称：“余主讲国学会，踵门来学之士亦云不少。本会专以开通智识，昌大国性为宗，与宗教绝对不能相混。其已入孔教会而后愿入本会者，须先脱离孔教会，庶免薰莸杂糅之病。章炳麟白。”那时候，康有为、陈焕章之流创建的“孔教会”正在甚嚣尘上，章太炎并非一概反孔而是坚决反对建立孔教，他已看出主张建立孔教者其实是别有所图，政教相糅，种种“民国所必不当行者，亦可借名圣教，悍然言之”[1]事实是不久袁世凯确乎利用这股尊孔的势力，袍笏登场，上演了一场恢复帝制的闹剧。后来，鲁迅先生批评说他由反孔而尊孔，有倒退之嫌，我们倒觉得不够准确，他的这位老师反孔，确切地说是反孔教，反对借用孔教达到不可告人的目的，这个立场前后基本上是一致的。

还在讲学活动断断续续进行的过程中，章太炎也曾密谋逃离虎口，从这个角度看，讲学之举亦未尝不是他故意散布的转移视线的烟幕。他的计划是第一步先行坐火车逃到天津，他的几个朋友和门生都觉得他把事情实在想得好简单，街头巷尾到处都是军警和特务，你如何逃得出他们的天罗地网，若是逃不出去，岂不要引致更大的祸灾？但是章太炎的主意已定，很难劝改，惟有使用一个小计谋，才能帮助他躲过此祸。于是，他们在为他饯行时，提议以斥骂袁贼为酒令喝酒，大家推杯换盏，喝喝骂骂，兴致极高，章太炎的刚直浪漫性情此时也显露最真，他骂要骂个痛快，喝要喝个尽兴，这样一来，到他意识到并立即出发赶车时，火车早已离站了。

---

[1] 《反对以孔教为国教篇，示国学会诸生》，《章太炎政论选集》，中华书局 1977 年版，第 695 页。

接下来的事，也许是他在极度懊丧中做出的决定。和他的好心的朋友们愿望相违，谁也没有想到，他会在执意不回共和党本部而住在离车站不远的一家日本旅社的次日，独自一人去大闹了总统府。

这是在民国史上一段有声有色的故事，它虽然有细节描述上各有差异的不同版本，而整体上是真实而清晰的：

那一天，章太炎穿着普通的蓝布长袍，手持折扇，而蓄意将大总统颁发的勋章缀于扇柄，大摇大摆来到总统府。他此行的目的，是要见到袁世凯，当面问问他自己究竟犯了什么罪，受此羁押？也要问问他，无视议会和约法，一意倒行逆施，究竟想干什么？袁世凯胆敢对他不客气，他也就不惜这条命了，一定拿这枚勋章掷还他！或者就躺在你总统府不走了。

总统府不用说门禁森严，他被安排在接待室等候通报，门房即使不认识他，也知道他的大名，看他这副怒气冲冲又疯疯癫癫的样子，决不敢太怠慢。据说不久就有秘书长梁士诒出来接见，章太炎翻了翻眼睛没好气地说，我又没有要见你，你来干什么？弄得梁秘书长好生没趣，悻悻而退。

他在接待室被"晾"了很长的时间，极为不耐，多次叫人去催，后来总算出来一个秘书，他问："总统为何不见，在做什么？"秘书答："会客。"他问："会见何人？"答："向瑞琨。"他道："向瑞琨一个小孩子可以见得，难道我见不得么？"一气之下，就抡起手杖将接待室的器物砸个稀里哗啦，好容易被人拦住，请他息怒。也有人说他在院子里大叫大嚷，闹得很凶，这就是有名的大闹总统府一节，实际上他当时并未获见袁世凯，试想袁世凯若是亲自出面见他，岂不要吃眼前之亏？袁大总统当时就在离他不远处的一个办公室里，当然已经不断获知章太炎"大闹"的信息，"龙颜"一直阴沉沉的，终于，决定派军政执法处处长陆建章——此人当时以抓捕和处决前革命党人的恐怖形象令人生畏——出马，佯称总统在居仁堂见章，由他陪同驱车前往。陆建章根本没有把他带到什么居仁堂,而是一下就把他带到郊外的一个废弃的军队营房,在那里加上一把大锁,任由他去大喊大闹了。

我们可以想见章太炎当时当地会是如何悲愤,他在那里呼天不应,叫地不灵,平生遇到多次暴力,唯有此次为最。他早先曾不无悲壮地宣称过:“吾虽微末,以一身撄暴人之刃,使天下皆晓然于彼之凶戾,亦何惜此孱形为!”[1]而如今看来,对方根本没有什么堂堂正正之阵,能让你的牺牲起到揭露和震动的作用,这一点比当年《苏报》案时清政府还不如,他们会神不知鬼不觉秘密处死你,犹如处死其他许多前革命党人一样。像他这样一个为中华民国创建立下大功的人,未死于清政府的虎口,却死于这些所谓的民国官吏之手,这是何等可悲啊！看来确实是需要考虑一下与他们作斗争的策略了。

在废弃军营关押了数日之后,他又被迁往北京南城位于陶然亭旁的龙泉寺。这是一个颇为清幽而兼园林之胜的所在,选择这样一个地方作为幽囚章大师之地,显然袁世凯还相当在意自己的形象,他想告诉外界,他不过是帮助章太炎怡养心性而已,既然有人一直指认他是“疯了”。看管他的任务,由军政执法处陆建章转交京师警察总监吴炳湘负责,后者也同时看到了来自大总统的一份相当周详的手示,其中包括:“一,饮食起居用款多少不计;二,说经讲学文字不禁传抄,关于时局文字,不得外传,设法销毁;三,毁物骂人,听其自便,毁后再购,骂则听之;四,出入人等,严禁挑拨之徒;五,何人与彼最善,而不妨碍政府者,任其来往;六,早晚必派人巡视恐出意外;七,求见者必持许可证;八,保护全权完全交汝。”[2]

[1] 《致伯中书》,1913年8月20日。
[2] 刘成禺:《癸丙之间太炎先生记事》,《洪宪纪事诗本末簿注》卷二。

这份手示足以显示大总统对于章太炎的用心之深，或者正如陆建章对他人所说，章虽为文人，而其作用则直抵数师军队，大总统不能不为之捻断几茎胡须，煞费心机。后来长达三年的对章太炎的幽禁，基本上是按照这个“最高指示”精神执行的，只是鉴于章太炎不停的指斥和抗拒，执行者还要做一些“创造性”的变通，例如他们会将警察充作门房、杂役和厨工，借以达到对章太炎的全天候、全方位的控制。

章太炎识破了这一切，他坚持要用自己的钱支付生活开销，不接受袁世凯政府的钱财。既然是自己掏钱雇用杂役人等就应由自主，他厉声斥退那些隐瞒身份的秘密警察，但是没有用，警方竟然立即调派四五十人前来“耀威”，这种场面令手无寸铁的章太炎既气愤又感到可笑，他写信给京师警察总监吴炳湘说：

> ……吾生平虽有性气，苟以礼来，断无抗扞，若不合规则，违背约法之事，而强以施行于我，则自有正当防卫，虽威力绝人，亦必御扞而后止。……遵法而施，则官吏视之；违法而行，则盗贼视之。卿等所为，无异于马贼绑票，而可借口命令乎？自作不法，干犯常人，而可言防卫者性气太甚乎？……昨者以斥退役人，卿遣巡警四五十人，一时麇集，此不足以耀威，乃适形其暴乱耳。忧患之余，见卿所为，反不得不胡卢一笑也。[1]

他与根本无视约法的袁世凯的鹰犬谈论守法不守法的问题，看上去很有些书生气，其实不只是表明他对于法治的忠诚，也显示他的合法斗争的策略。他甚至还依法向当局要求赔偿自己因非法

---

[1]《与吴炳湘书》，1914年1月23日。

拘押遭到的损失，他认为，“彼既违背约法，制人迁居，在京一日，彼即当赔偿损失一日，焉能放弃权利而任彼恣睢也”。[1]

诚然，当时钱对于他也还是很重要的，他执意维护自己的人格尊严，坚拒袁世凯施舍的钱财，而身边准备的一点旅费也渐渐告罄，向袁氏政府索赔完全合法而且是正义的，然而这也无异于与虎谋皮。他在京城并无可以借贷的朋友，经济上没有来源，使他再次面对绝境，到5月下旬，即在龙泉寺被囚禁三个月之后，他决定绝食，“以死争之”。他将自己一件当年在日本穿的旧衣服拣出，寄给亲爱的夫人，此衣标有汉字圆规标章，是当年与同志们共举大义时，请日本裁缝特制的，被他珍藏了十年，很富纪念意义，他写道：“吾遂陨毙，魂魄当在斯衣也。”[2]从这时起，他就拒绝进食，七八天下来，神色转清，但身体已极为虚弱，随时都有生命危险。

负责监禁他的京师警察部门长官闻讯前来，只见他闭目静坐，状似入定，无论谁与他说话，他都不应，他们面面相觑，对此束手无策。袁世凯和他的谋士们亦颇感惊恐，若是章太炎真的就这样绝食而死，外间一定认为是不堪虐待所致，无以对天下人交待。于是，他们一面寻求章太炎的友好前去频频劝食，一面也开始考虑为他改换环境。稍后，他终于在朋友的劝说下恢复进食，并被迁出龙泉寺，移居东四本司胡同一个徐姓医生的医院中，进入了身体和精神上的一个恢复期。

绝食斗争在他这三年的幽禁期间不是唯一的一次，后来又有过一次，是在他赁居钱粮胡同之后。

由幽禁在龙泉寺改成由其赁居民宅加以软禁，不过是换个形式，由一个笼子转到另一个笼子，整个人身约束并无改变。促使他

---

[1] 《家书》，1914年2月21日。
[2] 《家书》，1914年5月23日。

再次做绝食斗争的，仍是这个主要的因由。

新赁居的房屋虽然高大宽敞，奈何警察总厅暗探还是置身左右，他的最器重的弟子黄侃曾经来宅中陪住，随时就学问之事与他切磋，忽于一日深夜被一群警察架走，并不准他再来。此事数日之后章先生方才得知，他岂能不心如刀绞，只有这样的时刻，他才更真切地看到自己生存的真相，原来是如此的孤危，如此的凄黯！章太炎不是一个很脆弱易折的人，但是，在一种无以解脱的困境或绝境中，生死大计的确常常浮升脑际，一方面他会参悟佛家经义了身达命，另一方面他有太多的舍身取义的前贤为样板，都使他对于弃生就死毫无惧意。他的太深、太多的怨愤和抗议要以死来宣泄，对于他所遭遇的暴力，死可以成为最后一搏的一种武器。

这两次绝食都是被友人们劝止了，他的绝食求死的决心不可谓不大，而另一面，他的朋友们、弟子们和所有关心他的人们，那种至情至性的百般劝说乃至哀告，也不可谓不令人感动。在一个漫长而清明的思考过程中，他逐渐改变原先的想法，首先是不能辜负了亲人和友人们，还是要留在世上，为自己所矢志忠诚的祖邦及其文化再尽一份责任。

在钱粮胡同幽囚的岁月中，他竭力平复心境，重理书箧，托人将他存放在上海的藏书送来，专心阅读，一面着手删定《訄书》，更名为《检论》，又修改《国故论衡》，写作《菿汉微言》，选编《章氏丛书》等。

有关删改《訄书》为《检论》，后人有一些说法，似乎是削弱了前期的锋芒，一些颇具战斗性的文章被删落了，是否意味着他此时思想正在倒退？由基本的政治态度和立场看，对于袁世凯，他并没有任何妥协和苟且；对于他一直为之效命的光复与革命事业，他也没有任何后悔或怀疑。在回首往事时，他会有一些反省；在近观时局时，也会有一些憬悟，这可能是他从事删定的重要依据。但《訄书》之于清王朝可以说是禁书，而于袁氏政权还未必太干时忌，相反，它还增添了一些暗讽和指斥袁世凯恢复帝制的文字,对这部主要是学术文字的书,亦未闻警厅要进行严格的检查,所以,他并无必要删除战斗性强的文章以避人耳目。之所以一些文章被删,还是主要出于学术体例的考虑,此书虽然是由众多单篇文章合成,却有一个较为完整而严密的体系,贯穿着章太炎对中国社会历史文化的根本认识和主导思想,他之所以不断修改它,正是因此之故。的确,有一些当年报刊上的攻讦辩难的文字,时移事迁,没有必要长留在这本书中了。

相对于寄寓于化石桥共和党本部和软禁于龙泉寺,钱粮胡同赁居的房屋院落所展现的生活环境是较好的,这里可以会客,可以读书,可以散步,尽管仍在幽禁状态中,也使得章太炎一颗漂泊无依的心稍稍安定,他的撰写、整理和编订自己各种学术著作的庞大计划得以逐步实施。对于命运的安排,在抗争无果又无奈的情势下,也许只有随遇而安,何况,学术研究对于他也是一项重要的事业,是一种精神的寄托。然而,他不会也不可能从此“两耳不闻窗外事”,在自己心里筑起与外界隔绝的高墙。外间不断有消息传来,袁世凯已经加快了恢复帝制的步伐,到这一年的夏末,以杨度、孙毓筠为正、副会长的“筹安会”宣告成立,黄袍加身的“洪宪皇帝”,在紧锣密鼓中呼之欲出。

事态的发展既在意中,也在意外。袁世凯最终要毁弃民国,篡位称帝,可以说是在章太炎的意料之中;但是这一切来得如此之快,又在意外。听到这个消息,他的悲愤难以自抑,身为民国的缔建者之一,眼见此人公然窃国而无可作为,这岂不太令人难堪了?苟延残喘在这世上,还有什么意义?他拿起笔,在七尺宣纸上书写了篆体“速死”二字,悬于壁上,并自跋云:“含识之类,动止则息,苟念念趣死,死则自至,故书此二字,在自观省,不必为士燮之祷也。乙卯孟秋,章炳麟识。”他希望也相信有知觉的人,停止了动作,只要看着这二字,一直想着死,死就会自然到来。

稍后数日，他在致汤夫人的家书中说得更明确：“京师议论日纷，彼冒昧主张者，徒造成亡国之基础，虽暂得富贵，其覆可待。仆以性情素峻，人亦不敢强迫。两女虽已成年，大事安危，终非所晓，未生暂当留此，以备意外之虞。仆今忧患虽深，而坐待死亡，转无烦恼，惟以力薄身羁，坐视危亡而不能救，以此自愧而已。余复何言。”[1]这信上提到了他的两个女儿：大女儿和小女儿，当时她们都来到了他的身边，大女儿已许配给龚未生，所以特别交待要留他在京照料。他其实是在做最坏的打算，深知自己和身边的人们，都面临一场很大的危机，一旦袁世凯登上皇帝宝座，他如果仍然坚持自己的节操，他们终究会成为他的俎上之肉。不幸的是，他的大女儿由于目睹太多可悲哀的事情，周遭的氛围过于压抑，自己心情又非常忧郁焦虑，受这个“速死”的意念暗示，突然上吊自尽，章太炎为此自然十分悲痛，而外间则纷纷误传是他身亡，汤夫人急电“问安”，他则回复说：“在贼中，岂能安。”在袁世凯这个大贼的魔爪之中，他既不可能有稍久的身安，也不可能有一刻的心安。

作为这句短讯的注脚，当时还流传这样一件事：有个人曾自告奋勇来说服章太炎，只要他也肯写一份拥护袁世凯称帝“劝进”的请愿书，就可以换得自由，放他回去，章太炎居然答应了。第二天，果然有一份出自章太炎手笔的信交给了袁世凯，袁世凯接过来一看，差点没有气得背过气去，上面写道：“某忆元年四月八日之誓词，言犹在耳。公今忽萌野心，妄僭天位，匪惟民国之叛逆，亦且清室之罪人。某困处京师，生不如死，但冀公见我书，予以极刑，较当日死于清政府恶官僚之手，尤有荣耀。”袁世凯真是恨不能立即杀了他，但是一想到小不忍则乱大谋，反正他在自己手掌心里，也就权当他是个疯子，强压怒火放下了。种种事实都显示，他要坚持自

[1]《家书》，1915 年 9 月 5 日。

己的立场，不与袁世凯的拥戴者们同流合污，处境必然是非常危殆的。

没过多久，袁世凯称帝的闹剧终于上演了。这分明是一件冒天下之大不韪的事，举世一片哗然。蔡锷、唐继尧、李烈钧等率先举起讨袁护国的义旗，局势的这一转变，令章太炎兴奋难安，他更加急于从京城逃离，希望能与各地的反袁力量取得联系，让自己也能投身到这一场斗争的洪流中去，以他的声望和影响，以他的经验和智略，做一番自己的贡献。他听说西南方面有人策划迎接黎元洪到广西主持护国运动，立即秘密致书黎副总统，劝他早做决策；又设法存款到日本正金银行，借其职员出入之便，携带密信给西南军务院副抚军长、两广护国军都司令岑春煊，向他“示以方略”。章太炎在逆境中，虽然可能有暂时的消极和悲观，但是他不会绝望到底，真正遁世；虽然他也会一时随遇而安，寄情学术，但是他不会钻进“象牙之塔”，将国家大事彻底抛到九霄云外。相反，他是一个使命感、责任感很重的人，如何才能挽救民国的命运，将刚刚结束帝制的中国，导向真正的自由、民主和富强，是时时萦绕在他心头的问题，这使他的心态既非常沉重，又非常容易激动。

5 月间，他又一次决定逃离居住地，以期南下。与两年多以前那一次未成功的逃跑不同的是，这一次要更加秘密、谨慎，朋友中知道的人相当少。出走那天，他削发剃须，换上和服，扮成日本人，叫上马车，说是要去赴日本人之约，随即就有暗探尾随。待到达宴会之地“长春亭”后，他又施放“烟幕”，派马车往招日妓，希图迷惑暗探，乘机出门，叫上人力车，直奔火车站。

殊不知他的动向早被警方侦知，并已预设好对策。就在候车之顷，忽然拥来十余人，将他又拉又拽，声称：“你欠我的钱不还，怎么就想跑?”一边说着，一边将他身上一个指环和一块常佩的古玉抢去。他身边的几个友人都阻拦不住，眼看他被这群人强行带走，一径来到警察厅。只见从里面出来一个科长级的官员，章太炎大声呵斥道，你们真不晓得死活，也不看看如今已是什么时候了，还敢这样行事，就不为自己留点后路？该官员道，我们是执行上司命令保护先生，先生还请回家吧。他被送回去后，警方更加强了看守。这时离袁世凯死不到一个月，尽管这位短命的皇帝在四面楚歌声中已不得不宣布取消帝位，而当局对付和镇压前革命党人，则未尝有所放松。

6 月上旬的一天，天气已略微燠热，弟子朱逖先汗涔涔的赶来报信，说是看见街上学校和公署门前都下了半旗，人们都在议论，可能是袁世凯死了。听到这个消息，章太炎长出了一口气，大有云开日出之感。果不其然，稍后即有正式消息传来，洪宪皇帝于重病中得知他的心腹陈宧也跑到四川宣告独立，加入讨袁阵营，急火攻心，一命呜呼。若是用宿命的说法，正是上苍给他的报应。章太炎与他并无个人的夙怨旧仇，然而，他执掌中国最高权柄不过四年，就囚禁了章太炎长达三年，囚禁并杀害革命党人更是无数。如今此害已除，真是不啻又获一次解放。

但是，中国的事情竟有荒诞奇怪之至的，袁世凯之死并不带来章太炎的立即开释，虽然继任的总统黎元洪可称是章太炎的好友，也向内务总长王揖唐发话，王却推说大局未定，出于安全考虑，章太炎尚需“保护”，未可撤警。章太炎气愤至极，明明是非法监禁，却还要美其名曰“保护”；明明是加害，却还要说是“优待”，看来袁贼虽死，阴魂犹在啊。然而，毕竟时势已产生重大变化，章太炎是在民初政坛上有重大影响的人物，他被袁世凯非法囚禁京城，是众所瞩目的重大事件，要求立即恢复章太炎自由的电文纷纷传来，舆论压力一时骤升，他的家乡浙江也传出消息，准备派人前来迎接他回省，内务部顶不住了，不得不灰溜溜地撤警。

被羁囚禁三年之久的章太炎重获自由了。

第八章

护法——行走的旗帜

一

在中国近现代历史上，北京和南京，因都做过首都，可谓是政治中心，而上海，虽未做过首都，却当之无愧地是政治活动中心。正像我们前面所述中屡次提到的，章太炎的政治经历，不仅是从上海出发的，而且时时与上海相关联。1913 年夏，他告别上海，勇闯京城，将近 3 年之后才被放归，又一次回到上海。这一次归来，虽没有像在上海坐 3 年西牢后，来到东京，受到英雄凯旋般的盛大欢迎，而在各界人士中，也还洋溢着对他的一种慰问和致敬的热情，许多人都争着去码头迎接他。

毕竟，在袁贼复辟的狂潮恶浪中，身受囚禁和死亡的威逼，他没有任何屈服失节的表现，仅此一点，已足以令人仰止。此时，围绕他的种种谣诼和流言，有关的种种曲解和非难，都悄然止息。一个人一生中，有一次如此的表现就已经很不错了，而章太炎，有多次在生死关头这样大义凛然的表现，他的见地和胆力，他的襟怀和风骨，都在强力的碰撞中爆发出耀目的光华，谁还敢对他误断和低估呢？在我们往下的叙述里，章太炎在他的政治生涯中，同时也在他对国内政军实际事务发挥影响力方面，都达到了一个顶点——在孙中山南下组成的军政府中，他担任秘书长的要职，其基础就在于他以自己的这种令人尊重的实际表现所赢得的威信。

国家、民族和个人的这一段经历给章太炎以太多的感受，见到那么多关心他的命运的朋友和亲人，他的情绪常常如浪潮起伏，难以平抑，在有上百人参加的浙江省国会议员的欢迎宴会上，他所切切申告的还是对于今后国事的忧虑，他决不认为袁世凯一死，中国的问题就解决了，他看到了京城还为官僚帝孽所盘踞，"其数之众多，又非议员所能比拟"，斗争当十分艰难。同时，还有更深层的问题，是"唯中国人有一极坏性质，则可以共患难不可以共安乐是也，当危难之际，彼此尚能同德同心，及至事稍有成，于是萌攘夺权力之念，而互相嫉视，或其人劳苦，又必思所以挫抑之，凡此皆取败之道也"[1]。说到这里，想必是触动了自己的伤心事，这个一生劳苦备受挫抑的人，竟失声痛哭起来，场上之人，无不动容。

血的教训擦亮了章太炎的眼睛，敌我的问题，同一阵营中人的问题，成为他关注的重点，如果说二次革命发生之际，他已经有许多"觉今是而昨非"的检视，那么现在他就有了更多、更深入和透彻的反省和考量。在有孙中山和前革命党领袖多人出席的国会议员北上欢送会上，他有过一番非常警辟、激越的陈词，其思想含量和精神价值，应该说有过于当年他在东京留学生欢迎会上的讲话，现场的热烈气氛，我们至今犹可感觉得到：

> 今日诸君在会，有国会以内人，亦有国会以外人，要皆袁政府所谓暴徒也。国民党人，暴徒之称，布满天壤，而共

[1]《欢迎章太炎先生纪闻》，《中华新报》1916年7月4日。

和党亦有“武汉暴徒”名号，进步党人，名未显著，其自腐败官僚视之，未尝戴红顶、插翎毛，而猝然出身与政者，皆暴徒之比类也。总之，凡在民党，官僚必以暴徒相视（拍掌）。三年以来，诸君子备尝艰苦，轻肆之气渐衰，沉毅之略渐生，诚可为前途庆贺。然必力避暴徒之名，阳为和平，以求庸人之许可，鄙意以为未然也（拍掌）。袁政府时以吸烟赌博为良民。今日此风虽去，而俗人所谓和平者，则偷安耳，苟且耳，不辨是非耳。以偷安苟且、不辨是非为和平，则和平适为国蠹，而所谓暴徒者，乃严毅刚明之代名也。尝观水流迅急，则有暴流、暴布诸名，而一切尘垢秽污，不容停滞，若水道迂回，绝无暴势，则淤泥腐草，早填塞于其中矣。是故欲见清明气象，非暴徒不为功。流俗浮言，岂志士所畏哉。比见同志主张激烈者，其表面多为软美之词，虽于实行无碍，而全国之广，不可家至户见。众人见其发言如此，即以软美为当。然而民气因以消沉，国势因以堕落，此非细故也。论者徒见壬子、癸丑之间，议员凌厉，被目为暴民政治，以为循此不改，必成乱阶。鄙人则恨曩日议员未尽暴徒之资格矣。尝见登坛演说，锋利无前，旦暮之间，而噤若寒蝉者有矣。下者或为獦诈金钱，上者亦为畏祸中止，以是锐气挫折，而国家既受其弊，己身亦不为人民推重。若能持续稍久，至数星期，纵使语多率意，未惬事情，要必多益而少害也。由是言之，壬癸之败，患在暴未充分，而岂以暴为患哉！今者帝制余孽，犹未剿除，墨吏贪人，布满朝列，非震以雷霆霹雳之威，仕涂何自而廓清，政治何由而循轨，而欲厉行此事，必不能避暴徒之名。诸君果能详思事理，信心直前，则知官僚所谓暴徒者，非于吾党名誉有伤，而徒愧难副此美名耳。若衄缩于悠悠之议，迁延于流俗之言。强作老成，自失素志，则举世所称为进化前，乃适为退化矣。

鄙人所以外儆同志、内儆一身者如此。[1]

诚然,这一时期他的文章和演说中,出现频率很高的一个词就是“帝孽”。所谓“帝孽”,除了清王朝的孤臣孽子,当时的宗社党人、保皇党人,也还包括一大批拥护帝制、梦想复辟的官僚、军阀和政客等等,他们不但是袁世凯称帝的社会基础和支撑力量,也是今后毁弃共和恢复帝制的主要危险。他们存在一日,共和的命运就一日不得保障。他从自身的经历中切实地感到,对他们一味妥协迁就将贻患无穷。如同他的弟子鲁迅后来所尖锐指出的那样,他再也不能将他们当作落水狗而轻轻放过,任由他们上岸之后咬啮如自己一样良善的人们。

8月10日,章太炎致电黎元洪,殷殷嘱咐他的这位偶像:“今日所患,不在殷遗,而在帝孽;不在塞外,而在中原。”一定要“攻讨宜速”,“宣谕宜勤”,特别须重视那些新宗社党人,他们“财力雄厚,萌蘖潜滋,动员令可以自主选举事,可以妄干怀抱,与清室遗臣绝异。若非严令征剿,必将滋蔓难图”,尤不可希图利用这些人去对付民党,须知他们狼子野心,“非可自由操纵,祸机一发,岂独中华民国荡无孑遗,即今之执政,亦将无以自处”[2]。虽然获得了自由,他的忧思却并未舒解,身在上海,他还时时瞻望京城,彼处政坛波谲云诡,险象环生,北洋军阀凭借军事实力,依然我行我素,袁世凯的得力干将之一段祺瑞时任国务总理,他与总统黎元洪明争暗斗,正在上演一场历史上有名的“府院之争”。当时第一次世界大战狼烟已起,黎元洪亲美,段祺瑞亲日,在是否表态“参战”的问题上,二人主张截然对立,段祺瑞不仅引督军团自重,而且公然搬出

[1] 《沪上名流欢送国会议员志盛——章太炎之暴徒解》,《中华新报》1916年7月14日。

[2] 《章太炎致大总统电》,《时报》1916年8月11日。

袁世凯的故技，以上千人的所谓“公民请愿团”包围国会，逼迫国会通过“参战”案。没有袁世凯的袁世凯的权力运作方式仍在继续。

眼看着这样的政局，他的心情非常沉重，每每想起为了缔建共和而牺牲了的众多烈士，心头真有泣血之感。在参加追悼“二次革命”烈士的大会上，他想到民国元年开黄花岗烈士的追悼会时，袁世凯也假惺惺地派人前来参加致祭，但是那全是假的，在那些人的心中，烈士们都是“乱党”，一旦时机成熟，他们就会剥下伪装，挥动屠刀。只要军阀强势不除，军人干政仍在，历史还会一再重演。他所撰写的《告癸丑以来死义诸君文》中说：“炳麟等以为武昌之师，以戋异族；云南之师，以荡帝制。事虽暂济，而皆不可谓有成功，则何也？异族专制之势，非一人能成之，其支党桀结于京师者，不可胜计。京师未拔，正阳之圈未摧，虽仆一姓，毙一人，馀孽犹鸟兽屯聚其间，故用力如转山，而收效如毫毛，遽以是为成功者，是夸诞自诬之论也。”[1]他认识到清王朝的统治有一个庞大的社会基础，而过去的革命并未能铲除这个基础，因而革命还远远没有成功，对于那些魑魅魍魉般的“帝孽”，一定要穷追猛打。

“府院之争”进入白热化阶段，黎元洪一度将段祺瑞免职，请李经羲出来组阁，李不但是清廷旧官僚，而且追随、阿附袁世凯，以其所制定的“新约法”替代“临时约法”，是有名的“嵩山四友”之一。章太炎深知此人的底细，是一个不折不扣的“帝孽”，怎么能指望这种人来为民国行政，维护共和呢？他立即致电在京的国会议员们，毫不客气地责问他们：“李经羲系嵩山四友，首倡变乱约法之人，诸君赖约法而生存，乃汲汲同意于李，果主张民政耶，抑愿恢复袁氏帝制耶？”又执笔写公开信给李经羲，说你这个人总应该知道自己是什么货色，你不说，我就替你将你跟袁世凯做过的坏事摆一摆，

[1]《章太炎政论选集》，中华书局 1977 年版，第 741 页。

如此如此，你怎么能以“赞帝之身”，摇身一变来做“民国首辅”呢？听说到现在你鸦片烟瘾也未戒，我看你还是回去休息吧。然而，这种声音当时还是比较薄弱，京城政坛仍是一片乌烟瘴气，李经羲私下以官位相许，又有一位烟酒专卖局长还拿出重金为其行贿、疏通，虽然是“帝孽凶徒”，却也居然登上了民国总理的宝座。

倒是章太炎这样一位坚定的民国与共和的捍卫者，绝不被官场所接纳和优容。他回到上海不久，孙中山就致函黎元洪特别推荐他担任国史馆馆长，这个职务，袁世凯曾经属意于叫他担任，被他一口回绝了，他不能卖身求荣，为袁氏及其走狗对历史做隐瞒和涂改。他是一支直笔，绝不是一支曲笔，仅就这一点，无疑是民国国史馆馆长的最佳人选，正如孙中山电文中所说：“以文所见，则章君太炎，硕学卓识，不畏强御，古之良史，无以过之。为事择人，窃谓最当。”[1]身为大总统的黎元洪，虽然也未必不同意，无奈反对的声音太大，尤其那些旧党、“帝孽”，深恐章太炎的一支直笔，会将他们永远钉在历史的耻辱柱上，遂群起阻挠，反而栽赃说“某党”之所以推荐他，是为了替自己涂脂抹粉。最终，当局还是遴选了前清一位遗老接任。

此时章太炎正在南洋做华侨的工作，得知此事，他的反应是孙中山还不了解他的真实思想，他并不愿意做这个国史馆馆长，国家的政治形势没有太大的好转，现今的中央，就和一口破锅一样，实在不值得再回头看，阿附那些当权者，没有人格；而坚决抗争，也有点不识“时务”，当道的豺狼太多，你也抓不过来，即使是杀几个，也不过是赶走了豺狼又迎来了老虎，有什么用呢？所以他决定赋闲几年，也可能东游日本，去讲讲国学。说此话时正是他从南洋回来之后，他曾经希望到南方以及南洋，找到一些支持的力量，以求改

---

[1]《致黎元洪电》，《孙中山全集》第三卷。

变国内的状况，但是他的希望很快成了泡影，那些有实力或实权的人并无心于此，失望的情绪深深笼罩着他。

二

事势的变化常常违乎人们所愿，章太炎尚未来得及东游日本，又一件国内的大事发生了，这就是历史上有名的张勋复辟闹剧。被称为"辫帅"的张勋，始终就未弃却效忠清政府的象征——盘在头上的辫子，恭迎清帝复辟是他寤寐求之的"义举"，一夜之间，他竟然梦想成真。这场闹剧虽然也是很短命的，却给这个古老神州大地以巨大的震颤，人们亲眼看见了帝制的阴影是如何挥之不去，而那些被章太炎称为"帝孽"的人，又如何地猖獗顽悍。在有几千年封建主义传统的这块土地上，欲拔除掉帝制的恶根，革命党人前此所做的卓绝斗争，以及辛亥革命掀起的一时风暴，力量都还是太不够了。

没有什么时刻比此时更令人感到任重而道远，必须更加倍努力，保卫民主与共和既有的果实。章太炎丢掉赋闲的想法，如同一个听到召唤的指挥员，立即来到孙中山先生的身边，在上海环龙路孙宅中，和当时的海军总长程璧光、海军总司令萨镇冰，以及国民党的许多重要干部一起，研究时势和对策，一致决定拥护共和，出师讨逆。章太炎精神非常昂扬，那些天，正是汤夫人刚刚生下他们的爱子章导之时，他顾不上在家守护，在他的心中，守护这个新生的共和国，守护这个国家人人必须遵守的"约法"，更加重要。在接下来的日子，他更义无反顾地随孙中山一起，乘军舰南下广州，开始了他一生中堪称曲折而又壮丽的护法历程。

对于护法和讨逆，他在广州接受记者采访时，说过一段犹令我们至今如雷贯耳的话："夫共和国家，以法律为要素，法存则国存，法亡则国亡，合法者则为顺，违法者则为逆，持一法字以为标准，则可判别一切顺逆矣。故讨逆之举，即为护法而起，惟不违法之人而后可以讨逆，否则以逆为顺，或以逆讨逆，成为大逆不道之世界如今日者。今日救亡之策，即在护法，护法即先讨逆。余此次与孙中山来粤，即欲结合多数有力者，大起讨逆之师，扫荡群逆，凡乱法者必诛，违法者必逐，然后真正共和之国家，始得成立。所谓法治精神，人民幸福，庶有实现之一日。”[1]记者又问：“张逆现下已败，民国政府将重新组织，岂容再有讨逆之师？”他回答道：“子言过矣，是将认逆为顺矣，一张勋败则众张勋起，余所谓群逆者此也，非将此群逆从根本而廓清之，不足以言共和也。”[2]

章太炎的认识非常明确和深刻，但他毕竟是一个手无寸铁的知识分子，充其量也只是个有一定社会影响和话语权的知识分子，他希求找到能有共识的“有力者”，为此，他曾经在不久前到过广东肇庆，试图游说两广都司令岑春煊厉兵北上护法，但是，岑一心只系于与龙济光争夺地盘，哪里肯听他的意见，结果无功而返。现在，“有力者”总算出现了，讨逆护法有了实现的可能，他的心情呈现从未有过的昂奋，在黄埔港口，他看见永丰号、同安号和豫章号军舰徐徐驶来，不禁为之热烈鼓掌和欢呼。海军的到来，使会集于广州的护法人士士气倍增，陆续南来的国会议员们召开了非常会议，决定组成护法军政府，公举孙中山为大元帅，章太炎出任军政府秘书长，这是章太炎首次担任全国性政府机构的最高职务，也是对于他作为民初杰出政治家角色的认定。

作为秘书长，他责无旁贷地为大元帅草拟了一份气壮山河的就职宣言，《宣言》以孙文的口吻写道：“文忝为首建之人，谬膺澄清之责，敢谓神州之广，无有豪杰先我而起也哉！徒以身为与共和死

[1][2]《章太炎之讨逆解》，《时报》1917 年 7 月 28 日。

生相系，黄陂[1]为同建民国之人与文犹一体也，生命伤而手足折，何痛如之。艰难之际，不敢以谦让自洁，即于六年九月十日就职。冀二三君子同德协力，共赴大义。文虽衰老，犹当荷戈援枹[2]为士卒先，与天下共击废总统者。”我们不知道该宣言起草之前，孙中山是否与他详细切磋过，显然章太炎非常注意摆正孙中山与黎元洪之间的关系，他坚主奉迎黎元洪，不可动摇其正统地位，而强调孙中山不过是不得已而替代于一时，孙先生即使另有考虑，也只能默认这种说法。而这正代表了当时一部分人的意见——护法阵营中的派别歧见仍然存在。

秘书长一职其实也是高级幕僚，可以有实权，亦可以无实权，更多的是要居于中枢，做各方面协调的工作。章太炎曾经往来于广州和香港，想争取军阀龙济光参加护法军，却并不能如愿。他又表示愿为军政府去争取外援，赴西南联络军阀唐继尧，孙中山给他以军政府总代表的名义，去向唐继尧颁送元帅印信，取道越南，进入云南。

正在办理护照，准备启程之际，北京段祺瑞政府对法国驻京大使施压，电告安南[3]总督，不得允许军政府人员过境，广州、香港领事亦不予签证，于是，一行人只得改名换姓，章太炎易名为“张海泉”，一路上，大家就叫他“海泉”，他也响亮地应答，终于得以通过越南边防，来到云南。

他特地制作了两面大红旗，叫人扛着，作为前导，以壮行色。唐继尧对之亦非常礼遇，身着上将军服，率领仪仗队，出郊外欢迎。首鼠两端的唐继尧一直推托不接受元帅的称号，如今面对这位不辞劳苦前来劝说的民国元老，也实在推托不了了。那一段时间，宾

[1] 指黎元洪。
[2] 枹，音“bì”。
[3] 即越南。

主相处可以说是相当愉快，云南佳酿，味醇性烈，章太炎每每喝得大醉，有次竟然在醉中卧睡了三日，醒来深责自己，再不能这样贪杯，否则就要误事了。由于自己的推动，事情有了积极的进展，他心情的欣悦也是可以理解的。唐继尧的下一个步骤，就是以川滇黔三省联军总司令的名义移驻贵州毕节。章太炎与大部队一同出发，富有戏剧性的是，他叫人特制了一面大旗，上面写着"大元帅府秘书长"几个大字，比主帅的旗子还大许多，招展于队列之前，十分抢眼，副官告诉唐继尧，唐也只是笑了笑，只当是书呆子的一种傻气罢。

由昆明到毕节，一路上需翻山越岭，涉水渡河，有时则要穿过密密的丛林，晓行夜宿，行军相当艰苦，这是章太炎一生中头一次，也是唯一一次这种经历，虽然他任东三省筹边使时，在松花江沿岸也曾跋涉过，但还不如此次吃苦更多。他写有一首题为"黑龙潭"的诗描述道：

> 昔践松花岸，今临黑水祠。
> 穷荒行欲匝，垂老策无奇，
> 载重看黄马[1]，供厨致白罴。
> 五华山下宿，扶杖转支离。

所谓"穷荒行欲匝"，是说几乎将穷荒之地走遍，当然过甚其词，但是，他扶着拐杖，拖着自己几乎支离的羸弱身体，投宿在五华山下，肯定认为自己已是走尽了穷荒之地。后来，他回忆说："自六年七月以还，跋涉所至，14 000 余里；中间山水犷恶者几 3 000 里。"他为护法救国确实是不怕苦，我们今天遥想他当年以大旗为

[1] 原注：云南皆以马任重。

导引，身边簇拥着大队护法的兵士，或骑马、或步行在云贵的穷山恶水之间，虽然并不一定如何地英姿焕发，却也真实地感受着一种奋力向前的征战气氛，神色也一定是非常壮烈的吧。

当时四川军阀混战，乱成一团，犬牙交错，形势甚为复杂。章太炎说服唐继尧出师四川援助前同盟会干部重庆镇守使熊克武，迅速占领巴县及重庆，继而唐继尧部队又从川南兵分四路，猛攻另一军阀刘存厚部，迫使其撤离成都。四川基本上落入唐继尧控制之中。受唐继尧的委托，章太炎又风尘仆仆赶往巴县和重庆，向熊克武面授机宜。巴县是他的难友邹容的家乡，这位自称是"革命军马前卒"的亲爱的兄弟，不觉去世已经十多个年头，世事沧桑，抚今思昔，令人何其感慨。他特地来到邹容的祠堂，瞻望烈士的遗容，真觉得一霎时有千言万语要奔涌而出，许久许久，方满含泪水，转身走去。

然而，那些"有力者"们的想法与章太炎并不一致，他们所想的是利用护法运动的旗号，拥兵自重，割据一方。章太炎曾经苦口婆心地劝说唐继尧，要适时出兵湖北，与桂军会师武汉，一旦南方巩固，即可北伐，真正实现讨逆护法的目标。唐继尧表面上作出虚心倾听的样子，其实并无真心纳言。四川局势初定之后，孙中山一再电促唐继尧督师东下，出三峡，联荆襄，占武汉，章太炎也完全做出战国苏秦一类策士的姿态，为唐出谋划策，跟他说，现在形势很好，你要抓住时机，与湘桂鄂三军直下武汉，可以胜券在握。你因为云南穷，所以想得到四川的资源，四川人恨你，而湖北的富实不弱于四川，湖北人欢迎你去，从此军饷不愁匮乏，又不得罪四川人，这不是两全其美吗？唐继尧却只是犹疑观望，迟迟不肯发兵。

其实，这时南北军阀之间正在酝酿一笔交易，护法阵营内部，一部分实力派人物主张"联冯倒段"，即联合冯国璋，推翻段祺瑞。冯、段同属袁世凯的"四杰"，本质上并无不同，只是冯国璋此时在对待南方护法运动手法上，更显阴柔一点，倾向于收买与分化，曾经是清廷两广总督现又混迹于护法运动的岑春煊，与他暗通款曲，由岑出面，积极拉拢唐继尧等，各个偃旗息鼓，停战议和。岑又在广州成立由他自己任都司令的湘、粤、桂三省“都司令部”，继则策划另组“中华民国各省护法联合会”，与军政府形成对峙，采取种种手段排挤孙中山。在他所提出的议和条件中，他以“以唐为川滇黔巡阅使”、“以陆为粤桂湘巡阅使”之类，作为对南方军阀的高价回报，同时，自然也有对自己的妥帖安排，即是后来发布的由他出任国务总理。

章太炎深感自己再一次遭到背叛和侮辱，他清楚地看到了，原来南方和北方的军阀都是“一丘之貉”，他们都不过是要打着护法的旗号，以行“蚕食鹰攫”之实。血战经年，对国家没有毫发之益，反被他们利用来达到一己的目的，就连他自己也被他们“耍”了，这真是令人愤慨之至。可是面对这种情况，他除了一再通电揭露、谴责，还能做些什么呢？

这期间，他从重庆出发，到过宜昌、恩施、湘西、常德等地，一为考察各地护法军队的实力状况，一为出谋划策，希冀仍有所推动，但是，主帅耽于议和，各处士气焉能高涨？一路山川形胜，天道天险，看了许多，而所见官兵状况，实在令人难以提得起意兴，他写有一首题为《桃源叹》的五言诗，其中生动地记述道：

……

长官日倦卧，

黄金勒膺前，

昨者起军府，

罢癃不盈千。

当长官的胸前戴着黄金饰品，大白天还高卧不起，将整个部队集中起来，连同病弱的也不满一千人，这就是他看到的护法军队的现状！他的心真的凉透了。而这时广州方面又迭有坏消息传来：大元帅孙中山受到岑春煊一干军阀的排挤，终于愤而离去。北京方面，居然抬出了拥护帝制最卖力的徐世昌担任总统。一度轰轰烈烈的护法运动就这样断送了。

整整一年多，章太炎为护法殚精竭虑，茹苦含辛，最后大失所望。

他沉默了，回到上海，久久杜门不出。

三

南方护法运动失败之后，军阀混战愈演愈烈，盘踞京城的军阀，有人力主武力统一，而各省军阀则愈来愈倾向于拥兵割据，其口号曰“自治”。面对如此艰难的时局，章太炎做过长久和深入地思考，清廷推翻之后，中国没有过一天的安定和安宁，先是出现一个窃国大盗袁世凯，而后则有许多大大小小“袁世凯”，都企图攘夺中央权柄，进而激起无数内战。中国实在不能再这样乱下去了，就连列强都发出了促令和平与统一的劝告或警告，然而，这几乎是一个走不出的怪圈：以武力谋统一，迫各方屈从一人、一派，其结果必无安定与和平。章太炎是民国创建期一位思想型政治家，比其他的实际政治活动来说，他或者更有兴趣，或者更自信有能力考虑国家建构方略。

此时，他越来越被这种“自治”的构想所吸引，他在想，如果各省都有很大的自治权，由各省人民自己管理自己的事情，将中央政府虚置起来，使其不再成为那些袁世凯式的人物觊觎的对象，是不是局面会好起来呢？“今所最痛心者，莫如中央集权，借款卖国，驻防贪横，浚民以生，自非各省自治，则必沦胥以尽。为此计者，内以自卫土著之人民，外以共保全国之领土，卫人民则无害于统一，保领土则且足以维持统一矣”[1]。在他的设想中，这样做不是将中国分裂成许多小国，而是分三步走：“自治云者，必以本省人充军民长官，本省人充军队警察，而长官尚需本省人民公举，不由政府除授，斯为名实相称，如是层累以成联省政府，则根本巩固，不可动摇，是故各省自治为第一步，联省自治为第二步，联省政府为第三步。”[2]

1920 年，湘军总司令谭延闿举兵赶走了督军张宗尧，宣布湖南实行“自治”，保境安民，章太炎听到这个消息，甚为高兴，他立即给谭延闿发去贺电表示支持，谭延闿也盛情邀请他到长沙来看看，这年的秋天，他大病初愈，就欣然成行。

长沙原是他旧游之地，那里的人民，这些年饱受战乱之苦，尤其那个张敬尧“磨牙吮血，杀人如麻”，更是带来无穷的祸害，如今终于得以自治，有望于休养复苏，此情此景更加坚定了他的想法。不久，他就发表了一篇《联省自治虚置政府议》(1920 年 11 月 9 日)，将他的想法更加具体化和完善化了。

他设计的方案是：1.中央政府只有颁给勋章，授予军官之权。2.军政分于各省督军，中央不得有一兵一骑。3.外交条约由该省督军、省长副署，然后有效。4.币制银行，由各省委托中央监督造币，成色审核，银行发卷之权在各省。他认为：“此种联省制度，为各国所未有，要之中国所宜，无过于此。若但如德、美联邦之制，则中央尚有大权，行之中土，祸乱正未有艾也。”[3]他的出发点就是避祸乱，以他对历史和现实的观察，要解决中国中央集权带来的问题是

[1] 《各省自治共保全国领土说》，《章太炎政论选集》，中华书局 1977 年版，第 755 页。
[2] 《章太炎与各省区自治联合会电》，转引自汤子钧《章太炎年谱长编》，中华书局 1979 年版，第 610 页。
[3] 《章太炎政论选集》，中华书局 1977 年版，第 752—753 页。

太难了，早年他就写过“分镇”的文章，主张扩大地方督抚的权利，防止列强挟制中央政府来吞并中国，后来他又认识到地方的督抚“色厉中干”，不足信任和依靠，所以否定了自己的这种想法。而今他又实行否定之否定，甚至，他的主张比西方国家的联邦制等还走得更远，可以看出中国的特殊国情所赋予这个问题的巨大难度。

自治或联省自治成为当时社会舆论的一股重要潮流，人们热烈议论自治的话题，许多省都在提出自治的要求，章太炎是这股潮流的有力的推动者。有人认为，他的这一主张有碍于孙中山为首的国民党的北伐统一中国，不过，就当时局势而言，他更多是要以此阻挡北方军阀的武力统一行动，1923 年他就致电南方十省，要求他们“以自治名义联拒抗仇”，此议迅即获得了各方的热烈回应，有多省实力人物的代表奉命在上海发出一份“寒日通电”。称：“自今以后，我西南各省决以推诚相见，共议图存”。在当时的军阀混战的炮火中，西南各省借这一层保护衣，多少减轻了一些损毁和破坏。

然而，军阀混战仍在如火如荼进行：直皖战争、直奉战争、江浙战争……一波一波，无休无止，章太炎对这些战争无疑是深恶痛绝的，从交战双方来说，都是为了自己的一己私利，即使有何是非之争，也不过是“鹬蚌相持”。真正受害的却是平民百姓。虽然自己只是一个无拳无勇的知识分子，并不能真正制止战争，他却不能回避自己道义上的责任，必须及时地表明自己的态度。我们当然不必以为他自跋涉云贵川护法失败回来以后就断念世事，逍遥度日，事实上，他始终还在为国事奔走呼号，他曾经专门发布一则启事称：“国事蜩螗，人思拨乱，鄙人虽端居里巷，而不能不以此撄心，凡以学校事状相商、专家著述相示者，请暂时停止。”[1]意思是说，

[1]《章太炎专心国事之通启》，转引自《章太炎生平与学术自述》。

他虽然住在里巷之间，却还是要为这乱糟糟的国事操心，其他的事先放一放罢。

他是一个“布衣”，但也不是一个普通的“布衣”，他人还在，影响还在，他有一支在中国政坛上纵横多年的劲笔，政要和军阀们或者对他有所戒惧，怕他放言评弹，肆意曝光，头脑灵活一点的也或者希图拉拢，对他做些姿态，借以美化自己的形象，总之，他在这一时期的中国政界仍然是一个受人瞩目的重量级人物。历史上很有名的曹锟贿选发生之后，章太炎立即向报界发表谈话说：“至以身触刑典，罪迹昭著之人，宁复能假托于法，与以原宥，此在根本上曹锟无论如何不能为我中华民国之大总统。”[1]他的反对令曹锟甚为不安，据说他派说客登门求见，章太炎弄明其来意，原来是要他不再为难“曹大帅”，他立即拍案而起，大骂来人是瞎了眼，也不看看章某是何种人，怎么能和你的这个下三烂的“曹大帅”同流合污。说着还叫家人拿手杖来，吓得来人屁滚尿流地跑了。

第二次直奉战争时，冯玉祥回师北京，发动政变，贿选上台的大总统曹锟狼狈逃窜，段祺瑞再度出山担任临时执政，他聘任章太炎为高等顾问，这是当年袁世凯给他的职位，料想久已无职无权的章太炎会欣然应命，没想到竟大大碰了个钉子。章太炎回信说我这个人爱说实话，还是学学历史上的那些先贤，不干这类差事为好。后来段执政又要开“善后会议”，频频来电要章太炎北上列席会议，显示对章太炎的看重，远远过于前此的北洋军阀政府，但是仍然遭到章太炎的峻拒。他始终认为段祺瑞政府没有合法性，他所召集的“善后会议”以及该会议通过的“国民代表会议组织法”，都是非法的。他这个人认死理，合乎“民国临时约法”的他支持，反之，他一定反对。他在自己的言行中，一直以“约法”为准绳，是一

[1]《汇纪反对贿选总统之消息。章太炎之意见》，《申报》1923年10月7日。

个不折不扣的铁杆护法者。

军阀中，奉系军阀吴佩孚大概是他较能另眼相看的人，他曾经两次到湖南岳州与吴做过长谈，后来，吴起兵响应孙传芳的反奉战争，想延请章太炎做总参赞，也被章太炎婉拒了，他表示，我愿意以国民的资格赞成义举，并请你容纳几件事：一，顺从名意；二，牺牲个人名位；三，与湖北当局合作。吴佩孚都点头赞成。在向他辞行时，章太炎又殷殷叮嘱，请他务必处处以国家民意为重。从种种迹象看，在与这些军阀的周旋中，他还是胸有城府，善于把握分寸，适度运用影响力，以达到维护国家和民众利益的目的的。

与北方北洋军阀政府形成对峙的另一阵营，是以孙中山为首的国民党人。在以广州为大本营的护法运动偃旗息鼓之后，孙先生又曾两度回到广州，重建北伐的大本营。1920 年 11 月末，他重返广州，誓言要造成真正民国，将辛亥革命未了的事业做成功。稍后，国会非常会议选举他担任非常大总统，随即他写信给章太炎，希望他能再次南下与他并肩战斗，孙先生显然对他寄予厚望，态度十分恳切，想必前次章太炎的西南之行中所展现的能力、谋略以及坚韧的毅力，给他留下深刻的印象，而今次北伐的成功，很大程度上要依赖西南各省的团结和支持。

然而，章太炎没有去广州，他私下里认为，孙中山这一次组建的政府合法性值得怀疑，而且对孙先生身边的一些“小人”不无担忧。应该说他与孙中山真诚合作过，在许多重大问题上立场是一致的，但是他始终未能抛弃成见，有些时候还会为成见所左右。在现今这个节骨眼上，北伐是大事，他并不因为成见，也不因为不去广州，而做隔岸观火状。是兵出湖南，还是兵出江西？对这个问题，远在上海的他，兴许比远在广州大本营的人们更上心，他争辩的声音也最高。他对孙中山说，你不要从湖南走，现在岳州已在北军的手中，他们由铁路到株洲，不过半天时间，株洲到衡阳只百十里，而广东的军队经韶关、零陵去衡阳还远得很，这只能是将长沙拱手交给敌人。而江西的陈光远早失众心，容易攻取，从江西也可以拿下武汉。孙中山听了深以为然，采纳了他的意见，重新调整部署，将大本营设在韶关，东进江西，后来事实证明这个意见确实不错。

在奉直两派的相斗中，孙中山想利用其矛盾，联奉反直，遂私下里和张作霖派来的代表秘密商谈，章太炎看出其中存在的危机，他指出直系中吴佩孚是个很能打仗的人，之所以现在未南下，是因为有张作霖牵制之故，你还是避开他一点为好，直奉迟早有一拼，奉系胜了固然好，若失败了如何是好，最要紧的还是培植自己的实力。这一次不幸而被言中，吴佩孚的直系打败了奉系，接着，就拉拢广州心怀不满的陈炯明发动叛乱，孙中山败离广州，又一次北伐夭折了。

1923 年 2 月，孙中山再次回到广州，在东郊安营扎寨，就任大元帅职，这一次是他第三次在此组建政府，同样还是决心再造统一的中华民国。章太炎近年来苦心"赞画"的建国新方案是"联省自治"，与孙先生的路线分歧是明显的。这个因素萌生了种种不愉快。固然他也表示过，孙先生此去于大局"有益无害"，希望当时担任大总统的黎元洪要予以理解和合作，但是，一旦感到他的北伐计划败坏了自己的"联省自治"的"理想国"，又不免有一股怒火中烧。

很快，形势又有了新变，1924 年国民党改组，孙中山实行"联俄、联共、扶助农工"三大政策，国共统一战线形成，这是一个新的阵营，新的景象，从反清、反袁一路走过来的章太炎，一下还转不过弯来。毋庸讳言，他拒绝、反对共产主义的学说，反对从俄国输入的革命"赤化"中国，他不去区别新生的苏俄与旧时代的沙俄，对这只"北极熊"绝不放心，在他看来，俄国的红色政权之所以援助中国革命，一定包藏着进一步侵略的企图。实在说，他有太沉重的旧的思想包袱，这些包袱左右着他的言行，使他远远落在时代潮流的后面，乃至是站在革命阵营的对立面。这个阶段，他甚至还很活跃，发表“护党救国公函”，组织“辛亥同志俱乐部”，参与“反赤救国大联合”，扮演着一个又边缘、又重要的“右翼”角色。所有关于他的传记写作，到此都使用了重重的顿笔，掩盖不住一种深深的叹息。的确，在后来的岁月中，除了抗日救亡的战鼓敲响时，他又再次崛起，他在中国政坛上所发出的声音，已越来越缺乏勇猛进取的、令人振奋的力量，许多时候还是非常刺耳的噪音。

有一个事实，很足以说明章太炎在当时政治形势中的定位。当国民党新军阀取得对中国国土的大部分控制权之后，鉴于章太炎的现实表现，曾经一再议决要将其作为“学阀”和“反动分子”予以“通缉”。国民党上海市三区党务指导委员会的呈文中说：“乃辛亥以还，总理远瞰世界潮流之奋进，内鉴民智之企发，其革命方策，乃益宏远精进。而章逆故步自封，不悟本身思想之落后，自是日事诋毁总理。民十年奔走湘鄂汴洛，竟甘为吴逆佩孚之爪牙。迨吴逆失势，乃乞食于孙逆传芳之门，谋以阻抑本党势力之发展。迨本党统一东南，吴、孙崩溃，该逆乃匿迹沪滨。当时中央曾有通缉之议，后以该逆行将就木，不予诛杀，冀其闭门悔过，不复为军阀傀儡。乃顷据职会委员汤德民称，昨午招商轮船公司股东代表蒋尊簋等招待新闻界，席上章逆又大放其荒谬万端之言辞……”[1]这一段话，是以国民党当权者的眼光，对章太炎的“现实表现”所做的概括和报告，很显然，章太炎对新政权完全采取不依附、不合作的姿态，而且按照他的老脾气，一有机会就放肆攻击，令国民党当局不能容忍。对于蒋介石，他一时也没有看出其真实面目，甚至曾称之为“赤蒋”，而加以反对，但是，蒋介石即使露出了真面目，对共产

[1]《三区党部呈请通缉章太炎》，《申报》1928年11月22日。

党人和工农群众进行了凶残的屠杀，他也并不拥戴。他的心中，中华民国是以黎元洪为大总统，以五色旗为国旗的民国，现在以国民党的青天白日旗取代五色旗，无异于叛逆。他常常仰天长叹，真正的中华民国已经沦亡了，他，以及所有忠于“中华民国”的人们，只是“中华民国的遗民”，他曾经勉励友人要“守身如玉”，“除五色旗下之中华民国，更无可与”[1]，唐继尧的儿子从日本回来，对他父亲去世未能待以国葬，很不满，他声严色厉地训斥了唐公子一通，说你怎么这样不懂事，你父亲功在民国，如今民国已经没有了，你要求哪个国家给你国葬呀？从这些话里，可以体会出他的愤懑之深。

章太炎这一生，是真正忠贞于一个国家的，这就是他参与缔造的中华民国。他的某些言谈举止，或许显得有些保守和古旧，但在政治理念上，他选择了民主和共和，他就始终不渝地维护之，他的那份近于迂执的固守，为同时代人中所少见。1928 年 6 月初，黎元洪在天津去世，消息传来，章太炎极为悲痛，简直如同“地拆天崩”一般，他和几个武昌首义时期的朋友一起，为黎大总统设奠祭灵，不与那些“党国要人”掺和，在祭文中明目张胆地说出他所想说出的话，不存一点忌讳，深深寄托他的哀思。我们见过明亡后的“遗民”，见过清亡后的“遗民”，现在又见到这位未取消“中华民国”名号的中华民国的“遗民”。在“新朝”的统治下，“遗民”如果不是自尽，不是抗争，就只能沉默。此后有好几年，确实很少再能看到章太炎的演讲和通电，他在上海同孚路的寓所中，关起门来读书和打坐，自我实行又一次的“幽居”。

[1]《致李根源书》，1928 年 5 月 27 日。

第九章

老骥伏枥

一

1931 年 9 月 18 日，日本侵略军侵犯东北的炮声打响了，炮声震惊了章太炎，他知道这是国难当头的时刻，祖国需要他，即使是一个普通的国民，他也应该站出来，表达自己的愤怒和决心。他的一生中，纵使有种种可以批评之处，但惟有一点，爱国、爱民族的高风亮节，无可挑剔。而他对于别人，有多少怨隙都可以捐弃，唯有背叛国家和民族，他绝不宽宥。很久很久以来，他对位于北方的俄国和日本，都保持高度的警觉，当年他力排众议，主张建都北京，其主要考虑就是在此。为此他还背负了许久"亲袁"的骂名。现在，日寇果然动手了，此时此刻，必须竭尽自己的努力，唤起全民族起来抗战，他可以是"中华民国"的"遗民"，但他绝不要成为亡国的中国的"遗民"。他立即和许多有社会影响的人士串联起来，成立了"中华民国国难救济会"，通电全国，要求国民党政府和各地军政首脑，"立集首都，负起国防责任，联合全民总动员，收复失地，以延国命”。[1]

战火很快延烧到了他所住的上海，日军于1932年1月28日向上海闸北大举进攻，十九路军奋起反击，战斗打得很激烈，日军伤亡惨重，并不得不三易司令官。章太炎急切地关注战事进展，十九路军的每一战绩都令他很振奋，特别是上海人民组织义勇军、敢死队、运输队、救护队，支援前线将士，如此高扬的民气，更令他感到鼓舞。有了这样的人民和军队，怎么不能战胜一切来犯之敌？他兴奋地展纸挥毫写下《书十九路军御日本事》，他要以近距离目击者的身份告诉世人十九路军将士的英雄事迹，借以激励更多的人投身神圣的抗战。他的文章中说，十九路军之所以能制胜，就是由于将帅果断，士卒奋励，不怕苦，不怕死，最紧张时，五天五夜不睡觉，也毫无怨言。而人民群众同仇敌忾，倾力相助，也是不可不大书特书的。

上海军民的抗战，对章太炎犹如一副兴奋剂，在其中他实实在在看见了救亡的希望，虽然已经步入衰弱老年，他却感到又有泉涌般的活力回到了自己的身上，他决定北上，重返北京。那个他已阔别许久的地方，有他的门生故旧，有他的声名影响，今天他以东南民众代言人的身份一现真身，或许能对局势产生些许推动。到京城后，他访晤了少帅张学良，面对这位资深的民国元老，少帅敬意有加，章太炎对他说，对日本的侵略，中国目前只有一条路可走，就是决一死战。不战则死路一条。战胜自不必说，即使战败，至少也可以转换世界的视听，争取到同情的援助，所以请少帅尽快出兵东北。我们当然不好说张学良后来的转变，与章太炎的这番谈话颇有关系，但至少在他的犹豫中，也会不无一点触动或推动。名高望重的国学大师自然也被迎请到燕京大学等学府去做演讲，对莘莘

[1] 《国难救济会请政府决大计》，《申报》1932年1月15日。

学子他所做的告诫也不离救亡和爱国,他要求他们将“求是”与“致用”结合起来,认清所处的这个时代和自己的责任,竭尽自己一切力量去拯救国家。

在北京停留期间,他被当局邀请参加所谓“国难会议”,他一眼看穿,这不过是国民党蒋介石集团掩饰其不抵抗政策的伎俩,他回信说,军事贵速,能断,一句话就可以了,不能断,找再多的人议也不行,开多少会又有什么用?如果你们本来就不想抵抗,要用这些会议为你们分担批评,那么,对不起,我一个赋闲在家的民国老百姓,哪里能替你们党国的要人去承担罪过呀!他还是老脾气,口无遮拦地斥责当局和要人。在1933年3月7日发表的《致全国军民电》中,他直指国民党政府“勇于私斗,怯于公战”——沈阳事变发生的时候,你们不加抵抗,说尚未准备好;到上海“一·二八”抗战之后,边疆一带八九个月没有什么战斗,那时间正可以抓紧进行军备,以图做最后一战,但是,你们根本无心于此,反而以“剿匪”为名,有意回避抗日大计,到现在日军又进攻热河了,一个多星期时间,十五万军队同时溃退,难道你们还不该认罪吗?他强烈要求将弃地逃跑的热河省主席汤玉麟处以死刑,并严惩负有责任的其他军政官员。

寇深祸急,形势越来越紧迫,眼看国民党军队节节败退,大片大片国土沦陷,章太炎无限悲愤,在和朋友们聚谈中,他戟指大骂蒋介石、汪精卫是秦桧,是石敬瑭,甚至比他们更坏,更无耻,他们奉行“攘外必先安内”,与慈禧太后“宁赠友邦,不予家奴”如出一辙。无奈中国的统治权在这些人的手中,亡国的大祸何能幸免?

章太炎曾经反对“赤化”,反对共产党,但是,国难当头,他的态度开始发生转变。面对民族的大敌,他主张只要是愿意抗日的,就是“友军”,就没有理由不接纳,不联合。在这件事上,他肯定做过认真的思考,值得赞扬的是,他确实将民族大义置于第一位,真正以民族利益为重，无愧于一个具有崇高民族气节的政治家形象。“一二·九”运动爆发后，宋哲元对爱国学生实施镇压，章太炎立即致电给他说，学生们请愿，是出于救国之心，即使其中有加入共产党的，你只要问他现在的主张如何好了，何必管他平时是主张什么呢？如果动辄扣上“共产党”的帽子加以镇压，抗战的民气又何能伸张？上海的学生前往南京请愿声援北平学生，车经苏州，章太炎自己不能亲往，也托人往车站慰问，对学生的行动深表同情和嘉许。

这已是章太炎生命的最后几年，他年老体衰，病魔缠身，不能为国家驰驱疆场，然而，他仍然怀有一腔热血，丝毫不减当年，一颗心始终与前方抗战的将士共搏动。在给著名抗日将领冯玉祥的电文中，他有过如此掷地作金石声的话：“执事之心，足以代表全国有血气者之心；执事之言，足以代表全国有血气者之言；执事之行，必能彻底领导全国有血气者之行。某等虽在暮年，一息尚存，必随全国民众为执事后盾。”[1]这决不是徒作虚言，而是这位为民族奋战一生的先驱者，在国难当头的时刻真实心情的表露，且有确切的事实可以证明的。而他逝世前留下的遗嘱，也只有两句话：“设有异族入主中夏，世世孙孙毋食其官禄。”其崇高气节，更是令人感奋不已。

二

在此我们还要作简要叙述的是，作为一代国学大师的章太炎，进入 20 世纪二三十年代后，又遭遇一个新的局面，令他进退失据，这就是发生于 20 世纪第二个十年中后期的新文化运动。如果说，

---

[1] 《马相伯章太炎电慰冯玉祥》，《申报》1933 年 6 月 2 日。

他的好用生僻字和典故的古奥难懂的文体，他的须臾不可离弃的古文经学和小学，在清末还因光复大业辉映出一抹亮色，那么现在立于新时代的文化潮流之侧，其守旧的暗淡色彩就显得特别刺目了。几乎大多数的大学者，在时代的转折点上，面对新崛起的文化潮头，都会本能地做出拒绝和对抗的反应，这在根本上就是由于他所据以树立权威的"范式"，与后者不能兼容，后者咄咄逼人的架势，分明造成对其安身立命基础的威胁。

章太炎反对过白话文和白话诗，反对过新文化运动提倡者传播的来自西方的"异说"，仍然坚持不懈鼓吹"旧学"和"国粹"，他发起成立过"亚洲古学会"(1917 年)，也办过宣扬"国粹"的《华国》月刊(1923 年)，还应邀在上海连续主讲国学(1922 年)，但是这一切都不能起到"力挽狂澜"的作用。就当时而言，在守旧者阵营中，他也还不算是先锋和大将型的人物，与他有很深历史关系的"老虎总长"章士钊，似乎更引人注目，而若说他是主帅，则也不像。

他最受诟议和批评的事，是参与军阀孙传芳的"投壶"，曾经师从过他，后来成为新文化运动旗手的鲁迅用不无调侃的口吻评论道："孙传芳大帅也来请太炎先生投壶了。原是拉车前进的好身手，腿肚大，臂膊也粗，这回还是请他拉，拉还是拉，然而是拉车屁股先后，这里只好用古文'呜呼哀哉，尚飨'了。"[1]这里需要为章太炎做一点辩白的是，孙传芳 1926 年 8 月在南京举行的这次"投壶新仪"，确实邀请他为大宾，但是他因事未到，所以并未参加。两天后他赶到，就任修订礼制会会长，并在成立会上发表演说，谈到："古制在今日，多有窒碍难行者，而一般社会之习惯，则必博访周知，尽量容纳。卑之无甚高论，将来议有端绪，著为典章，务使一般社会览而易知，知而易行，使国民知我国尚有此礼制，为四通八达

---

[1] 《趋时和复古》,《鲁迅全集》第五卷。

之大路，则礼制终有观成之日。总而言之，一欲易于遵行，一欲涤尽帝国主义而已。”[1]

此处所说的“帝国主义”，是指古代礼制中严格界限尊卑的帝制思想糟粕，说明他在继承中还是很注重批判和扬弃，透着难能可贵的清醒。“投壶”详载于《礼经》，为古代士大夫所习用，与尊孔无关。的确，章太炎曾经表明，自己由早年“激烈诋孔”转为“至诋孔则绝口不谈”。1921 年，南京有位教授写文章批评他，说他诽谤孔子窃取老子藏书是“故入人罪”，他立即发表公开信，承认自己不对，是“妄疑圣哲”，“狂妄逆诈之论”，对批评者深致感谢。我们或可揣度他的举动是“弦外有音”，故意对“五四”时期“打倒孔家店”做逆向动作，但是这也不能证明他全盘“尊孔”。正如我们在此之前已经叙写过的，他对孔子从来没有全盘肯定过，也没有全盘否定过，他的“激烈诋孔”，是在特定的时代条件和语境下“有感而发”的，他最动情反对的其实是康有为倡立“孔教”，将孔子完全宗教化、偶像化，以遂其个人私欲，而在反对“孔教”的问题上，至死也未见他改变和让步过。他在后期确实有一定倒退倾向，但应有一个接近实际的估计，比如说他原先就是 30 步，现在则倒退了 10 步，并非原先是 30 步，现在更倒退了 30 步，至于拉时代前进，抑或拉时代倒退，则因时、因势而异，非可作为其衡量思想进退之标志。

晚年的章太炎，知识更新和学说创新的能力似已锐减。然而，他未尝不深知一种学说、一门知识，如果不与现实发生某种联系，不发掘其“致用”的实际价值，便没有生命力，也无从弘扬光大。而作为一位终身为国事奔走的政治活动家，他也冀图在另一个领域，同样对国家和民族面对的巨大任务有所贡献，这就是为什么在他后来从事的讲学和著述活动中，特别强调“读史”和“读经”的现实

[1] 《江苏修订礼制会纪详》，《申报》1926 年 8 月 12 日。

意义的原因。

日军入侵我国东北，分明是赤裸裸的侵略行径，日本外交官在国际联盟会上竟公然以强盗逻辑声称东北不是我国的领土，在场的中国外交官一时无言以对。章太炎在极度气愤的心情下，向人们痛陈学习和研究祖国历史与地理的重要，他说，如果展开地图竟不知何地系我国固有，何地系我国尚存的，何地已被敌人侵占，这国家的前途岂不危险了吗？一国的历史正像一国的家谱，其中所载尽是已往的事实，这事实即历史。若一国的历史已没有了，就可知道这一民族的爱国心已一定衰了。又说，不读史书，则无从爱其国家，有史而不读，是国家的根本先拔了。过去人们读史注意一代的兴亡，现今则要注意全国的兴亡，这才是读史的要义。

与读史几乎具有同等重要意义的是读经。他曾做过一个有名的讲演，题目是：《论读经有利而无弊》，他说现在读经是“有千利而无一弊”，有人说读经是顽固，他则争辩说读经非但无顽固之弊，反倒是可以纠正现今一切顽固之弊。所有经籍的内容和意义，归纳起来：一是修己，一是治人。经籍散漫而繁多，在他看来，最精要的，不但能坐而言还能起而行的，是《孝经》、《大学》、《儒行》、《丧服》四种，其中特别是《儒行》专讲气节，要提倡民气，强固国势，必须好好学《儒行》，即使日寇占领了中国的领土，人民也决不向他们屈服。外来的入侵者终究是站不住的。

章太炎的这些主张，与他多年前在日本倡导国学的主张如出一辙，很有些老生常谈的意味，甚至在运作方式上，也还是沿袭以前办国学讲习班或成立国学会的一套。1933 年苏州国学会成立，他曾列名参与，并在其中多有指导，终因志趣不合而又自行另起炉灶，成立“章氏国学讲习会”。这个讲习会就在他的苏州新居锦帆路五十号开班授课，据说有来自 19 个省 100 多人慕名前来听讲，章太炎任主讲，每周 3 次，每次 2 小时，先讲《左传》，继讲《尚书》，口诵手写，引经据典，不但他的渊博的学识和超常的记忆力令学员极为佩服，而且他的诲人不倦的精神，以及在讲演中所宣示出的爱国热忱，更具有强烈的感召力。这已经是他生命的最后一程。按说他当时的年龄还不算太老，但是如果我们还来得及稍稍回首一下往事，当可知道他一生受苦受罪太多，诸多的磨折已反复伤损了他的身体，也就60多岁，罹患许多疾病，尤以鼻衄为最重，渐渐又转为鼻癌，发作时出血不止，还伴有气喘，常常讲课不得不中断，最后一次讲课那天，未能进食，汤夫人劝他不去上课，他说："饭可不食，书仍要讲。"

终于，死神阻挡了这位刚直倔强的老人的去路，1936年6月14日清晨，他溘然辞世了。

尾 声

关于他身后的哀荣，这里不拟备述，所可略略提及的是，对这位“民国元老，国学泰斗”，国民党当局发布了“国葬章炳麟令”[1]，其令曰：

> 宿儒章炳麟，性行耿介，学问淹通。早岁以文字提倡民族革命，身遭幽禁，义无屈挠。嗣后抗拒帝制，奔走护法，备尝艰险，弥著坚贞。居恒研精经术，抉奥钩玄，究其诣极，有逾往哲。所至以讲学为事，岿然儒宗，士林推重。兹闻溘逝，轸惜实深！应即依照国葬法，特予国葬，生平事迹存备宣付史馆，用示国家崇礼耆宿之至意。此令！一九三六年七月九日。

查“中华民国”这名称还是源自章太炎的文章《中华民国解》，然而后来的“中华民国”却还将他列在“黑名单”上“通缉”他，毕竟章太炎学问品行举世仰止，对他的去世，“中华民国”不能无所表示，此“国葬令”中肯定了他的学问，肯定了他抗拒帝制和护法行为，却回避了他作为民国先驱的开国勋绩——只将他归之于“儒

---

[1] 因战事，“国葬”未能举行。

宗""士林"和"耆宿"，总之是一个比较特别的老文化人罢了。在对他身后的荣遇中，"民国"似乎还并未忘怀久远的夙怨。然而，这也就罢了，一纸"皮里阳秋"的"国葬令"总算交待过了世人。当时唁电、挽联很多，其中有章先生的弟子钱玄同所撰的一幅长联值得在此一录，联曰：

缵仓水、宁人、太冲、薑斋之遗绪而革命，蛮夷戎狄，矢志攘除，遭名捕七回、拘幽三载，卒能驱逐客帝、光复中华，国土云亡，是诚宜勒石纪勋，铸铜立像

萃庄生、荀卿、子长、叔重之道术于一身，文史儒玄，殚心研究，凡著述廿种、讲学卅年，期欲拥护民彝、发扬族性，昊天不吊，痛从此微言遽绝，大义无闻

太炎先生的学问渊源、事业勋劳乃至思想、操行、志向，大抵概括于此了。

新中国成立后，政府对他的后事未尝轻忽：他的灵柩由苏州寓所隆重迁葬于杭州西湖南屏山下，民族英雄张苍水的墓侧，并常设纪念馆，供后人世世代代瞻仰和缅怀。

常人的看法，这应是一个忠诚于祖国的志士和学人甚为完满的结局。

图书在版编目（CIP）数据

章太炎传/金宏达著.—上海：上海人民出版社，2014

ISBN 978-7-208-12244-4

Ⅰ. ①章… Ⅱ. ①金… Ⅲ. ①章太炎(1869~1936)—传记 Ⅳ. ①B259.25

中国版本图书馆CIP数据核字(2014)第080182号

责任编辑 马瑞瑞
封面设计 储 平

章 太 炎 传

金宏达 著

世纪出版集团
上海人民出版社出版
(200001 上海福建中路193号 www.ewen.cc)
世纪出版集团发行中心发行
常熟市新骅印刷有限公司印刷
开本890×1240 1/32 印张7.5 插页3 字数178,000
2014年5月第1版 2014年5月第1次印刷
ISBN 978-7-208-12244-4/K·2211
定价 38.00元